全国高等职业院校临床医学专业第二轮教材

卫生法律法规

（供临床医学及相关专业用）

主　编　吴敏泉　屈海宏
副主编　张　倩　王　钰
编　者　（以姓氏笔画为序）
王　钰（吉林医药学院）
刘　薇（四川中医药高等专科学校）
孙智慕（长沙市卫生计生综合监督执法局）
杨　隽（重庆医药高等专科学校）
吴敏泉（长沙卫生职业学院）
张　倩（辽宁医药职业学院）
屈海宏（重庆三峡医药高等专科学校）
胡善民（吉林医药学院）
唐　艳（长沙卫生职业学院）
魏桥一（重庆三峡医药高等专科学校）

中国健康传媒集团
中国医药科技出版社

内 容 提 要

本教材是“全国高等职业院校临床医学专业第二轮教材”之一，是根据本套教材的编写指导思想和原则要求，结合专业培养目标和课程教学目标、内容与任务要求编写而成的，本教材具有专业针对性强、紧密结合岗位知识和职业能力要求、理论与临床密切联系。各章通过设置“情境导入”“素质提升”等模块，帮助学生梳理重点知识，开阔视野。全书共十六章，内容主要包括卫生法律法规概论、基本医疗卫生与健康促进法律制度、医疗机构管理法律制度、卫生技术人员管理法律制度、医疗纠纷预防与医疗事故处理法律制度、医疗损害赔偿法律制度、药品管理法律制度、传染病防治管理法律制度、突发公共卫生事件应急条例、血液管理法律制度、母婴保健法律制度、疫苗管理法律制度、职业病防治管理法律制度、精神卫生法律制度、医学科学新技术中的法律问题和常见违法案例分析。

本教材主要供全国高等职业院校临床医学及相关专业教学使用。

图书在版编目（CIP）数据

卫生法律法规/吴敏泉，屈海宏主编．—北京：中国医药科技出版社，2023.1

全国高等职业院校临床医学专业第二轮教材

ISBN 978－7－5214－3551－1

Ⅰ.①卫…　Ⅱ.①吴…　②屈…　Ⅲ.①卫生法－中国－高等职业教育－教材　Ⅳ.①D922．16

中国国家版本馆 CIP 数据核字（2023）第 007649 号

美术编辑　陈君杞

版式设计　友全图文

出版　**中国健康传媒集团**｜中国医药科技出版社

地址　北京市海淀区文慧园北路甲 22 号

邮编　100082

电话　发行：010－62227427　邮购：010－62236938

网址　www. cmstp. com

规格　889×1194mm $^{1}/_{16}$

印张　14

字数　440 千字

版次　2023 年 1 月第 1 版

印次　2024 年 1 月第 4 次印刷

印刷　三河市万龙印装有限公司

经销　全国各地新华书店

书号　ISBN 978－7－5214－3551－1

定价　48.00 元

出版说明

为贯彻落实《国家职业教育改革实施方案》《职业教育提质培优行动计划（2020—2023年）》《关于推动现代职业教育高质量发展的意见》等有关文件精神，不断推动职业教育教学改革，对标国家健康战略、对接医药市场需求、服务健康产业转型升级，支撑高质量现代职业教育体系发展的需要，中国医药科技出版社在教育部、国家药品监督管理局的领导下，在本套教材建设指导委员会主任委员厦门医学院王斌教授，以及长春医学高等专科学校、江苏医药职业学院、江苏护理职业学院、益阳医学高等专科学校、山东医学高等专科学校、遵义医学高等专科学校、长沙卫生职业学院、重庆医药高等专科学校、重庆三峡医药高等专科学校、漯河医学高等专科学校、辽宁医药职业学院、承德护理职业学院、楚雄医药高等专科学校等副主任委员单位的指导和顶层设计下，通过走访主要院校对2018年出版的“全国高职高专院校临床医学专业‘十三五’规划教材”进行了广泛征求意见，有针对性地制定了第二版教材的出版方案，旨在赋予再版教材以下特点。

1. 强化课程思政，体现立德树人

坚决把立德树人贯穿、落实到教材建设全过程的各方面、各环节。教材编写应将价值塑造、知识传授和能力培养三者融为一体，在教材专业内容中渗透我国医疗卫生事业人才培养需要的有温度、有情怀的职业素养要求，着重体现加强救死扶伤的道术、心中有爱的仁术、知识扎实的学术、本领过硬的技术、方法科学的艺术的教育，为人民培养医德高尚、医术精湛的健康守护者。

2. 体现职教精神，突出必需够用

教材编写坚持现代职教改革方向，体现高职教育特点，根据《高等职业学校专业教学标准》《职业教育专业目录（2021）》要求，以人才培养目标为依据，以岗位需求为导向，进一步优化精简内容，落实必需够用原则，以培养满足岗位需求、教学需求和社会需求的高素质技能型人才准确定位教材。

3. 坚持工学结合，注重德技并修

本套教材融入行业人员参与编写，强化以岗位需求为导向的理实教学，注重理论知识与岗位需求相结合，对接职业标准和岗位要求。在教材正文适当插入临床案例，起到边读边想、边读边悟、边读边练，做到理论与临床相关岗位相结合，强化培养学生临床思维能力和操作能力。

4. 体现行业发展，更新教材内容

教材建设要根据行业发展要求调整结构、更新内容。构建教材内容应紧密结合当前临床实际要求，注重吸收临床新技术、新方法、新材料，体现教材的先进性。体现临床程序贯穿于教学的全过程，培养学生的整体临床意识；体现国家相关执业资格考试的有关新精神、新动向和新要求；满足以学生为中心而开展的各种教学方法的需要，充分发挥学生的主观能动性。

5. 建设立体教材，丰富教学资源

依托“医药大学堂”在线学习平台搭建与教材配套的数字化资源（数字教材、教学课件、图片、视频、动画及练习题等），丰富多样化、立体化教学资源，并提升教学手段，促进师生互动，满足教学管理需要，为提高教育教学水平和质量提供支撑。

本套教材凝聚了全国高等职业院校教育工作者的集体智慧，体现了凝心聚力、精益求精的工作作风，谨此向有关单位和个人致以衷心的感谢！

尽管所有参与者尽心竭力、字斟句酌，教材仍然有进一步提升的空间，敬请广大师生提出宝贵意见，以便不断修订完善！

数字化教材编委会

主　编　吴敏泉　屈海宏

副主编　张　倩　王　钰

编　者　（以姓氏笔画为序）

王　钰（吉林医药学院）

刘　薇（四川中医药高等专科学校）

孙智慕（长沙市卫生计生综合监督执法局）

杨　隽（重庆医药高等专科学校）

吴敏泉（长沙卫生职业学院）

张　倩（辽宁医药职业学院）

屈海宏（重庆三峡医药高等专科学校）

胡善民（吉林医药学院）

唐　艳（长沙卫生职业学院）

魏桥一（重庆三峡医药高等专科学校）

前言 PREFACE

党的二十大报告指出，要办好人民满意的教育，全面贯彻党的教育方针，落实立德树人根本任务，培养德智体美劳全面发展的社会主义建设者和接班人。教材是教学的载体，高质量教材在传播知识和技能的同时，对于践行社会主义核心价值观，深化爱国主义、集体主义、社会主义教育，着力培养担当民族复兴大任的时代新人发挥巨大作用。

教材是一个民族教育文化的精神摇篮，关乎人才培养质量的基础工程、战略工程。《国家职业教育改革实施方案》明确提出了要深化“三教”改革，职业教育教材是我国职业教育改革的重要组成部分，要求将“新技术、新工艺、新规范纳入教学标准和教学模式”，建设一大批校企“双元”合作开发的国家规划教材，职业教育教材编写应以“岗、课、赛、证”融合育人模式为基础，遵循职业教育教学规律，体现职业教育特点，充分调动学生主观能动性。在深化医教协同、进一步推进医学教育改革与发展的时代要求与背景下，我们开始了《卫生法律法规》的编写工作。教材编写过程中，坚持落实立德树人根本任务，发展素质教育、加快建设教育强国，更加突出医德教育与人文素质教育，将医德教育贯穿于医学教育全过程，实行科教兴国战略，强化现代化建设人才支撑，为党育人、为国育才。

卫生法律法规作为医学相关专业学生必修的一门法律学科课程，全书内容体系与实际岗位工作需求紧密结合，既强调基本理论、基本知识，又遵循思想性、科学性、系统性、适用性的原则，着重突出对学生岗位能力和职业素养中法律意识与法律知识的培育。全书共十六章内容，从卫生法律的一般理论知识到卫生法律法规的具体运用，从医疗卫生体制的宏观发展到医护改革实践的细微之处，自始至终都贯穿着现代法治精神和法律思维，充满着浓郁的人文关怀气息。本教材创新之处在于着重探讨卫生法律法规的基本理论，关注医患法律关系发展等方面的前沿问题；设置“素质提升”环节，运用典型事迹帮助学生树立职业自信与法治思维；同时还专章梳理了卫生监督执法部门执法一线鲜活案例构成第十六章，并配以数字化案例解析方式，成为本教材的一大亮点。

本教材采取理论讲授与实训教学、线上和线下学习相结合的教学形式，并配有编委精心挑选的章节案例分析和目标检测题目，让学生用卫生法律法规的理论知识来分析和解决医疗卫生实践中的现实问题。总之，我们力求理论与实践相结合，力求联系现实职业岗位的需要，努力使本教材具有科学性、指导性和实用性。本教材配套数字资源放于“医药大学堂”在线学习平台上，读者可通过封底获取图书免费增值服务的步骤说明登录平台，激活教材并进行学习。

本教材的出版也得到了编者所在学校领导和老师的大力支持，在此一并表示衷心感谢。尽管我们在编写上尽心尽力，但由于卫生法律法规还处于不断发展完善中，有些方面还存在异议，因此，在编写过程中难免出现疏漏与不足，真诚希望各位学界专家、同仁和读者不吝赐教。

编　者

2024 年 1 月

CONTENTS 目录

1 第一章 卫生法律法规概论
1 第一节 卫生法律法规概述
1 一、卫生法律法规的概念与特征
2 二、卫生法律法规的作用
4 三、卫生法律法规的渊源
6 第二节 卫生法律关系
6 一、卫生法律关系的概念与特征
7 二、卫生法律关系的构成
8 三、卫生法律关系的类型
9 第三节 卫生立法与实施
9 一、卫生立法的概念与依据
12 二、卫生法实施的含义与形式
15 第四节 卫生法律责任
15 一、卫生法律责任的概念与特点
15 二、卫生法律责任的种类

18 第二章 基本医疗卫生与健康促进法律制度
18 第一节 概述
18 一、立法原则与目的
19 二、适用范围
19 第二节 基本医疗卫生服务
19 一、概述
20 二、组织与实施
20 三、服务内容
22 第三节 医疗卫生服务机构
22 一、医疗卫生服务机构的分类
22 二、医疗卫生服务机构的审批与监管
24 第四节 医疗卫生服务人员
24 一、医疗卫生服务人员的培养与使用
25 二、医疗卫生服务人员服务基层的要求
25 第五节 药品供应保障
25 一、国家对药品的监管
26 二、国家对医疗器械的监管
26 第六节 健康促进
26 一、开展健康教育的途径
27 二、公民的健康权利与义务
27 三、公共场所卫生管理制度要求
27 第七节 法律责任
27 一、违反医疗卫生机构规定的法律责任
28 二、违反医疗卫生服务人员规定的法律责任
28 三、违反药品供应保障规定的法律责任
28 四、其他责任

30 第三章 医疗机构管理法律制度
30 第一节 医疗机构管理法规概述
30 一、医疗机构的概念、特征及分类
31 二、医疗机构管理原则
32 三、医疗机构管理的相关立法
32 第二节 医疗机构的设置
32 一、医疗机构管理的设置规划
33 二、医疗机构设置的原则
34 三、医疗机构设置的条件
34 四、申请设置医疗机构的审批程序
35 第三节 医疗机构执业登记
35 一、医疗机构执业登记的条件
35 二、医疗机构执业登记的事项
36 三、医疗机构的校验
37 四、医疗机构执业名称的确立
38 第四节 医疗机构执业管理
38 一、医疗机构的执业规则
38 二、医疗机构监督管理
39 三、医疗机构的评审与处罚

43 第四章 卫生技术人员管理法律制度
43 第一节 执业医师管理法律制度
43 一、执业医师管理法律制度概述
44 二、医师资格考试与注册
46 三、医师执业规则
47 四、医师考核与培训
48 五、乡村医生从业管理
50 六、法律责任

52 第二节 执业护士管理法律制度
53 一、执业护士管理法律制度概述
53 二、执业护士资格考试与注册
54 三、护士执业规则
55 四、法律责任
55 第三节 执业药师管理法律制度
55 一、执业药师管理法律制度概述
56 二、执业药师的考试与注册
58 三、药师执业规则
58 四、法律责任
59 第四节 医学技师管理法律制度
59 一、医学技师管理法律制度概述
60 二、医学技师职称评价
61 三、法律责任

63 **第五章 医疗纠纷预防与医疗事故处理法律制度**
63 第一节 医疗纠纷预防和处理条例
63 一、医疗纠纷的概念
64 二、医疗纠纷的预防
65 三、医疗纠纷的处理
68 四、法律责任
69 第二节 医疗事故处理条例
69 一、医疗事故概述
71 二、医疗事故的预防与处置
72 三、医疗事故技术鉴定
74 四、法律责任

77 **第六章 医疗损害赔偿法律制度**
77 第一节 医疗损害赔偿概述
77 一、医疗损害赔偿的概念
77 二、医疗损害赔偿的责任
78 三、医疗损害赔偿的归责原则
78 四、医疗损害赔偿的免责条件
79 第二节 医疗损害鉴定概述
79 一、医疗损害鉴定的概念
79 二、医疗损害鉴定的类型
80 三、医疗损害鉴定的实施
82 第三节 医疗损害赔偿标准
82 一、医疗损害赔偿的原则
82 二、医疗损害赔偿法律关系中的主体
82 三、医疗损害赔偿的项目和赔偿标准

85 **第七章 药品管理法律制度**
85 第一节 概述
85 一、药品概述
86 二、药品标准
87 三、药品监管组织
88 第二节 药品上市许可持有人制度
88 一、药品上市许可持有人的定义及责任
88 二、药品上市许可持有人的权利和义务
88 第三节 药品各环节管理
88 一、药品注册管理
91 二、药品生产管理
93 三、药品经营管理
95 四、医疗机构药事管理
97 五、药品上市后管理
98 第四节 特殊管理的药品管理
98 一、麻醉药品管理
99 二、精神药品管理
100 三、医疗用毒性药品管理
101 四、放射性药品管理
102 五、药品类易制毒化学品管理
103 第五节 监督管理
103 一、药品监督的禁止性规定
103 二、假药、劣药的界定
103 三、监督检查内容及有关义务
104 四、药品质量抽查检验
104 五、药品安全信息统一公布制度
104 第六节 法律责任
104 一、违反有关许可证、药品批准证明文件规定的法律责任
105 二、生产、销售、使用假药、劣药的法律责任
106 三、有关单位和个人违反有关规定的法律责任
107 四、药品监督管理部门、药品检验机构违法的法律责任
108 五、从重处罚的违法行为

111 **第八章 传染病防治管理法律制度**
111 第一节 概述

111 一、传染病的概念
111 二、传染病防治立法
112 三、传染病的法定分类
113 第二节 传染病的预防
113 一、传染病预防控制预案的制定
113 二、传染病监测
113 三、传染病预警
113 四、传染病菌种、毒种和病原微生物实验室管理
114 五、消毒与灭菌措施
114 六、防止医源性感染和医院感染
116 七、自然疫源地大型建设项目卫生调查
116 八、传染病患者、病原携带者和疑似传染病患者合法权益保护
117 第三节 传染病疫情报告、通报和公布
117 一、传染病疫情的报告
117 二、传染病疫情的通报
117 三、传染病疫情的公布
118 第四节 传染病疫情的控制
118 一、一般控制措施
118 二、紧急控制措施
118 三、特殊控制措施
120 第五节 传染病的医疗救治和保障措施
120 一、传染病的医疗救治
120 二、传染病防治的保障措施
121 第六节 传染病监督管理的法律规定
121 一、传染病防治监督管理的执法主体及其职责
121 二、卫生行政部门及其工作人员的职责
122 第七节 常见传染病防治的法律规定
122 一、结核病防治
123 二、艾滋病防治
124 三、人感染高致病性禽流感防治
126 第八节 法律责任
126 一、地方各级人民政府违反传染病防治法的法律责任
126 二、县级以上人民政府卫生行政部门违反传染病防治法的法律责任
127 三、县级以上人民政府有关部门违反传染病防治法的法律责任
127 四、疾病预防控制机构违反传染病防治法的法律责任
127 五、医疗机构违反传染病防治法的法律责任
127 六、采供血机构违反传染病防治法的法律责任
127 七、国境卫生检疫机关、动物防疫机构违反传染病防治法的法律责任
128 八、铁路、交通、民用航空经营单位违反传染病防治法的法律责任
128 九、其他单位与部门的责任

130 第九章 突发公共卫生事件应急条例
130 第一节 概述
130 一、突发公共卫生事件的概念
131 二、突发公共卫生事件的特征
131 三、突发公共卫生事件的分级
131 四、突发公共卫生事件应急处理机构及职责
132 五、突发公共卫生事件的应急处理原则
132 第二节 突发公共卫生事件的预防与应急准备
132 一、突发公共卫生事件应急预案的制定和主要内容
132 二、突发公共卫生事件预防控制体系
133 三、急救医疗服务网络建设
134 第三节 突发公共卫生事件的报告与信息发布
134 一、突发公共卫生事件应急报告
135 二、突发公共卫生事件通报
135 三、突发公共卫生事件信息发布
135 第四节 突发公共卫生事件应急处理
135 一、突发公共卫生事件应急预案的启动
136 二、突发公共卫生事件应急处理措施
136 三、各部门职责
137 第五节 应急状态的终结和善后处理
137 一、应急状态的终结
138 二、善后处理
138 第六节 法律责任
138 一、未按规定履行报告职责的法律责任
139 二、未按规定完成应急物资的生产、供应、运输和储备的法律责任
139 三、不配合调查或者阻碍、干涉调查的法律

责任
139 四、玩忽职守、失职、渎职的法律责任
139 五、拒不履行应急处理职责的法律责任
139 六、医疗卫生机构违反规定职责的法律责任

142 **第十章 血液管理法律制度**
142 第一节 概述
142 一、概念与立法意义
143 二、无偿献血法律制度
144 第二节 采血与供血
144 一、采供血机构及其管理
146 二、采血管理与供血管理
148 第三节 临床用血的管理
148 一、临床用血的原则
148 二、临床用血的管理内容
149 第四节 血液制品的管理
149 一、血液制品的概念
150 二、原料血浆的管理
150 三、血液制品生产经营单位的管理
151 第五节 法律责任
151 一、非法采集、出售、出卖血液的法律责任
152 二、违规采集血液的法律责任
152 三、违反临床用血管理规定的法律责任
152 四、临床用血的包装、储存、运输不符合规定的法律责任
152 五、提供不符合国家规定标准血液的法律责任
152 六、将不符合标准的血液用于患者的法律责任
153 七、卫生行政部门及其工作人员玩忽职守的法律责任

155 **第十一章 母婴保健法律制度**
155 第一节 概述
155 一、母婴保健立法
156 二、《母婴保健法》的调整对象
156 三、《母婴保健法》的立法意义
156 四、《母婴保健法》的适用范围
156 五、母婴保健技术服务范围
156 第二节 婚前保健
156 一、婚前保健服务内容
157 二、婚前医学检查意见
157 第三节 孕产期保健
158 一、孕产期保健内容
158 二、产前诊断
159 三、终止妊娠
159 四、新生儿出生医学证明
160 五、严禁非医学需要的胎儿性别鉴定
160 六、医学技术鉴定
161 第四节 法律责任
161 一、擅自从事母婴保健技术服务的法律责任
162 二、出具虚假医学证明文件的法律责任
162 三、违反规定进行胎儿性别鉴定的法律责任

164 **第十二章 疫苗管理法律制度**
164 第一节 概述
164 一、概念与立法意义
165 二、适用范围
165 第二节 疫苗的流通与接种
166 一、疫苗的研制与审批
167 二、疫苗的流通
168 三、预防接种
169 第三节 异常反应的监测与处理
169 一、异常反应的监测
170 二、异常反应的处理
170 第四节 法律责任
170 一、疾病预防控制机构、接种单位、疫苗上市许可持有人、疫苗配送单位的法律责任
171 二、县级以上地方人民政府的法律责任
171 三、药品监督管理部门、卫生健康主管部门等部门的法律责任

174 **第十三章 职业病防治管理法律制度**
174 第一节 概述
174 一、职业病防治的概念
175 二、职业病防治的方针和原则
175 第二节 职业病的预防与控制
175 一、职业病的前期预防
176 二、劳动过程中的防护与管理
178 第三节 职业病诊断与患者法律保障
178 一、职业病诊断的法律规定

179 二、职业病诊断鉴定机构与程序
179 三、职业病患者的法律保障
180 第四节 放射诊疗管理制度
180 一、放射诊疗的概念及分类
180 二、放射诊疗执业条件
181 三、安全防护与质量保证
182 第五节 法律责任
182 一、建设单位违反规定的法律责任
182 二、用人单位违反规定的法律责任
183 三、医疗卫生机构未按照规定报告职业病、疑似职业病的法律责任
183 四、职业卫生技术服务的机构和职业病诊断机构违反规定的法律责任
183 五、职业病诊断鉴定委员会组成人员违反规定的法律责任
183 六、卫生行政部门违反规定的法律责任
183 七、县级以上地方人民政府未依法履行职责的法律责任

186 **第十四章 精神卫生法律制度**
186 第一节 概述
187 一、精神卫生工作的方针和原则
187 二、精神卫生工作管理机制
188 三、精神障碍患者权益保护
189 第二节 精神障碍的诊断和预防
189 一、精神障碍诊断治疗原则
190 二、保护性医疗措施的实施
190 三、精神障碍心理治疗活动的开展
191 第三节 法律责任
191 一、医疗机构及其工作人员的法律责任
191 二、心理咨询、心理治疗人员的法律责任
191 三、其他社会成员的法律责任

194 **第十五章 医学科学新技术中的法律问题**
194 第一节 人工生殖技术
194 一、人类辅助生殖技术概述
195 二、人类辅助生殖技术的审批
195 三、人类辅助生殖技术的实施
196 四、人类精子库管理
197 五、法律责任
197 第二节 器官移植
197 一、人体器官移植概述
198 二、人体器官的捐献
198 三、人体器官的移植
200 四、法律责任
201 第三节 基因工程
201 一、我国基因和基因工程立法
202 二、基因工程安全法律制度
203 三、人类遗传资源管理

206 **第十六章 常见违法案例分析**

211 **参考文献**

第一章　卫生法律法规概论

学习目标

1. 通过本章学习，重点掌握卫生法律法规的概念、卫生法律关系的构成要素、卫生法律责任的含义和分类。

2. 学会卫生法律法规的作用、特征、卫生立法的含义和依据以及卫生法实施的含义及形式，具有学习和运用卫生法律法规的自觉主动意识。

随着我国民主法治建设进程的不断推进，人们的法治意识也在不断增强。由于医学生从事的职业具有较高的法律风险性，为了能在今后的工作中更好地依法执业，降低法律风险，医学生需要学习与自己将来工作息息相关的卫生法律法规的有关知识，掌握一定的法律知识和用法技能。

情境导入

情境描述　2019 年 10 月，李某因右腿骨下端粉碎性骨折，到甲医院接受治疗。甲医院对其进行了钢板内固定术治疗。李某出院后，感到不适，又到乙医院复查。乙医院 X 线摄片报告诊断为右股骨下端骨折、固定术后断钉移位。2020 年 6 月，李某在乙医院住院治疗花去医疗费 2 万元，其中包括进口交锁髓内钉费用 8000 元。李某认为甲医院在医疗活动中使用不合格的钢钉和钢板，给自己造成重大损失，遂向当地人民法院提起诉讼，请求判决甲医院赔偿其医疗费、误工费、住院伙食补助费、精神损害抚慰金等。在诉讼过程中，人民法院委托有关机构对甲医院安装在李某体内的钢板及配套钢钉质量进行鉴定，结论为：钢板、钢钉质量均不合格。法医鉴定中心受人民法院委托对李某的伤情进行了鉴定，结论为李某股骨下端粉碎性骨折，右膝关节功能大部分受限，右下肢缩短 2cm。

讨论　1. 本案中涉及卫生法律法规调整对象中的哪些关系？

2. 本案中涉及卫生法律关系有哪些？主体、客体分别是什么？

3. 本案中涉及的法律责任有哪些？

第一节　卫生法律法规概述

卫生法律法规是旨在调整保护人体的生命健康，并规范与人体生命健康相关活动中形成的各种社会关系的法律规范总和。卫生法律法规的首要宗旨是保护公民生命健康权，它是通过规范与人体生命健康相关的各种活动和行为来实现的。本节主要从卫生法律法规的概念、调整对象与特征、基本原则几个方面进行阐述。

一、卫生法律法规的概念与特征

卫生法律法规是卫生与法律法规的有机结合。它作为法律规范的一种，为国家加强对卫生领域的管理、促进卫生事业健康发展、维护公民生命健康权益提供了重要的法律依据。

（一）卫生法律法规的概念

卫生法律法规是指由国家制定或认可，以保护人体生命健康为目的，以权利义务为调整机制，并通过国家强制力保证实施的调整卫生社会关系的一系列法律规范的总和，我们通常说的卫生法就是指卫生法律法规。它不仅包括宪法、刑法、民法和行政法律中用于调整卫生领域的法律规范，还包括卫生法律、卫生行政法规、地方性卫生法规以及卫生规章、卫生决定与卫生办法等。

（二）卫生法律法规的特征

1. 保障生命健康权利 生命和健康是现代人们参与社会活动，改造自然、愉快生活的必要条件。生命健康权是指公民对自己的生命安全、身体组织、器官的完整和生理机能以及心理状态的健康所享有的权利，包括生命权、身体权和健康权。它是公民人身权中一项最基本的权利。卫生法律法规以保障公民生命健康权为根本宗旨，是指卫生法律法规的制定和实施要从广大人民群众的根本利益出发，使每个公民依法享有基本医疗保健的权利，增进身体健康。

2. 紧密联系自然科学 卫生法律法规的许多内容是依据现代医学、药学、生物学、公共卫生学等学科的基本原理及研究成果为基础制定的，更有许多具体内容是这些学科研究成果的具体体现，可以说现代医学科学的发展推动着卫生法的发展，使卫生法不断地完善和进步，符合现代社会的需要，更有利于现代社会人体生命健康权益的保护。

3. 吸收众多道德规范和技术规范 卫生法律法规要保护的是人体健康这一特定的对象，加之医疗卫生工作本身就是一项技术性很强的工作，这就必然要将大量的技术规范法制化，即卫生法律法规将直接关系到公民生命健康安全的操作规程、卫生标准等确定下来，成为技术规范，并把遵守技术规范确定为法律义务，使公民生命健康权得到保障。

4. 调整内容十分广泛 保障公民健康权利是一项非常复杂、非常具体的社会工程。它不仅涉及人们在劳动、学习和生活中的卫生条件和居住环境，还涉及对疾病的治疗、预防和控制；不仅关系到优生优育和社会保障事业，还关系到公民自身的健康权益；不仅要处理因卫生问题而产生的人际关系，还要解决卫生工作中的技术问题。因而卫生法律法规的内容几乎涉及了社会生活的各个领域，凡是对人体健康产生影响的产品、环境、活动和行为等，都在卫生法律法规的调整范围之内。

5. 调节手段多种多样 要有效保护公民健康权利是一项十分复杂且非常具体的社会工具。卫生法律法规调整内容广泛，决定了其调节手段多样。为了有效保护公民的健康权利，卫生法律法规既要采用行政手段来调整卫生行政组织管理活动中产生的社会关系，又要采用民事手段来调整卫生服务活动中的权利义务关系，同时还要借助刑法的规定惩处危害公民生命健康的犯罪行为。

6. 反映社会共同需求 疾病的发生和流行没有国界、地域和种族人群的限制，也不因国家贫富、强弱和社会制度的不同而使疾病防治的根本目的有所不同。预防和消灭疾病，保障人的生命健康权利，是全人类的共同目标。尽管卫生法律法规同其他法律一样体现的是统治阶级的意志，然而就其规范的具体内容而言，也体现出其他阶级和阶层人士对健康的需求。因此，如何保障国民得到最高水平的医药健康保健服务，如何最大限度地维护国民的生命健康权益，一直是世界各国所共同关注的主题，也是世界各国卫生法的首要宗旨和根本目的。

二、卫生法律法规的作用

随着我国卫生法制建设的发展，卫生法律法规已成为我国社会主义法律体系的重要组成部分，并在社会发展中起着十分重要的作用。

（一）贯彻党的卫生政策，促进卫生事业发展

在社会主义建设中，卫生事业占有重要地位，它决定着能否提高人民的健康水平和促进民族的繁

衍，决定着能否调动人民的生产积极性，为建设社会主义事业贡献力量。加强卫生立法，可将经过实践证明是科学、有效的卫生政策具体化、法制化、制度化，成为具有相对稳定性、国家强制性与规范性的法律条文，改变长期以来形成的卫生工作“人治”现象。

素质提升

推进健康中国建设，全面保障人民健康

2016年8月19日至20日，全国卫生与健康大会在京召开。会议强调，要把人民健康放在优先发展的战略地位，以普及健康生活、优化健康服务、完善健康保障、建设健康环境、发展健康产业为重点，加快推进健康中国建设，努力全方位、全周期保障人民健康，为实现“两个一百年”奋斗目标、实现中华民族伟大复兴的中国梦打下坚实健康基础。在推进健康中国建设的过程中，要坚持中国特色卫生与健康发展道路，把握好一些重大问题。要坚持正确的卫生与健康工作方针，以基层为重点，以改革创新为动力，预防为主，中西医并重，将健康融入所有政策，人民共建共享。要坚持基本医疗卫生事业的公益性，不断完善制度、扩展服务、提高质量，让广大人民群众享有公平可及、系统连续的预防、治疗、康复、健康促进等健康服务。要坚持提高医疗卫生服务质量和水平，让全体人民公平获得。要坚持正确处理政府和市场关系，在基本医疗卫生服务领域政府要有所为，在非基本医疗卫生服务领域市场要有活力。

（二）增强卫生法律意识，保护人体健康

长期以来，由于我国卫生法制不健全，卫生法律意识淡薄，有法不依，甚至“以言代法”“以权代法”的现象时有发生，致使环境污染、危害人体健康的假冒伪劣食品、药品、物品等现象时有出现。有鉴于此，在卫生行政管理中，采用法律手段，进行卫生法制教育，增强卫生法律意识，使国家机关、企事业单位、社会团体、医疗卫生机构和公民明确各自在卫生活动中的权利和义务并努力改善和提高卫生条件，同时对违反卫生法的行为进行制裁，从而达到保护人体健康的作用。

（三）促进医学科学和经济社会的发展

卫生法律法规是保证和促进医学科学发展的手段。当今，高新科技不断被运用到医学领域，如试管婴儿、器官移植等，促进了医学科学的发展，同时也带来了一系列的问题。只有以法律手段来调整医学上的新发现、新技术引发的新关系，才能保证新的医学科技有效实施和健康发展。经济的发展离不开体魄健全、智能优良的人。人民有了健康的身体，才能在工作中发挥积极性和创新精神，从而促进经济的发展。

（四）维护国家主权，促进国际卫生合作

随着对外开放政策的实行，我国同世界各国的友好往来日益增多，出入境的人口不断增加，食品、药品、医疗用品的进口贸易不断扩大，传染病的传播机会增多，卫生活动中的争议也会增加。卫生法律法规对于预防国内外一些疾病的传播，解决外贸索赔争议，维护我国主权和其他合法权益，保护我国公民的身体健康，起着日益重要的作用。

（五）明确责任，健全卫生管理体制

卫生机构包括卫生管理机构和卫生业务机构。这些机构的设置和职责的明确，并不是凭个人意志，而是以卫生法的规定而设置和明确的。因此，这些机构是依法建立的机构，其职责成为法定职责，其法律地位和行为合法性、权威性都有了法律依据。同时，法律明确了不同的机构、人员各自的职责，健全了我国的卫生管理体制。

三、卫生法律法规的渊源

卫生法律法规的渊源是指一定的国家机关依照法定职权和程序制定或认可的，具有不同法律效力和地位的各种卫生法律法规的具体表现形式。在不同国家，有权制定或认可卫生法律法规的国家机关不同，卫生法律法规的具体表现形式也不相同。

在我国，卫生法律法规由不同国家机关制定，它们在我国卫生法律法规体系中各自居于不同地位，具有不同法律效力。根据我国宪法和法律的规定，我国卫生法的渊源主要有以下几种。

（一）中华人民共和国宪法

《中华人民共和国宪法》（以下简称《宪法》）是我国的根本法，它是由我国最高权力机关依照法定程序制定、颁布的，它规定了我国国家和社会生活中最基本、最重要的问题。在我国的法律体系中，宪法具有最高的法律效力，是其他法律、法规制定的依据。宪法中有关卫生方面的规定，就是我国卫生法的立法依据，也是我国卫生法的重要渊源。

《宪法》第 21 条规定：国家发展医疗卫生事业，发展现代医药和我国传统医药，鼓励和支持农村集体经济组织、国家企业事业组织和街道组织举办各种医疗卫生设施，开展群众性的卫生活动，保护人民健康。《宪法》第 45 条规定：中华人民共和国公民在年老、疾病或者丧失劳动能力的情况下，有从国家和社会获得物质帮助的权利。《宪法》第 25 条和第 49 条规定：国家推行计划生育，夫妻双方有实行计划生育的义务。

这些规定是制定卫生法律法规的重要依据，任何与其相抵触、相冲突的法律法规都不具有法律效力。

（二）卫生法律

在当代中国法的渊源中，法律是仅次于宪法的主要的法的渊源，它是由全国人民代表大会及其常务委员会依法制定颁布的。在我国，法律又分为基本法律和基本法律以外的法律两种。基本法律由全国人民代表大会制定和修改，内容涉及国家和社会生活某一方面的最基本的问题。基本法律以外的法律由全国人民代表大会常务委员会制定和修改。在全国人民代表大会闭会期间，全国人民代表大会常务委员会有权对基本法律进行补充和修改，但不得与该法律的基本原则相抵触，有权制定和修改除基本法律以外的其他法律。

因此，卫生法也分两种：一种是由全国人民代表大会制定的，称为卫生基本法；另一种是由全国人民代表大会常务委员会制定的，称为卫生法律。我国目前尚没有制定卫生基本法。全国人民代表大会常务委员会通过的卫生基本法以外的卫生法律有《中华人民共和国食品安全法》《中华人民共和国国境卫生检疫法》《中华人民共和国药品管理法》《中华人民共和国医师法》《中华人民共和国传染病防治法》《中华人民共和国红十字会法》《中华人民共和国献血法》《中华人民共和国中医药法》《中华人民共和国疫苗管理法》等十三部法律。

除此以外，《中华人民共和国民法典》《中华人民共和国刑法》《中华人民共和国劳动法》《中华人民共和国环境保护法》等法律中包含的关于卫生方面的规定也是我国卫生法的渊源。

（三）卫生行政法规

行政法规是国务院为领导和管理国家各项行政工作，根据宪法和法律，并且按照《行政法规制定程序条例》的规定而制定的政治、经济、教育、科技、文化、外事等各类法规的总称。根据《宪法》和《中华人民共和国立法法》（以下简称《立法法》）的规定，国务院根据宪法和法律制定行政法规。行政法规可以就下列事项做出规定：为执行法律的规定需要制定行政法规的事项；《宪法》第 89 条规定的国务院行政管理职权的事项。行政法规一般以“条例”“办法”“实施细则”“规定”等形式出现，它的效力次于宪法和法律，高于地方法规和行政规章（包括部门规章和地方政府规章）。

（四）卫生行政规章

根据我国宪法规定，国务院所属各部、各委员会，有权根据法律和国务院的行政法规、决定，在本部门的权限内制定规章，这类规章称为“部门规章”或“部委规章”，也是法的重要渊源之一，其法律效力低于宪法、法律和行政法规。行政规章的名称一般称“规定”“办法”，但不得称“条例”。部门规章由部门首长签署命令予以公布。

值得注意的是，具有部门规章制定权的不仅仅是国务院部委，还包括中国人民银行、审计署和具有行政管理职能的直属机构。

卫生规章是指由国家卫生健康委员会、国家药品监督管理局、国家中医药管理局等部、委、局，以宪法、法律、行政法规为依据，在其职权范围内制定的卫生行政管理方面的规范性法律文件。例如《医疗机构临床用血管理办法》等，这些规范性的法律文件重在解决卫生工中的具体问题。

（五）地方性卫生法规

在当代中国法的渊源中，地方性法规是数量最大的。省、自治区、直辖市和较大的市的人民代表大会及其常务委员会，根据本行政区域的具体情况和实际需要，在不与宪法、法律、行政法规相抵触的前提下可以制定地方性法规，报省、自治区的人民代表大会常务委员会批准后施行。

较大的市是指省、自治区的人民政府所在地的市，经济特区所在地的市和经国务院批准的较大的市。

地方性法规在本行政区域内有效，其效力低于宪法、法律和行政法规。地方性法规一般称作“条例”“实施细则”“办法”“决议”“决定”等。

（六）地方性政府规章

省、自治区、直辖市人民政府以及省、自治区人民政府所在地的市和经国务院批准的较大市的人民政府，可以根据法律和国务院的行政法规制定规章，称为政府规章。其效力低于宪法、法律、行政法规和地方性法规。地方性政府规章由省长或者自治区主席或者市长签署命令予以公布。

（七）民族自治地方的自治条例和单行条例

在我国，民族自治地方是指自治区、自治州、自治县。根据《宪法》和《立法法》的规定，除自治区的人民代表大会及其常务委员会可以制定地方性法规，自治区人民代表大会可以制定自治条例和单行条例外，自治州、自治县的人民代表大会制定的规范性文件称为自治条例和单行条例。《宪法》和《立法法》规定，民族自治地方的人民代表大会有权依照当地民族的政治、经济和文化的特点，制定自治条例和单行条例。自治区的自治条例和单行条例，报全国人民代表大会常务委员会批准后生效。自治州、自治县的自治条例和单行条例，报省或者自治区的人民代表大会常务委员会批准后生效，并报全国人民代表大会常务委员会备案。

（八）卫生技术性规范

卫生技术性规范是指医药卫生工作中应当遵循的技术和卫生标准。前面所提到的卫生法律法规等主要是针对社会卫生管理中出现的问题做出相关的规定，但对于某种行为具体要进行哪方面的标准化控制和规范化管理，则需要依据具体的卫生技术规范。这些技术规范本身并不具有法律效力，但是如果得到法律的确认即具有法律效力，由国家强制力保证实施。如食品安全国家标准、国家药品标准等。

（九）法律解释

法律解释分为狭义说和广义说。狭义说是指由一定的国家机关、组织或个人，为适用和遵守法律，根据有关法律规定、政策、公平正义观念、法学理论和惯例对现行的法律规范、法律条文的含义、内容、概念、术语以及适用的条件等所做的说明。但是我国一般适用广义说，即进一步明确法律法规的具体含义和补充法律依据以适用法律制定后出现的新情况。

按照我国《宪法》《立法法》的规定，我国法律的最高解释权属于全国人民代表大会常务委员会。凡法律条文本身需要进一步明确界限或做补充规定的，都由全国人大常委会解释或做出规定。凡属于法院审判工作中具体应用法律的回题，由最高人民法院进行解释；凡属于检察院检查工作中具体应用法律问题，由最高人民检查院进行解释。最高人民法院和最高人民检察院如果有原则分歧，报请全国人大常委会解释或决定。不属于审判和检查工作中的其他法律如何具体应用的问题，由国务院及主管部门进行解释。凡属地方性法规条文本身需要进一步明确界限或做补充规定的，由制定地方性法规的地方人大常委会进行解释或做出规定。凡属地方性法规规章具体应用的问题，由地方政府主管部门解释。

上述法律解释，凡是对有关卫生法律法规做出的，均属于卫生法律的渊源。

（十）卫生国际条约

卫生国际条约是指我国与外国缔结的或者我国加入并生效的有关卫生方面的国际法规范性文件。按我国《宪法》和有关法律的规定，除我国声明保留的条款外，这些条约均对我国产生法律约束力，也是我国卫生法的渊源之一，如《国际卫生条例（2005）》《1961 年麻醉品单一公约》和《1971 年精神药物公约》等。

第二节　卫生法律关系

卫生法律关系是卫生法律法规的基本范畴之一，是卫生法律法规调整范围与调整方式的具体化，是调整人们行为过程中形成的法律上权利与义务关系。了解和掌握卫生法律关系具有较强的现实意义。

一、卫生法律关系的概念与特征

法律关系是根据法律规范产生的、以主体间的权利与义务关系的形式表现出来的特殊的社会关系。每一个法律部门都调整特定方面的社会关系。卫生法律法规作为一个独立的部门法，同样调整着一定范围的社会关系。卫生法律规定对该特定范围内社会关系的调整所形成的法律关系就是卫生法律关系。

（一）卫生法律关系的概念

卫生法律关系就是国家机关、企事业单位、社会团体、公民个人在卫生管理和医药卫生预防保健服务过程中，根据卫生法律规范所形成的权利和义务关系。

（二）卫生法律关系的特征

卫生法律关系是法律关系的一种，同时又是有别于其他法律关系的一种特殊法律关系，其独有的特征如下。

1. 卫生法律关系是由卫生法所调整的社会关系　卫生法律关系的形成，必须以相应的卫生法律规范的存在为前提。国家制定的卫生法律规范，规定了国家卫生行政机关、企事业单位、社会团体和公民之间一定的权利和义务关系，从而使他们之间的关系具有法律性质。所以，我国卫生法律规范的存在是我国卫生法律关系产生的前提，卫生法律关系是由卫生法所调整的社会关系。

2. 卫生法律关系是卫生法律规范实现的特殊形式　卫生法律规范在实际中的运用和实现表现为卫生法律关系。法律规范在逻辑上表现为假定、处理、法律后果三部分，是在假定某一事实存在的情况下，设定人们有某种权利和义务，并不表示人们的现实行为。而卫生法律关系则是在卫生法律规范所假定的事实已经存在的情况下，实际产生的权利和义务关系。如《中华人民共和国执业医师法》对医师在执业活动中的权利和义务作了明确的规定，这些规定是针对医师的普遍性的法律规定，只有当这些规定运用到具体医师身上时才产生相应的权利和义务关系，此时，这一卫生法律规范才得以实现。

3. 卫生法律关系是一种纵横交错的法律关系　纵向关系和横向关系相互交错、相互结合，形成一个统一的有机整体，具有纵横交错的综合性的特征。卫生立法是综合性的社会立法，它不仅包括纵向的卫生管理立法，还包括横向的卫生服务关系的立法。与之相适应，卫生法律关系也包括两个方面，即纵向的卫生管理关系和横向的卫生服务关系，两者是一个有机的整体。这两种关系存在区别，不能互相取代，也不能厚此薄彼。同时，两者又有密切联系，它们的最终目的都是保障公民的身体健康。

4. 卫生法律关系的主体具有特定性　卫生法是一个专业性很强的部门法，这就决定了卫生法律关系主体的特殊身份，即通常是从事卫生工作的组织和个人。在纵向关系中，必定有一方当事人是卫生管理机关，如卫生行政机关、食品卫生监督机构等，在横向关系中，必定有一方当事人是医药卫生保健服务机构或个人。卫生法律关系要求主体具有专业性、特殊性，但并不是有卫生管理机构和卫生服务机构参与的法律关系都是卫生法律关系。这些机构内部及其相互之间，以及他们与其他的国家机关、企事业单位、社会组织和公民个人之间，也可能发生民事法律关系。只有以卫生管理和卫生服务为内容，为我国现行的卫生法律规范调整所形成的法律关系才是卫生法律关系。

二、卫生法律关系的构成

法律关系是法律在调整人们行为过程中所产生的一种特殊的社会关系。卫生法律关系同其他法律关系一样，都是由主体、客体和内容三个方面的要素构成的。这三个要素必须同时具备，缺一不可；如果缺乏其中任何一个要素，该卫生法律关系就无法形成或继续存在。

（一）主体

卫生法律关系的主体是指在具体的卫生法律关系中享有权利和承担义务的当事人，是卫生法律行为的实际参加者。作为法律关系的主体，必须具有权利能力和行为能力。依据我国的卫生法律法规，卫生法律关系的主体包括国家机关、企事业单位、社会团体和自然人。

1. 国家机关　主体主要是作为纵向卫生法律关系的一方当事人，即行政管理人。依据卫生法所涉及的主要内容，其主体主要有各级卫生行政部门、各级药政监督管理部门、卫生检疫部门、劳动与社会保障管理部门、司法部门等，其中各级卫生行政部门在卫生法的国家机关主体中占大多数。

2. 企事业单位　作为行政相对人既可以成为纵向卫生法律关系的一方当事人，也可以与接受它们产品或服务的国家机关、企事业单位、自然人等结成横向卫生法律关系，成为横向卫生法律关系的主体。

3. 社会团体　分为卫生社会团体和一般社会团体。卫生社会团体如中国红十字会、中华医学会等，它们在卫生法律关系中的地位和作用类似于卫生事业单位，为社会提供卫生咨询和卫生医疗服务。

4. 自然人　包括中国公民、外国公民和无国籍人。自然人主体既可以是纵向卫生法律关系中主体，也可以是平向卫生法律关系的主体。如个体食品经营者和个体开业医生，一方面是行政相对人，另一方面是经营者和服务者。

（二）客体

卫生法律关系的客体是主体之间权利和义务所指向的对象，包括人身、物、行为及其结果、精神财富等。

1. 人身　包括生命、身体和健康等，是公民从事正常生产、生活活动的前提条件，是卫生法律关系的最高层次的客体。

2. 物 是指有一定空间，可以为人们控制，且具有经济价值，能作为财产权利对象的一切物质财富。我国卫生法所涉及的食品、药品、医疗器械、生物制品、血液制品、化妆品等管理和使用关系中，物即食品、药品、医疗器械、生物制品、血液制品、化妆品等这些都是卫生法律关系客体之一。

3. 行为及其结果 行为是法律关系主体行使权利和履行义务的活动。在卫生管理和卫生服务活动中，卫生管理行为和卫生服务行为就是卫生法律关系的客体。如卫生许可、卫生监督、卫生审批、医疗服务等。行为有合法行为和不合法的行为。合法行为受法律保护，违法行为要受到法律制裁。

4. 精神财富 主要指知识产权和智力成果，它是法律关系主体从事智力活动的成果，包括各种发明、创造、设计、著作等。精神财富可以转换成一定形式的物质财富。保护知识产权是保护和发展生产力的要求，也是卫生法的基本任务之一。

（三）内容

卫生法律关系的内容是指卫生法律关系的主体依法享有卫生方面的权利和应承担的义务，是卫生法律关系的基础。

1. 权利 是指卫生法律主体能够做出或者不做出一定行为，以及要求他人相应做出或不做出一定行为的资格。权利的含义包括：一是卫生法所赋予当事人的，因此，享有权利的卫生法律关系主体在卫生法律规定的范围内，有权根据自己的意志进行卫生管理和卫生服务活动；二是在卫生规定范围内，主体有权要求他人做出一定行为，以保证不影响自己的权利实现；三是在卫生法规定的范围内，由于他人的行为使自己的权利不能实现时，有权请求有关机关给予保护。

2. 义务 是指卫生法律主体必须做出或不做出一定行为的责任。义务是由卫生法规定的，要求义务人必须做出一定行为或禁止做出一些行为，以维护国家利益和保证权利人的权利获得实现。义务是必须履行某种责任，不履行或不正当履行时，权利主体可以请求司法机关或卫生行政部门采取必要的措施或追究法律责任，以保障权利的享有。

卫生权利和卫生义务是卫生法律关系的两个不同方面，二者相互依存，密不可分。权利的内容需要通过相应的义务表现出来；义务的内容需要相应的权利加以限制。当事人一方享有权利，必然有另一方负有相应的义务。不允许只享有权利而不履行义务，也不允许只承担义务而不享有权利。

三、卫生法律关系的类型

根据卫生法律关系各主体间的法律地位是否平等，卫生法律关系分为平权型和隶属型卫生法律关系。

（一）平权型卫生法律关系

平权型卫生法律关系也称平向卫生法律关系，是指存在于法律地位平等的当事人之间的卫生法律关系。如它与人体生命健康相关产品的制造者、经营者同相关产品的消费者之间形成的法律关系；与从事医药保健服务活动的服务者、被服务者之间的法律关系都是一种平权型卫生法律关系。在平权型卫生法律关系中，各当事人之间的法律地位应当是平等的，相互之间的权利与义务也都是平等的。然而，医务工作者与患者之间就权利和义务而言应当是平等主体之间的平权型卫生法律关系，但进行疾病诊治时他们之间又处于一种特殊无法平向，无法实现权利义务对等。患者的疾病支配了医务人员的义务，而医务人员行使诊疗权其实质依然是义务，因此，医患之间只是一种特殊的、不平等的民事法律关系。

（二）隶属型卫生法律关系

隶属型卫生法律关系也称纵向卫生法律关系，是一方当事人依据职权而直接要求对方当事人做出或不做出一定行为的法律关系。隶属型卫生法律关系分为两种：一种是存在于医药卫生行政机关或医药企业单位内部的具有职务关系的上下级之间的隶属关系；另一种则是依法享有国家卫生行政管理职权的机关和其职权管辖范围内的各种行政相对人之间形成的卫生行政法律关系。在隶属型卫生法律关系中，占绝大多数的是卫生行政法律关系，即卫生行政部门及履行政府卫生行政监督管理职能的机构或组织与行政相对人之间形成的法律关系，如药品生产者或经营者与药品监督管理部门之间形成的管理与被管理的法律关系、食品生产者或经营者与食品卫生监督部门之间形成的管理与被管理的法律关系等。这些都是比较典型的卫生行政法律关系，在隶属型卫生法律关系中，各当事人之间的法律地位是不平等的，相互之间的权利与义务也总是不对等的。

第三节　卫生立法与实施

立法是我国社会主义法制建设的重要内容，制定完备的卫生法律法规是卫生法制建设的基础；卫生法的实施是卫生法制的重要方面，是卫生法运行的关键；卫生行政执法则是卫生法律法规适用的最主要途径和手段。目前，我国已经建立起较为完善的卫生立法体制，而卫生立法与实施活动，不仅要遵循一定的基本原则，还应遵循法定的程序。

一、卫生立法的概念与依据

（一）卫生立法的概念

卫生立法是指特定国家机关依照法定的权限和程序，制定、认可、修改、废止规范性法律文件的活动，有广义和狭义之分。狭义的卫生立法专指国家最高权力机关即全国人民代表大会及其常务委员会制定卫生法律这种特定规范性文件的活动。广义的卫生立法除了狭义上的，还包括国务院制定卫生行政卫生法规的活动，国务院有关部委制定卫生行政规章的活动，地方人民代表大会及其常务委员会制定地方性卫生法规的活动，地方人民政府制定地方政府卫生规章的活动，民族自治地方的自制机关制定卫生自治条例与单行条例的活动，特别行政区的立法机关制定规范性卫生法律文件的活动。卫生立法的特征有以下四个方面。

1. 权威性　卫生立法是以国家名义进行的一项专门活动，只能由享有卫生立法权的国家机关进行，其他任何国家机关、社会组织和公民都无权进行卫生立法活动。

2. 职权性　具有卫生立法权的国家机关不能随意立法，只能在其特定的权限范围内进行与其职权相适应的卫生立法活动。如国务院有权制定卫生行政法规，不能制定卫生法律；有地方卫生立法权的国家机关有权制定地方性法规，不能制定全国性法规。

3. 程序性　卫生立法活动必须依照法定程序进行。在我国不仅制定卫生法律需要遵循法定程序，制定卫生行政法规、地方性卫生法规和卫生部门规章、地方性卫生规章也要遵循一定的程序，这样才能保证卫生立法具有科学性、权威性和稳定性。

4. 综合性　卫生立法是一项系统工程，它不仅包括制定新的规范性卫生法律文件的活动，还包括认可、修改、废止等一系列卫生立法活动。制定，是指国家机关进行的直接卫生立法活动。认可，是指国家机关进行的赋予某些卫生习惯、卫生条约或其他卫生规范以法的效力的活动。修改和废止，是指有权国家机关适时变更现行卫生法的活动。

（二）卫生立法的依据

1. 宪法是卫生立法的法律依据　宪法是国家的根本法，具有最高的法律效力，是国家所有法律制度的基础和依据，对每一个部门法都具有指导意义。如宪法中有关卫生方面的原则规定：“国家发展医疗卫生事业，发展现代医药和我国传统医药，鼓励和支持农村集体经济组织、国家企业事业组织和街道组织举办各种医疗卫生设施，开展群众性的卫生活动，保护人民健康”就是国家卫生立法的法律依据。

2. 社会经济条件是卫生立法的物质依据 立法的根本目的就是为了执行，就是让社会中的方方面面能够有条不紊地进行。而法的内容是由一定社会物质生活条件决定的，离开了社会的物质生活条件所指定的法律，既不能执行，也不能有效地规范社会行为，不能调整其应调整的社会关系。因此，卫生立法离不开我国现阶段的物质生活条件。

3. 卫生方针政策是卫生立法的政策依据 在我国，党和国家的有关卫生方面的方针政策是党和国家在一定历史阶段，为实现特定的任务而提出的行为准则。它在卫生法调整的社会关系中起到了重要的作用，是卫生立法的灵魂和依据。卫生立法以卫生方针政策为指导，有助于使卫生法反映客观规律和社会发展要求，充分体现人民意志，使卫生法律规范能够在现实生活中得到普遍遵循和贯彻，最终形成良好的卫生法律秩序，保障人民群众卫生权益的实现。

4. 保护人体健康是卫生立法的思想依据 健康是人类生存和发展的基本条件，增进人民健康，提高全民族的健康素质，是我国社会经济发展和精神文明建设的重要目标，也是促进经济发展和社会可持续发展的重要保障。因此，卫生法无论以什么形式表现出来都必须把保护人体健康作为其立法工作的出发点和立脚点。

5. 医药卫生科学是卫生立法的科学依据 卫生法是法学与医学、卫生学、药物学等自然科学相结合的产物，它的许多具体内容是依据基础医学、临床医学、预防医学和药物学、生物学的基本原理、研究成果而制定的。因此，卫生立法工作在遵循法律学科的基础上，必须遵循卫生工作的客观规律，也就是必须把医学、卫生学、药物学、生物学等自然科学的基本规律作为卫生法制定的科学依据，科学的立法，促进医学科学进步和卫生事业的发展，已达到有效保护人体健康的立法目的。

（三）卫生立法的基本原则

卫生立法的基本原则是指在卫生立法工作中应当遵循的指导思想和方针，也是我国社会主义立法原则在卫生立法中的具体体现，反映了卫生立法工作的一般规律。根据《立法法》的规定，卫生立法应遵循以下基本原则。

1. 遵循宪法基本原则的原则 《立法法》第3条规定：“立法应当遵循宪法的基本原则，以经济建设为中心，坚持社会主义道路、坚持人民民主专政、坚持中国共产党的领导、坚持马克思列宁主义毛泽东思想邓小平理论，坚持改革开放。”遵循宪法的基本原则和规定，是立法必须始终遵循的一条重要的原则和规定，这是卫生立法工作坚持正确的政治方向，反映人民群众医药卫生方面的愿望和要求，维护人民卫生权益的根本保证。

2. 依照法定的权限和程序的原则 依法治国的一个重要方面就是依法治权，做到各个国家机关严格在宪法和法律的范围内行使职权。国家机关的卫生立法活动也应当在法定的范围内进行，这是社会主义法治的一项重要原则。依法进行卫生立法活动，主要包括两个方面：一是卫生立法应当遵循法定的权限，二是卫生立法应当遵循法定的程序。一切卫生法律工作都必须严格在各自的权限范围内进行，遵循法定程序，不得越权和违背法定程序。

3. 坚持法制统一的原则 我国宪法明确规定：“国家维护社会主义法制的统一和尊严。”维护法制统一，首先要从立法做起。一切立法活动，都必须从国家整体利益出发，以广大人民群众的根本利益为依归，不得以部门利益、地方利益等局部利益凌驾于国家整体利益之上，不得在立法中搞“上有政策，下有对策”。一切卫生法律、卫生行政法规、地方性卫生法规、卫生自治条例和单行条例以及卫生规章都不得同宪法相抵触。

4. 坚持民主立法的原则 卫生立法应当体现人民意志，发扬社会民主，保障人民通过多种途径参与卫生立法活动。我国宪法规定："中华人民共和国的一切权利属于人民。"人民当家作主的一个重要方面，就是通过各种途径参与国家立法活动，是法律真正体现人民的意志，反映广大人民群众的根本利益和长远利益。人民群众参与立法活动主要表现在两个方面：一是人民群众通过民主选举各级人大代表，由人大代表代表人民参与立法工作，反映人民的意见和要求；二是国家机关在卫生立法活动中，采取各种有效措施，如将草案向社会公布，公开征求群众意见和召开座谈会、听证会、论证会等，广泛听取人民群众的意见。

5. 坚持从实际出发的原则 卫生立法必须从调整社会关系的客观实际出发，符合实际需要。坚持卫生立法从实际出发，最根本的就是坚持从我国的国情出发。在卫生立法中，必须正确认识我国的基本国情，充分考虑到我国的社会经济基础、生产力水平、各地的卫生条件、人员素质等状况，科学、合理地规定公民、法人和其他组织的权利和义务，国家机关的权利和责任，做到权力和义务统一、权利和责任相一致；落实科学发展观，认真总结自己的经验，将经过实践证明行之有效的成功做法和经验上升为法律。坚持从实际出发，也应注意在充分考虑我国的国情，体现中国特色的前提下，适当参考、借鉴外国卫生立法的有益经验，与国际接轨，但决不能照搬照抄。

（四）卫生立法的程序

卫生立法的程序是指特定国家机关在制定、修改和废止卫生规范性文件中所需遵守的法定的形式、时间和顺序的总称。它包括卫生法的制定程序、卫生法的修改程序和卫生法的废止程序三个方面。

1. 卫生法律的制定程序 具体包括提出、审议、通过、公布四个阶段。

（1）法律案的提出 根据《立法法》的规定，全国人大教科文卫委员会和国务院可以向全国人大常委会提出制定卫生法律案。

（2）法律案的审议 列入全国人大常委会会议议程的卫生法律案，由有关的专门委员会进行审议，提出审议意见，印发人大常委会会议。卫生法律案一般应当经三次人大常委会会议审议后再交付表决。

（3）法律案的通过 卫生法律案经人大常委会分组会议审议，在听取各方面意见并对法律草案加以修改，形成卫生法律草案修改稿。经人大常委会分组会议审议后，由法律委员会根据常委会组成人员的意见对法律草案修改稿作进一步修改，形成法律草案表决稿，可交付表决，由人大常委会全体组成人员的过半数通过。

（4）法律案的公布 全国人大常委会通过的卫生法律由中华人民共和国主席签署主席令予以公布。

2. 卫生行政法规的制定程序 包括立项、起草、报送和审查、通过和公布。

（1）立项 卫生行政部门根据需要和社会发展状况，提出立法项目草案，由部（局）务会议审定后上报国务院。经国务院统一部署，决定立法项目名称、等级和起草部门，具体工作由国务院法制办组织实施。

（2）起草 卫生行政法规由国务院组织起草。具体起草工作由卫生行政部门等分别负责。起草法规内容涉及两个以上部门时，应以一个部（局）为主起草，必要时成立专门的起草小组起草。

（3）报送和审查 起草部门将行政法规送审稿报送国务院审查时，应当一并报送行政法规送审稿的说明和有关材料。报送国务院的行政法规送审稿，由国务院法制机构负责审查。国务院法制办向国务院提出审查报告和草案修改稿，审查报告应对草案主要问题做出说明。

（4）通过和公布 卫生行政法规草案经国务院常务会议通过或总理批准后，由国务院总理签署国务院令公布，或经国务院批准由国务院主管部门发布。

此外，根据《立法法》及相关组织法的规定，制定地方性卫生法规要经过起草、提出、审议、通过和公布五个阶段；制定卫生规章要经过立项、起草、审查、决定、公布和备案等六个阶段；制定地方性卫生规章要经过起草、审查、决定、公布和备案等五个阶段。

二、卫生法实施的含义与形式

卫生法的实施是卫生法运用的主要环节。健全的卫生法制不仅需要创制出反映卫生发展规律，符合社会价值的完备的卫生法律体系，还要求现行的卫生法律在实际社会生活中得到普遍的遵循和公正的适用。否则，卫生法的作用就无从体现，卫生法的实现就无从谈起。卫生法的运行包括卫生法的生成、实施和实现的逻辑机制及其动态过程。卫生法的实施是连接卫生法的生成与实现的桥梁和纽带，是卫生法运行的关键环节，也是卫生法制的重要方面。

（一）卫生法实施的含义

卫生法的实施是指通过一定的方式使卫生法律规范在社会实际生活中得到贯彻和实现的活动。卫生法的实施过程，是把卫生法的规定转化为主体行为的过程，是卫生法作用于社会的特殊形式。

（二）卫生法实施的形式

卫生法实施的形式是卫生法作用于社会卫生关系的具体表现形式。在法理学上，卫生法的实施可以从不同的角度予以理解并加以分类。

1. 按照卫生法的作用方式 卫生法的实施可分为通过具体卫生法律关系的实施形式和不通过具体卫生法律关系的实施形式。

2. 按照卫生法律规范所确定的行为模式 卫生法的实施可分为卫生权利的行使和卫生义务的履行。

3. 按照卫生法律实施主体及其职能 卫生法的实施可分为卫生守法、卫生执法、卫生司法和卫生法律监督。

（三）卫生法的适用

卫生法的适用简称卫生司法，是指特定国家机关或法律法规授权组织依照法定职权和程序，运用卫生法律规范处理具体卫生案件的活动。它有广义和狭义之分。广义的卫生法的适用包括卫生行政部门以及法律法规授权组织依法进行的卫生执法活动和司法机关依法处理有关卫生违法和犯罪案件的司法活动。狭义的卫生法的适用，仅指司法活动。这里指的是广义的卫生法律的适用。

卫生法的适用是实施卫生法的重要方式之一，它是一种国家活动，不同于一般公民、法人和其他组织实现卫生法律规范的活动。它具有以下特征。

1. 权威性 卫生法的适用是由特定的国家机关或法律法规授权组织按照法定职权实施法律的专门活动，具有国家权威性。除特定国家机关外，其他任何国家机关、社会组织和个人都不得从事此项活动。

2. 强制性 卫生法的适用是以国家强制力为后盾实施卫生法的活动，具有国家强制性。对于特定国家机关或法律法规授权组织依法做出的决定，所有当事者都必须执行，不得违抗。

3. 法定性 卫生法的适用是特定国家机关或法律法规授权组织依据法定程序适用卫生法处理案件的活动，具有严格的法定性。国家特定机关及法律法规授权组织运用卫生法的活动必须依照法定程序进行；同时，对卫生事务或案件的处理，应当由相应的法律依据，否则无效。枉法裁判，应当承担相应的法律责任。

4. 要式性 卫生法的适用必须有表明法的适用结果的法律文书，具有要式性。这些法律文书如卫生许可证、罚款决定书、判决书等，既是司法规范的形式要求，也是产生既判力的依据。

（四）卫生法的效力范围

卫生法的效力范围是指卫生法具体生效或适用的范围，包括卫生法的时间效力、空间效力和对象效力三个方面。

1. 卫生法的时间效力　是指卫生法律法规何时生效、何时失效以及对其生效以前的事件和行为是否具有溯及力。

（1）卫生法的生效　即卫生法何时产生效力。卫生法开始生效的时间，一般根据该法律规范性文件的具体性质和实际情况来决定，通常有以下几种情形。①在卫生法律文件中明确规定从法律文件颁布之日起生效：它一经公布便具有约束力。如 2022 年 5 月 1 日国务院修订的《中华人民共和国母婴保健法实施办法》第 45 条明确规定：本办法自公布之日起施行。②卫生法律文件中明确规定由其颁布后的某一具体时间生效：我国现行的卫生法律多属于这种情况，主要是为卫生法的实施提供一个宣传和准备的时间。如《医疗纠纷预防和处理条例》规定，本法自 2018 年 10 月 1 日起实施。③在卫生法律文件中没有明确规定具体生效时间，一般应视为颁布之日起生效：如 2002 年 6 月 17 日修订的《婚前保健工作规范》本身并未有规定其生效时间，该规章就是以颁布时间为生效时间。

（2）卫生法的失效　即卫生法的废止。我国卫生法的失效主要有以下情况：①新法颁布实施后，相应的旧法即自行失效；②新法颁布生效时，明文规定原有同类旧法废止；③有关国家机关发布专门的决议、命令对某些卫生法律、法规、规章明令废止。

（3）卫生法的溯及力　也称卫生法溯及既往的效力，是指新法颁布施行后对其生效前的事件和行为是否可以适用。如果适用就具有溯及力；如果不适用就不具有溯及力。我国卫生法原则上没有溯及力，及采取“法不溯及既往”的原则，也就是说卫生法律法规只适用于起生效后发生的事件和行为，但为了维护人民的利益和特定的形势需要而作特别规定的除外。

2. 卫生法的空间效力　是指卫生法在哪些地域有效力，适用于哪些地区。卫生法律法规的空间效力主要有以下几种情况。

（1）在全国范围内生效　全国人民代表大会及其常务委员会制定的卫生法律、国务院制定的卫生法规、国务院部委制定的卫生规章，除特别规定外，适用于我国全部领域，包括领土、领海、领空以及作为领土延伸的本国驻外使馆、在外船舶及飞机。

（2）在一定的区域范围内生效　有两种情况。一是地方卫生法律法规和规章，只在发布机关管辖的行政范围内有效，不适用于其他区域。二是某些中央国家机关发布的卫生法规和规章，是针对特定区域发布的，明文规定在某些区域范围内生效。

3. 卫生法的对象效力　是指卫生法对谁有效力，适用于哪些人。我国卫生法的对象效力主要有以下几种情况：①对卫生法律规范空间效力范围内的所有自然人和法人都有效，包括中国公民、外国人、无国籍人和所有国家机关、企事业单位和社会团体；②对空间效力范围内某种具有特定职能的自然人或法人有效，如《中华人民共和国医师法》《医疗机构管理条例》只分别适用于医师和医疗机构；③对空间效力范围内的某些人适用或不适用，由法律、法规、规章明文规定。如《医疗机构管理条例》第 52 条规定：“外国人在中华人民共和国境内开设医疗机构及香港、澳门、台湾居民在内地开设医疗机构的管理办法，由国务院卫生行政部门另行规定。”

（五）卫生法的遵守

卫生法的遵守简称卫生守法，是指一切国家机关、社会组织和公民依照卫生法的规定，行使卫生权利，履行卫生义务，从而使卫生法律规范得以实现的活动。它包括卫生守法主体、卫生守法内容和卫生守法范围等构成要素。

1. 卫生守法主体　是指在一个国家和社会中应遵守卫生法律规范的人或组织。按照宪法的规定，我国卫生守法主体既包括一切国家机关、社会组织和全体中国公民，也包括在中国领域内活动的国际组织、外国组织、外国人和无国籍人。

2. 卫生守法内容　包括依法行使权利和履行义务两方面，它既包括国家机关、社会组织和公民依法行使卫生法律权利，又要求国家机关、社会组织和公民依法承担和履行卫生法律义务。卫生守法是行使卫生法律权利和履行卫生法律义务的有机统一，两者密切联系，不可分割。

3. 卫生守法范围 是指卫生守法主体必须遵守的行为规范种类。在我国，卫生守法的范围极其广泛，主要包括我国的宪法、卫生法律、卫生行政规章、地方性卫生法规、卫生自治条例和单行条例、卫生规章、特别行政区卫生法、国家有关机关制定的一些卫生标准和技术规范、我国参加的世界卫生组织的章程、我国参加与缔结或加入的国际卫生条约、协定等。对于卫生法适用过程中，有关国家机关依法做出的某些非规范性文件，如人民法院的判决书、调解书，卫生行政部门的卫生许可证、卫生行政处罚决定书等，因其具有明确的法律效力，也属于卫生守法的范围。

（六）卫生法的解释

卫生法的解释是指对卫生法律规范的内容、含义、概念、术语等所做的必要的说明。按照解释的主体和效力的不同，卫生法的解释可分为正式解释和非正式解释。

1. 正式解释 又称法定解释、有权解释、官方解释，是指特定的国家机关基于法律的规定或授权对卫生法有关的法律条文所进行的解释，它具有法律上的效力。具有法定解释权的国家机关：立法机关或其授权的相应机关、国家司法机关、国家行政管理机关。正式解释分为：立法解释、司法解释和行政解释。

（1）立法解释 是指依法制定卫生法律、法规、规章的国家机关或授权机关，对自己制定的法律、法规、规章条文所作的进一步解释。立法解释具有与法律同等的法律效力。

常见三种形式：①将解释的内容作为卫生法规条文的一部分，如《医疗事故处理条例》第 2 条规定“本条例所称医疗事故，是指医疗机构及其医务人员在医疗活动中，违反医疗卫生管理法律、行政法规、部门规章和诊疗护理规范、常规，过失造成患者人身损害的事故”；②通过颁布专门的解释性文件对某卫生法规做出的补充规定，如《关于药品注册管理的补充规定》等；③通过卫生法草案说明报告解释卫生法，如八届全国人大常委会第十四次会议审议《执业医师法（草案）》的意见等。

（2）司法解释 是指司法机关在法律适用过程中对具体的法律行为所作的解释。司法解释必须由法律规定，《全国人民代表大会常务委员会关于加强法律解释工作的决议》第 2 条规定：“凡属于法院审判工作中具体应用法律、法令的问题，由最高人民法院进行解释，凡属于检察院检察工作中具体应用法律、法令的问题，由最高人民检察院进行解释。最高人民法院和最高人民检察院的解释如果有原则性的分歧，报请全国人民代表大会常务委员会解释或决定。”

（3）行政解释 是指国家行政机关在依法行使职权时，对卫生法律、法规的适用问题所作的解释。行政解释有两种情况：一是对于不属于审判和检查工作中的其他法律法令如何让具体应用的决议问题，由国务院及其主管部门进行解释；二是凡属于地方性法规如何让具体应用的问题，由省、自治区、直辖市人民政府主管部门进行解释。

2. 非正式解释 又称非法定解释、无权解释、非官方解释，是指未经立法机关授权的机关、团体、社会组织、学术机构以及公民个人对卫生法所作的解释。非正式解释不具有法律效力，对于法律的实施主体来讲不是必须依照的根据。但是，它对司法机关正确运用法律、加强和完善法制、增强公民的法律意识是十分必要的。非正式解释可分为学理解释和任意解释。

（1）学理解释 是指教学机构、学术团体、法学工作者、宣传机构在教学、科研以及法制宣传活动中对卫生法律规范所作的知识性、理论性、常识性解释。它对于正确理解和运用卫生法律规范，推动卫生法学发展具有重要意义。

（2）任意解释 是指在司法活动中的当事人及其代理人、律师对于卫生法律规范的解释和公民在日常生活中对卫生法律规范的理解。它对于执法机关正确运用法律规范、防止工作中出现偏差具有一定的参考价值。

第四节 卫生法律责任

卫生法律责任是卫生法的基本范畴之一，是促进人们守法，维护社会正义的一种有效的强制手段与工具，了解和掌握卫生法律责任具有较强的现实意义。

一、卫生法律责任的概念与特点

法律责任是指行为主体违反法律法规所应当承担的法律上不利法律后果。

（一）卫生法律责任概念

卫生法律责任是指公民、法人或其他组织违反卫生法律、法规给其他人或社会造成损害应承担的法律后果。卫生法律责任是法律责任中的一种，对卫生法律责任的规定是规范卫生法律关系主体行为，是确保公民生命健康权益的重要措施。

（二）卫生法律责任的特点

与道义责任或者其他社会责任相比，卫生法律责任具有以下特点。

1. 法律依据 承担卫生法律责任的最终依据是法律。承担法律责任的原因各异，但最终依据是法律。

2. 国家强制力 卫生法律责任具有国家强制性，即法律责任的履行由国家强制力保证。当然国家强制力只是在必要时，在责任人不能主动履行其法律责任时才会使用。

二、卫生法律责任的种类

根据违反卫生法律规范的性质和社会危害程度不同，卫生法律责任可以分为行政责任、民事责任和刑事责任三种。

（一）卫生行政责任

卫生行政责任是指卫生法律关系主体违反卫生行政法律规范，但尚未构成犯罪时，所应承担的法律后果。包括行政处罚和行政处分两种形式。

卫生行政处罚是指卫生行政机关对违反了卫生法律法规的行政相对人所实施的行政制裁。卫生行政处分是指卫生行政机关或企事业单位依据行政隶属关系，对有违法、违纪或失职行为的人员给予的行政制裁。

（二）卫生民事责任

卫生民事责任是指医疗机构、卫生工作人员、从事与卫生事业有关的集体与个人违反法律规定侵害公民的健康权利时，应向受害人承担赔偿的责任。卫生民事责任的构成必须同时具备：损害事实、行为违法、行为人有过错、损害事实与行为人的过错有直接的因果关系等条件。民事责任的特点有：①主要是财产责任；②一方当事人对另一方的责任；③补偿当事人的损失；④法律允许的条件下，民事责任可以由当事人协商解决。

民法规定的承担民事责任方式有：停止损害；排除妨碍；消除危险；返还财产；恢复原状；修理、重做、更换；赔偿损失；支付违约金；消除影响、恢复名誉；赔礼道歉等。卫生法所涉及的民事责任主要以补偿赔偿、精神赔偿为主要形式。

（三）卫生刑事责任

卫生刑事责任是指卫生法律关系主体违反法律规定，实施了侵犯卫生管理秩序及公民生命健康权的犯罪行为所应承担的法律后果。刑事责任是最为严厉的法律责任，只有构成犯罪时才承担刑事责任。

承担刑事责任的方式是受到刑罚处罚。我国的刑罚分为主刑和附加刑，主刑有管制、拘役、有期徒刑、无期徒刑、死刑，附加刑有罚金、剥夺政治权利、没收财产。附加刑可以独立适用也可以附加适用。对于犯罪的外国人，可以独立适用或者附加适用驱逐出境。

目标检测

一、选择题

（一）单项选择题

1. 卫生法律法规由（　）制定或认可

A. 全国人民代表大会　　B. 全国人民代表大会常务委员会

C. 国家　　D. 地方各级权力机关

E. 地方各级人民政府

2. 法律效力最低的是（　）

A. 卫生法律　　B. 地方性卫生规章

C. 卫生行政规章　　D. 地方性卫生法规、卫生自治条例与单行条例

E. 卫生行政法规

3. 下列选项中不属于卫生法适用特征的是（　）

A. 非要式性　　B. 权威性

C. 强制性　　D. 法定性

E. 要式性

4.《中华人民共和国传染病防治法实施办法》属于（　）

A. 卫生法律　　B. 卫生行政法规

C. 地方性卫生规章　　D. 卫生行政规章

E. 地方性卫生法规、卫生自治条例与单行条例

5. 卫生法律关系的构成要素包括（　）

A. 权利主体和义务主体

B. 公民的生命健康、行为、物、人身、智力成果

C. 卫生法律关系的当事人

D. 卫生法律关系的主体和客体

E. 卫生法律关系的主体、客体和内容

（二）多项选择题

6. 下列选项属于卫生法律法规的特征有（　）

A. 保障生命健康权利　　B. 紧密联系自然科学

C. 吸收众多道德规范和技术规范　　D. 调整内容十分广泛

E. 调节手段多种多样

7. 下列选项属于卫生法律法规的作用有（　）

A. 贯彻党的卫生政策，促进卫生事业发展

B. 增强卫生法律意识，保护人体健康

C. 促进医学科学和经济社会的发展

D. 维护国家主权，促进国际卫生合作

E. 明确责任，健全卫生管理体制

8. 下列选项属于卫生立法依据的有（　）

A. 宪法是卫生立法的法律依据

B. 社会经济条件是卫生立法的物质依据

C. 卫生方针政策是卫生立法的政策依据

D. 保护人体健康是卫生立法的思想依据

E. 医药卫生科学是卫生立法的科学依据

二、思考题

1. 卫生法律关系的特征有哪些？

2. 卫生法规的调整对象是什么？

（屈海宏　吴敏泉）

第二章　基本医疗卫生与健康促进法律制度

学习目标

1. 通过本章学习，重点把握《中华人民共和国基本医疗与健康促进法》的立法原则、目的、适用范围；基本医疗卫生服务与基本公共卫生服务的概念及服务内容；医疗卫生服务机构的分类；举办医疗机构应具备的条件；医疗卫生服务人员服务基层的要求；开展健康教育的途径。

2. 学会医疗卫生服务机构的审批与监管、医疗卫生服务人员的培养与使用、国家对药品及医疗器械的监管、公共场所卫生管理制度要求，具有分析违反《中华人民共和国基本医疗与健康促进法》所必须承担的法律责任的能力。

人民健康，乃国之重事。随着社会的发展和民众观念革新，人民的健康观念已经发生了巨大的变化，为适应我国人民日益增长的健康需求，《中华人民共和国基本医疗卫生与健康促进法》应运而生，这是建国以来我国第一部基础性、综合性的卫生健康法律，对发展卫生事业、完善卫生法治体系、提高公民健康水平、加快推进健康中国建设意义重大。

情境导入

情景描述　2016 年 10 月 25 日，中共中央、国务院印发《健康中国“2030”规划纲要》，提出“普及健康生活、优化健康服务、完善健康保障、建设健康环境、发展健康产业”五方面的战略任务。十九大报告更是将实施健康中国战略纳入国家发展的基本方略，把人民健康置于“民族昌盛和国家富强的重要标志”地位，并要求“为人民群众提供全方位全周期健康服务”，这表明健康中国建设进入了全面实施阶段。

讨论　1. 实施健康中国战略的重要作用有哪些？

2. 如何从自身做起，助力健康中国战略？

第一节　概　述

一、立法原则与目的

《中华人民共和国基本医疗卫生与健康促进法》（以下简称《卫健法》），是我国卫生健康立法领域“十六年磨一剑”的产物，它的颁布和实施可谓深思熟虑、影响深远。

我国最早将卫生保健相关法律列入立法规划是在 2003 年的十届全国人大常委会上，当时提请审议名称为“初级保健法”；2008 年十一届全国人大常委会与 2013 年十二届全国人大常委会上分别以“基本医疗卫生保健法”和“基本医疗卫生法”均作为第一类项目的立法规划依旧被国务院提请审议，虽然名称有所调整，但“健康基本法”的立法构想一直在持续推进；2016 年，《“健康中国 2030”规划纲要》颁布实施，卫生健康工作的深度和广度都有了新的扩展，“基本医疗卫生与健康促进法”这一与新时期卫生健康工作及立法要求高度契合的名称得到了大多数专家的认可。通过多年不断对法律的名称、适用范围、立法思路进行调整和推敲，基本医疗与健康促进的相关内容不断丰富，更加适应新时代对健康基本法的要求，立法构想日趋成熟。在经过不断且深入地调研、广泛地听取意见并不断凝聚共识的基础上，经2017年12月草案提请十二届全国人大常委会初审，并与2018年10月、2019年8月和12月于十三届全国人大常委会又进行了三次审议，最终四审通过，《卫健法》终于和大家见面，并于2020年6月1日起正式施行。

《卫健法》具有鲜明的时代特征，所涉及的原则众多，但都与我国社会主义卫生事业发展的情境相适应，《卫健法》的基本原则包括以下三方面。

1. 公益性原则　《卫健法》第3条规定，医疗卫生与健康事业应当坚持以人民为中心，为人民健康服务。医疗卫生事业应当坚持公益性原则。这一条款将该法的中心问题摆在了头等位置，也是该法所应遵循的首要原则，只有坚持医疗的公益性，才能保证医疗服务的公平性和可及性。

2. 保障公民健康原则　不同部门、不同位阶的卫生法律法规的最终目标都在于保障公民健康，我国《宪法》第33条第3款及第45条均规定公民有获得医疗卫生资源的权利，其表现形式包括享受医疗服务、医疗保障、医疗救助等相关权利，人人享有基本医疗卫生服务，是全面建成小康社会的重要标志之一。

3. “大健康”原则　21世纪是人类追求健康的新世纪，也是人人享有保健的新时代。大健康是根据时代发展、社会需求与疾病谱的改变，围绕着人的衣食住行以及人的生老病死提出的一种全局理念。随着时代的发展和社会的进步，我国医疗开始从以治疗为中心向以健康为中心转变，更加注重自我健康管理、健康教育的普及、全民健身的推行，关注的焦点以各类影响健康的危险因素和误区、追求身体、精神、生理、心理、社会、环境及道德等多方面的因素为主，更加提倡健康的生活、健康的消费、健康的产品和健康的服务，而这些都是《卫健法》所规定和探索的内容，也是落实大健康原则的具体体现。

《卫健法》的内容引领了我国卫生与健康事业的发展方向，是对《宪法》所规定的“国家发展医疗卫生事业、保护人民健康”的相关规定的具体落实，同时也是推动健康中国战略实施的有力保障。所以，本法的立法目的非常明确：①发展医疗卫生与健康事业；②保障公民享有基本医疗卫生服务，提高公民健康水平；③推进健康中国建设。

以此为目的，该法不仅将初级卫生保健的相关法律内容包含其中，也将实施健康中国战略、建立基本医疗卫生制度、实行分级诊疗及社会办医、医患纠纷、特种药品需求等现实问题明确纳入了法律规制的范围之内，体现了健康之“大”的具体原则。

二、适用范围

《卫健法》第2条规定：“从事医疗卫生、健康促进及其监督管理活动，适用本法”，即一切涉及与医疗、卫生、健康有关的活动及其执法、司法及法律监督过程都应在本法规制范围内。所谓法的适用范围，一般是指法律的时间效力、对人的效力和空间效力。《卫健法》除满足与其他卫生法律相同的适用情况外，还首次在法律层面提出健康是人的基本权益，以法律的形式激活了《宪法》中公民基本权利中的健康权，且在明确加快实施健康中国战略、建立基本医疗卫生制度、推进基本医疗服务、实行分级诊疗等基本制度的同时，对社会办医、医患纠纷、特种药品需求等现实问题也做出了较为明确的规定。

第二节　基本医疗卫生服务

一、概述

基本医疗卫生服务是指维护人体健康所必需、与经济社会发展水平相适应、公民可公平获得的，采用适宜药物、适宜技术、适宜设备提供的疾病预防、诊断、治疗、护理和康复等服务，包括基本公共卫生服务和基本医疗服务，基本公共卫生服务由国家免费提供。

《中国农村扶贫开发纲要（2011—2020年）》提出，到2020年我国扶贫开发针对扶贫对象的总体目标是："稳定实现扶贫对象不愁吃、不愁穿，保障其义务教育、基本医疗和住房"，简称"两不愁、三保障"，其中人人享有基本医疗服务，是全面建成小康社会的重要标志之一。同时，我国深化医药卫生体制改革的总体目标就是建立健全覆盖城乡居民的基本医疗卫生服务制度，为群众提供安全、有效、方便、价廉的医疗卫生服务。《卫健法》即着眼于此，为公民享有基本医疗卫生服务提供法律保障。

二、组织与实施

《卫健法》第15条至第33条规定了基本医疗卫生服务的相关内容，明确了组织与实施的具体单位和职责。国家采取措施，保障公民享有安全有效的基本公共卫生服务，控制影响健康的危险因素，提高疾病的预防控制水平；国家基本公共卫生服务项目由国务院卫生健康主管部门会同国务院财政部门、中医药主管部门等共同确定。

省、自治区、直辖市人民政府可以在国家基本公共卫生服务项目基础上，补充确定本行政区域的基本公共卫生服务项目，并报国务院卫生健康主管部门备案；国务院和省、自治区、直辖市人民政府可以将针对重点地区、重点疾病和特定人群的服务内容纳入基本公共卫生服务项目并组织实施。

县级以上地方人民政府针对本行政区域重大疾病和主要健康危险因素，开展专项防控，县级以上人民政府通过举办专业公共卫生机构、基层医疗卫生机构和医院，或者从其他医疗卫生机构购买服务的方式提供基本公共卫生服务。

三、服务内容

（一）基本公共卫生服务

基本公共卫生服务是向公众提供的健康服务，与基本医疗服务相比更注重于群体的健康，所以与整个社会、民族和国家的健康水平息息相关。《卫健法》规定的基本公共卫生服务的内容面向两大类人群，一类是所有人群，另一类是特殊人群，更加细致的类别划分有利于提供更加精准的服务，也体现了社会主义的优越性，主要内容如下。

1. 突发事件卫生应急和传染病防控 国家建立健全突发事件卫生应急体系，建立传染病防控制度，在已有《突发公共卫生事件应急条例》《中华人民共和国突发事件应对法》和《中华人民共和国传染病防治法》的基础上，进一步强化了相关制度和措施，与已有法律形成配套机制。

2. 慢性病和职业病防治 国家建立慢性非传染性疾病防控与管理制度，加强职业健康保护。《卫健法》第22、23条对慢性病和职业病管理进行了更为详尽的规定。

3. 重点人群保健 母婴群体、老年人群体以及残障人群体是《卫健法》中重点关注的群体，为保障此类特殊（弱势）群体的地位，我国先后制定了《中华人民共和国母婴保健法》《中华人民共和国老年人权益保障法》《中华人民共和国残疾人保障法》等法律法规，《卫健法》对进一步完善制度、加强特殊群体的保护进行了说明。

4. 院前急救 《卫健法》第27条规定，国家建立健全院前急救体系，为急危重症患者提供及时、规范、有效的急救服务。卫生健康主管部门、红十字会等有关部门、组织应当积极开展急救培训，普及急救知识，鼓励医疗卫生人员、经过急救培训的人员积极参与公共场所急救服务。公共场所应当按照规定配备必要的急救设备、设施。针对具体的现实情况，该法规定急救中心（站）不得以未付费为由拒绝或者拖延为急危重症患者提供急救服务。

5. 精神卫生　精神卫生问题是目前我国较为突出的问题，不但关乎经济的发展，而且诸如精神障碍肇事等问题已经对社会安全造成了影响。《卫健法》第28条规定，国家发展精神卫生事业，建设完善精神卫生服务体系，维护和增进公民心理健康，预防、治疗精神障碍。国家采取措施，加强心理健康服务体系和人才队伍建设，促进心理健康教育、心理评估、心理咨询与心理治疗服务的有效衔接，设立为公众提供公益服务的心理援助热线，加强未成年人、残疾人和老年人等重点人群心理健康服务。

可以看出，该法在我国已有的《中华人民共和国精神卫生法》的基础设置上，对精神卫生问题进行更为细致的规定和要求。

（二）基本医疗卫生服务

基本医疗卫生服务是医疗卫生服务中最基础、最核心的部分，应该主要由政府负责保障，全国人民公平获得。《卫健法》第29条规定，“基本医疗服务主要由政府举办的医疗卫生机构提供。鼓励社会力量举办的医疗卫生机构提供基本医疗服务。”这从法律上确立了基本医疗卫生服务制度。基本医疗卫生服务是医疗卫生服务的基础，也是核心，《卫健法》在明确了基本医疗卫生服务核心地位的同时，也提出其要与经济发展相适应的重要性，不能盲目发展，必须稳扎稳打，才能保证公平性、有效性和可及性，同时，《卫健法》第10条规定，“国家合理规划和配置医疗卫生资源，以基层为重点，采取多种措施优先支持县级以下医疗卫生机构发展，提高其医疗卫生服务能力。”着力体现了新医改“保基本、强基层、建机制”的基本要求。

另外，《卫健法》第30条规定了“国家推进基本医疗服务实行分级诊疗制度，引导非急诊患者首先到基层医疗卫生机构就诊，实行首诊负责制和转诊审核责任制，逐步建立基层首诊、双向转诊、急慢分治、上下联动的机制，并与基本医疗保险制度相衔接。”第34条规定，“国家建立健全由基层医疗卫生机构、医院、专业公共卫生机构等组成的城乡全覆盖、功能互补、连续协同的医疗卫生服务体系。”国家加强县级医院、乡镇卫生院、村卫生室、社区卫生服务中心（站）和专业公共卫生机构等的建设，建立健全农村医疗卫生服务网络和城市社区卫生服务网络，通过分级诊疗制度和家庭医生签约服务来推动医疗卫生服务的下沉，并提出全面加强基层医疗卫生人才队伍的建设，明确规定了国家要建立医疗卫生人员定期到基层和艰苦边远地区从事医疗卫生工作的制度，为解决医疗资源分配不均、基层医务人员个人发展困难、基层医疗队伍建设滞后指明了方向，并通过建立基层及边远贫困地区医疗卫生事业的财政投入和保障制度推动医疗卫生事业的发展。

素质提升

二十年见证基本医疗服务发展史

中华人民共和国成立后，在党和政府的艰苦努力下，我国卫生事业蓬勃发展，取得了举世瞩目的巨大成就。《2002年全国卫生事业发展情况统计公报》显示，截至2001年底，我国共有县级综合医院2018所，中医院1226所，防疫站1663所，妇幼保健院48090所。20年弹指一挥间，《2021年全国卫生事业发展情况统计公报》显示，截至2021年底，全国共有基层医疗机构970036个，其中社区卫生服务中心（站）35365个，乡镇卫生院35762个，诊所和医务室259833个，村卫生室608828个，专业公共卫生机构2762个，卫生监督机构2459个，妇幼保健机构2563个。

基层医疗服务机构二十年数据的变化，见证了我国基本医疗服务的长足发展，这与我国综合国力的提高和党和政府着力发展基层医疗卫生事业的初心是分不开的，随着《基本医疗卫生与健康促进法》颁布实施，我国基本医疗卫生事业必将迈入新的台阶，人民基本医疗卫生服务的“幸福清单”必将早日实现。

第三节　医疗卫生服务机构

一、医疗卫生服务机构的分类

目前，我国医疗卫生服务体系已经形成，但医疗卫生资源总量不足、服务质量不高、结构与布局不够合理等问题依然存在。《卫健法》就进一步完善医疗卫生服务体系、提升医疗服务质量等问题进行了规定。

《卫健法》第34条规定，国家建立健全由基层医疗卫生机构、医院、专业公共卫生机构等组成的城乡全覆盖、功能互补、连续协同的医疗卫生服务体系。明确了我国的医疗卫生服务体系的分类，并规定了不同类型的医疗机构的功能属性。

基层医疗卫生机构主要提供预防、保健、健康教育、疾病管理，为居民建立健康档案，常见病、多发病的诊疗以及部分疾病的康复、护理，接收医院转诊患者，向医院转诊超出自身服务能力的患者等基本医疗卫生服务。

医院主要提供疾病诊治，特别是急危重症和疑难病症的诊疗，突发事件医疗处置和救援以及健康教育等医疗卫生服务，并开展医学教育、医疗卫生人员培训、医学科学研究和对基层医疗卫生机构的业务指导等工作。

专业公共卫生机构主要提供传染病、慢性非传染性疾病、职业病、地方病等疾病预防控制和健康教育、妇幼保健、精神卫生、院前急救、采供血、食品安全风险监测评估、出生缺陷防治等公共卫生服务。各级各类医疗卫生机构应当分工合作，为公民提供预防、保健、治疗、护理、康复、安宁疗护等全方位全周期的医疗卫生服务。各级人民政府采取措施支持医疗卫生机构与养老机构、儿童福利机构、社区组织建立协作机制，为老年人、孤残儿童提供安全、便捷的医疗和健康服务。

二、医疗卫生服务机构的审批与监管

（一）医疗卫生机构的审批

县级以上人民政府应当制定并落实医疗卫生服务体系规划，科学配置医疗卫生资源，举办医疗卫生机构，为公民获得基本医疗卫生服务提供保障。政府举办医疗卫生机构，应当考虑本行政区域人口、经济社会发展状况、医疗卫生资源、健康危险因素、发病率、患病率以及紧急救治需求等情况。

举办医疗机构，应当具备下列条件，按照国家有关规定办理审批或者备案手续：

（1）有符合规定的名称、组织机构和场所；

（2）有与其开展的业务相适应的经费、设施、设备和医疗卫生人员；

（3）有相应的规章制度；

（4）能够独立承担民事责任；

（5）法律、行政法规规定的其他条件。

医疗机构依法取得执业许可证。禁止伪造、变造、买卖、出租、出借医疗机构执业许可证。各级各类医疗卫生机构的具体条件和配置应当符合国务院卫生健康主管部门制定的医疗卫生机构标准。

（二）医疗卫生机构的监管

1. 对医疗卫生机构的管理

（1）对医疗卫生机构实行分类管理　《卫健法》明确了医疗卫生事业应当坚持的基本原则，即公益性原则。医疗卫生服务体系坚持以非营利性医疗卫生机构为主体、营利性医疗卫生机构为补充。

政府举办非营利性医疗卫生机构，在基本医疗卫生事业中发挥主导作用，保障基本医疗卫生服务公平可及。以政府资金、捐赠资产举办或者参与举办的医疗卫生机构不得设立为营利性医疗卫生机构。

医疗卫生机构不得对外出租、承包医疗科室。非营利性医疗卫生机构不得向出资人、举办者分配或者变相分配收益。政府举办的医疗卫生机构应当坚持公益性质，所有收支均纳入预算管理，按照医疗卫生服务体系规划合理设置并控制规模。国家鼓励政府举办的医疗卫生机构与社会力量合作举办非营利性医疗卫生机构。政府举办的医疗卫生机构不得与其他组织投资设立非独立法人资格的医疗卫生机构，不得与社会资本合作举办营利性医疗卫生机构。

（2）鼓励社会力量举办医疗机构，但必须“监管从严”　政府医院与社会力量合作办医需严格规范。国家采取多种措施，鼓励和引导社会力量依法举办医疗卫生机构，支持和规范社会力量举办的医疗卫生机构与政府举办的医疗卫生机构开展多种类型的医疗业务、学科建设、人才培养等合作。

社会力量举办的医疗卫生机构在基本医疗保险定点、重点专科建设、科研教学、等级评审、特定医疗技术准入、医疗卫生人员职称评定等方面享有与政府举办的医疗卫生机构同等的权利。社会力量可以选择设立非营利性或者营利性医疗卫生机构。社会力量举办的非营利性医疗卫生机构按照规定享受与政府举办的医疗卫生机构同等的税收、财政补助、用地、用水、用电、用气、用热等政策，并依法接受监督管理。

（3）加强医院内部质量控制管理，保证服务质量　医疗卫生机构应当遵守法律、法规、规章，建立健全内部质量管理和控制制度，对医疗卫生服务质量负责。医疗卫生机构应当按照临床诊疗指南、临床技术操作规范和行业标准以及医学伦理规范等有关要求，合理进行检查、用药、诊疗，加强医疗卫生安全风险防范，优化服务流程，持续改进医疗卫生服务质量。

（4）对医疗卫生技术的临床应用进行分类管理　对技术难度大、医疗风险高，服务能力、人员专业技术水平要求较高的医疗卫生技术实行严格管理。医疗卫生机构开展医疗卫生技术临床应用，应当与其功能任务相适应，遵循科学、安全、规范、有效、经济的原则，并符合伦理。

（5）建立现代医院管理制度　国家建立权责清晰、管理科学、治理完善、运行高效、监督有力的现代医院管理制度。医院应当制定章程，建立和完善法人治理结构，提高医疗卫生服务能力和运行效率。

（6）积极完善医疗风险分担机制　国家完善医疗风险分担机制，鼓励医疗机构参加医疗责任保险或者建立医疗风险基金，鼓励患者参加医疗意外保险。

（7）推进全民健康信息化　推动健康医疗大数据、人工智能等的应用发展，加快医疗卫生信息基础设施建设，制定健康医疗数据采集、存储、分析和应用的技术标准，运用信息技术促进优质医疗卫生资源的普及与共享。县级以上人民政府及其有关部门应当采取措施，推进信息技术在医疗卫生领域和医学教育中的应用，支持探索发展医疗卫生服务新模式、新业态。国家采取措施，推进医疗卫生机构建立健全医疗卫生信息交流和信息安全制度，应用信息技术开展远程医疗服务，构建线上线下一体化医疗服务模式。

（8）人员管理及保障措施　发生自然灾害、事故灾难、公共卫生事件和社会安全事件等严重威胁人民群众生命健康的突发事件时，医疗卫生机构、医疗卫生人员应当服从政府部门的调遣，参与卫生应急处置和医疗救治。对致病、致残、死亡的参与人员，按照规定给予工伤或者抚恤、烈士褒扬等相关待遇。

2. 对医疗卫生机构的监督

（1）国家建立健全机构自治、行业自律、政府监管、社会监督相结合的医疗卫生综合监督管理体系。县级以上人民政府卫生健康主管部门对医疗卫生行业实行属地化、全行业监督管理。

（2）县级以上人民政府医疗保障主管部门应当提高医疗保障监管能力和水平，对纳入基本医疗保险基金支付范围的医疗服务行为和医疗费用加强监督管理，确保基本医疗保险基金合理使用、安全可控。

（3）县级以上人民政府应当组织卫生健康、医疗保障、药品监督管理、发展改革、财政等部门建立沟通协商机制，加强制度衔接和工作配合，提高医疗卫生资源使用效率和保障水平。

（4）县级以上人民政府应当定期向本级人民代表大会或者其常务委员会报告基本医疗卫生与健康促进工作，依法接受监督。

（5）县级以上人民政府有关部门未履行医疗卫生与健康促进工作相关职责的，本级人民政府或者上级人民政府有关部门应当对其主要负责人进行约谈。地方人民政府未履行医疗卫生与健康促进工作相关职责的，上级人民政府应当对其主要负责人进行约谈。被约谈的部门和地方人民政府应当立即采取措施，进行整改。约谈情况和整改情况应当纳入有关部门和地方人民政府工作评议、考核记录。

（6）县级以上地方人民政府卫生健康主管部门应当建立医疗卫生机构绩效评估制度，组织对医疗卫生机构的服务质量、医疗技术、药品和医用设备使用等情况进行评估。评估应当吸收行业组织和公众参与。评估结果应当以适当方式向社会公开，作为评价医疗卫生机构和卫生监管的重要依据。

（7）国家保护公民个人健康信息，确保公民个人健康信息安全。任何组织或者个人不得非法收集、使用、加工、传输公民个人健康信息，不得非法买卖、提供或者公开公民个人健康信息。

（8）县级以上人民政府卫生健康主管部门、医疗保障主管部门应当建立医疗卫生机构、人员等信用记录制度，纳入全国信用信息共享平台，按照国家规定实施联合惩戒。

（9）县级以上地方人民政府卫生健康主管部门及其委托的卫生健康监督机构，依法开展本行政区域医疗卫生等行政执法工作。

（10）县级以上人民政府卫生健康主管部门应当积极培育医疗卫生行业组织，发挥其在医疗卫生与健康促进工作中的作用，支持其参与行业管理规范、技术标准制定和医疗卫生评价、评估、评审等工作。

（11）国家建立医疗纠纷预防和处理机制，妥善处理医疗纠纷，维护医疗秩序。

（12）国家鼓励公民、法人和其他组织对医疗卫生与健康促进工作进行社会监督。任何组织和个人对违反本法规定的行为，有权向县级以上人民政府卫生健康主管部门和其他有关部门投诉、举报。

第四节　医疗卫生服务人员

一、医疗卫生服务人员的培养与使用

医务人员是提供医疗服务的中坚力量，是卫生事业发展的最基本单元，随着我国医疗卫生事业的发展和科学技术的不断进步，我国医务人员的服务水平已经有了较大幅度的提升，人才队伍规模不断扩大，但是也存在人才结构和分布不合理与基层、公共卫生人才短缺等问题，有必要进一步加强医疗卫生队伍建设，大力培养和合理配置医疗卫生人才。

在医疗卫生人员的培养与教育上，《卫健法》明确提出，国家制定医疗卫生人员培养规划，建立适应行业特点和社会需求的医疗卫生人员培养机制和供需平衡机制，完善医学院校教育、毕业后教育和继续教育体系，建立健全住院医师、专科医师规范化培训制度，建立规模适宜、结构合理、分布均衡的医疗卫生队伍。

国家加强全科医生的培养和使用。全科医生主要提供常见病、多发病的诊疗和转诊、预防、保健、康复，以及慢性病管理、健康管理等服务。

在对医务人员使用上，《卫健法》也明确了相应的规范和要求，国家对医师、护士等医疗卫生人员依法实行执业注册制度，医疗卫生人员应当依法取得相应的职业资格；医疗卫生人员应当遵循医学科学规律，遵守有关临床诊疗技术规范和各项操作规范以及医学伦理规范，使用适宜技术和药物，合理诊疗，因病施治，不得对患者实施过度医疗。医疗卫生人员不得利用职务之便索要、非法收受财物或者牟取其他不正当利益。

结合现实情况，《卫健法》将以往受到医务人员普遍关注的人事、薪资等问题纳入法治轨道，规定国家建立健全符合医疗卫生行业特点的人事、薪酬、奖励制度，对从事传染病防治、放射医学和精神卫生工作以及其他在特殊岗位工作的医疗卫生人员，应当按照国家规定给予适当的津贴，津贴标准应当定期调整，体现医疗卫生人员职业特点和技术劳动价值。

二、医疗卫生服务人员服务基层的要求

国家建立医疗卫生人员定期到基层和艰苦边远地区从事医疗卫生工作制度，采取定向免费培养、对口支援、退休返聘等措施，加强基层和艰苦边远地区医疗卫生队伍建设。

执业医师晋升为副高级技术职称的，应当有累计一年以上在县级以下或者对口支援的医疗卫生机构提供医疗卫生服务的经历。对在基层和艰苦边远地区工作的医疗卫生人员，在薪酬津贴、职称评定、职业发展、教育培训和表彰奖励等方面实行优惠待遇。国家加强乡村医疗卫生队伍建设，建立县乡村上下贯通的职业发展机制，完善对乡村医疗卫生人员的服务收入多渠道补助机制和养老政策。

同时，《卫健法》规定，全社会应当关心、尊重医疗卫生人员，维护良好安全的医疗卫生服务秩序，共同构建和谐医患关系。医疗卫生人员的人身安全、人格尊严不受侵犯，其合法权益受法律保护。禁止任何组织或者个人威胁、危害医疗卫生人员人身安全，侵犯医疗卫生人员人格尊严。国家采取措施，保障医疗卫生人员执业环境。

第五节　药品供应保障

一、国家对药品的监管

药品监管一直是国家医疗体制改革的重要内容，《卫健法》通过法律条文的形式，确立了多项机制，以完善药品供应保障制度，建立工作协调机制，保障药品的安全、有效、可及。

（一）国家实施基本药物制度

通过遴选适当数量的基本药物品种，满足疾病防治基本用药需求。国家公布基本药物目录，根据药品临床应用实践、药品标准变化、药品新上市情况等，对基本药物目录进行动态调整。基本药物按照规定优先纳入基本医疗保险药品目录。国家提高基本药物的供给能力，强化基本药物质量监管，确保基本药物公平可及、合理使用。

（二）国家建立健全以临床需求为导向的药品审评审批制度

支持临床急需药品、儿童用药品和防治罕见病、重大疾病等药品的研制、生产，满足疾病防治需求。

（三）国家建立健全药品研制、生产、流通、使用全过程追溯制度

《卫健法》第 61 条规定，国家建立健全药品研制、生产、流通、使用全过程追溯制度，加强药品管理，保证药品质量。

（四）国家建立健全药品价格监测体系

开展成本价格调查，加强药品价格监督检查，依法查处价格垄断、价格欺诈、不正当竞争等违法行为，维护药品价格秩序；加强药品分类采购管理和指导；参加药品采购投标的投标人不得以低于成本的报价竞标，不得以欺诈、串通投标、滥用市场支配地位等方式竞标。建立中央与地方两级医药储备，用于保障重大灾情、疫情及其他突发事件等应急需要。

（五）国家建立健全药品供求监测体系

国家建立健全药品供求监测体系，及时收集和汇总分析药品供求信息，定期公布药品生产、流通、使用等情况。

二、国家对医疗器械的监管

国家加强对医疗器械的管理，完善医疗器械的标准和规范，提高医疗器械的安全有效水平。

国务院卫生健康主管部门和省、自治区、直辖市人民政府卫生健康主管部门应当根据技术的先进性、适宜性和可及性，编制大型医用设备配置规划，促进区域内医用设备合理配置、充分共享。

通过《卫健法》的具体内容，结合以往其他法律的相关规定不难看出，我国不同层级的法律法规针对药品采购制定的体系规范已经初步形成。

第六节　健康促进

一、开展健康教育的途径

目前我国对于医疗的投入远远大于其他健康影响因素，随着疾病谱的变化，预防的地位更加凸显。从以治病为中心转变为以人民健康为中心，需要建立健全健康教育体系，普及健康知识，引导群众建立正确健康观，形成有利于健康的生活方式、生态环境和社会环境，全方位全周期保障人民健康。

《卫健法》明确了政府、社会和个人的责任，规定各级人民政府应当加强健康教育工作及其专业人才培养，建立健康知识和技能核心信息发布制度，普及健康科学知识，向公众提供科学、准确的健康信息。

医疗卫生、教育、体育、宣传等机构、基层群众性自治组织和社会组织应当开展健康知识的宣传和普及。

医疗卫生人员在提供医疗卫生服务时，应当对患者开展健康教育。新闻媒体应当开展健康知识的公益宣传。健康知识的宣传应当科学、准确。

国家将健康教育纳入国民教育体系。学校应当利用多种形式实施健康教育，普及健康知识、科学健身知识、急救知识和技能，提高学生主动防病的意识，培养学生良好的卫生习惯和健康的行为习惯，减少、改善学生近视、肥胖等不良健康状况。

学校应当按照规定开设体育与健康课程，组织学生开展广播体操、眼保健操、体能锻炼等活动。学校按照规定配备校医，建立和完善卫生室、保健室等。县级以上人民政府教育主管部门应当按照规定将学生体质健康水平纳入学校考核体系。

二、公民的健康权利与义务

健康权是指自然人依法享有的保持身体机能正常和维护健康利益的权利。身心健康是公民生存和进行正常民事活动的前提条件。《卫健法》规定，公民是自己健康的第一责任人，即健康权利的主体。公民要树立和践行对自己健康负责的健康管理理念，主动学习健康知识，提高健康素养，加强健康管理。倡导家庭成员相互关爱，形成符合自身和家庭特点的健康生活方式。

同时，公民应当尊重他人的健康权利和利益，不得损害他人健康和社会公共利益，这是所有公民应当遵守的义务。

三、公共场所卫生管理制度要求

公共场所是提供公共服务的场所，其特点是有着大量人群的聚集，健全的公共场所卫生法律体系，能够有效提高公共场所的卫生状况、减少疾病传播、保障人民的健康权利。《卫健法》明确了国家发展全民健身事业，完善覆盖城乡的全民健身公共服务体系的总体目标，提出加强公共体育设施建设，组织开展和支持全民健身活动，加强全民健身指导服务，普及科学健身知识和方法，这必然需要对公管场所的卫生管理提出更高的要求。

《卫健法》规定，国家鼓励单位的体育场地设施向公众开放，完善公共场所卫生管理制度。县级以上人民政府卫生健康等主管部门应当加强对公共场所的卫生监督。公共场所卫生监督信息应当依法向社会公开。公共场所经营单位应当建立健全并严格实施卫生管理制度，保证其经营活动持续符合国家对公共场所的卫生要求。在此基础上，《卫健法》还提出了对公管场所的监督执法，提出国家采取措施，减少吸烟对公民健康的危害，在公共场所控制吸烟，将“禁止向未成年人出售烟酒”纳入法制范畴进行管理。

在职业场所的管理方面，规定用人单位应当为职工创造有益于健康的环境和条件，严格执行劳动安全卫生等相关规定，积极组织职工开展健身活动，保护职工健康。

可见，《卫健法》的相关规定，是《公共场所卫生管理条例》的“升级版”，其法律效力得到了进一步提高。

第七节　法律责任

违反本法规定，地方各级人民政府、县级以上人民政府卫生健康主管部门和其他有关部门，滥用职权、玩忽职守、徇私舞弊的，对直接负责的主管人员和其他直接责任人员依法给予处分。

一、违反医疗卫生机构规定的法律责任

未取得医疗机构执业许可证擅自执业的，由县级以上人民政府卫生健康主管部门责令停止执业活动，没收违法所得和药品、医疗器械，并处违法所得五倍以上二十倍以下的罚款，违法所得不足一万元的，按一万元计算。

伪造、变造、买卖、出租、出借医疗机构执业许可证的，由县级以上人民政府卫生健康主管部门责令改正，没收违法所得，并处违法所得五倍以上十五倍以下的罚款，违法所得不足一万元的，按一万元计算；情节严重的，吊销医疗机构执业许可证。

有下列行为之一的，由县级以上人民政府卫生健康主管部门责令改正，没收违法所得，并处违法所得二倍以上十倍以下的罚款，违法所得不足一万元的，按一万元计算；对直接负责的主管人员和其他直接责任人员依法给予处分：

1. 政府举办的医疗卫生机构与其他组织投资设立非独立法人资格的医疗卫生机构；
2. 医疗卫生机构对外出租、承包医疗科室；
3. 非营利性医疗卫生机构向出资人、举办者分配或者变相分配收益。

医疗卫生机构等的医疗信息安全制度、保障措施不健全，导致医疗信息泄露，或者医疗质量管理和医疗技术管理制度、安全措施不健全的，由县级以上人民政府卫生健康等主管部门责令改正，给予警告，并处一万元以上五万元以下的罚款；情节严重的，可以责令停止相应执业活动，对直接负责的主管人员和其他直接责任人员依法追究法律责任。

二、违反医疗卫生服务人员规定的法律责任

医疗卫生人员有下列行为之一的，由县级以上人民政府卫生健康主管部门依照有关执业医师、护士管理和医疗纠纷预防处理等法律、行政法规的规定给予行政处罚：

1. 利用职务之便索要、非法收受财物或者牟取其他不正当利益；
2. 泄露公民个人健康信息；
3. 在开展医学研究或提供医疗卫生服务过程中未按照规定履行告知义务或者违反医学伦理规范。

前款规定的人员属于政府举办的医疗卫生机构中的人员的，依法给予处分。

三、违反药品供应保障规定的法律责任

参加药品采购投标的投标人以低于成本的报价竞标，或者以欺诈、串通投标、滥用市场支配地位等方式竞标的，由县级以上人民政府医疗保障主管部门责令改正，没收违法所得；中标的，中标无效，处中标项目金额千分之五以上千分之十以下的罚款，对法定代表人、主要负责人、直接负责的主管人员和其他责任人员处对单位罚款数额百分之五以上百分之十以下的罚款；情节严重的，取消其二年至五年内参加药品采购投标的资格并予以公告。

四、其他责任

以欺诈、伪造证明材料或者其他手段骗取基本医疗保险待遇，或者基本医疗保险经办机构以及医疗机构、药品经营单位等以欺诈、伪造证明材料或者其他手段骗取基本医疗保险基金支出的，由县级以上人民政府医疗保障主管部门依照有关社会保险的法律、行政法规规定给予行政处罚。

违反本法规定，扰乱医疗卫生机构执业场所秩序，威胁、危害医疗卫生人员人身安全，侵犯医疗卫生人员人格尊严，非法收集、使用、加工、传输公民个人健康信息，非法买卖、提供或者公开公民个人健康信息等，构成违反治安管理行为的，依法给予治安管理处罚。

违反本法规定，构成犯罪的，依法追究刑事责任；造成人身、财产损害的，依法承担民事责任。

目标检测

一、选择题

（一）单项选择题

1. 基本公共卫生服务由国家（　）提供

A. 有偿　　B. 免费　　C. 通过专门疾病预防控制机构

D. 通过医疗机构　　E. 通过基层公共卫生机构

2. 执业医师晋升为副高级技术职称的，应当有累计（　）以上在县级以下或者对口支援的医疗卫生机构提供医疗卫生服务的经历

A. 两年　　B. 五年　　C. 三年

D. 半年　　E. 一年

3.（　）以上人民政府卫生健康等主管部门应当加强对公共场所的卫生监督

A. 市级　　B. 省级　　C. 县级

D. 区级　　E. 国家级

4. 公民健康的第一责任人是（　），即健康权利的主体

A. 公民的合法监护人　　B. 医疗机构　　C. 公共卫生机构

D. 自己　　E. 国务院卫生行政部门

5. 国家公布基本药物目录，根据药品临床应用实践、药品标准变化、药品新上市情况等，对基本药物目录进行（　）调整

A. 规范化　　B. 静态　　C. 动态

D. 战略化　　E. 常态化

（二）多项选择题

6.《基本医疗卫生与健康促进法》的基本原则包括（　）

A. 保障公民健康权原则　　B. 大健康原则　　C. 中西医协调发展原则

D. 公益性原则　　E. 预防为主的原则

7. 国家建立健全由（　）等组成的城乡全覆盖、功能互补、连续协同的医疗卫生服务体系

A. 基层医疗卫生机构　　B. 医院　　C. 中心血站

D. 基层卫生监督机构　　E. 专业公共卫生机构

8.（　）医疗机构执业许可证的，由县级以上人民政府卫生健康主管部门责令改正，没收违法所得

A. 伪造　　B. 变造　　C. 买卖

D. 出租　　E. 出借

二、思考题

1. 什么是基本医疗卫生服务，都包括哪些内容？
2. 请根据本章所学知识，谈谈开展健康教育可以从哪些途径入手？

（王　钰）

第三章　医疗机构管理法律制度

学习目标

1. 通过本章学习，重点掌握医疗机构的概念、分类和特征；医疗机构的执业规则；违反相关法律制度的法律责任。

2. 学会医疗机构的设置申请、审批、登记及校验的法律规定，具有运用本章知识指引医疗机构及医务人员依法履行职务的能力。

情境导入

情境描述　2018 年 10 月，A 医院的筹备处在向当地区卫健委申请执业许可但尚未获批的情况下就开始了试开业，并宣布在试开业期间，患者就诊免收挂号费、诊断费和部分检查费。2018 年 12 月，区卫健委接到群众举报后派人到医院，指出没有取得医疗机构执业许可证开展医疗活动是违法的，要求其停止医疗活动。A 医院不接受区卫健委执法人员的劝阻依然开展医疗活动。2018 年 12 月 20 日，区卫健委依法对 A 医院做出罚款 2 万元的行政处罚决定。该医院不服，依法向市卫健委申请行政复议，要求撤销区卫健委的处罚决定。市卫健委经复议后依法变更区卫健委的行政处罚决定，并做出责令 A 医院停止诊疗活动，罚款 1 万元的行政处罚决定。

讨论　1. 本案中 A 医院的行为是否符合医疗机构管理的相关法律法规？

2. 本案中市卫健委变更区卫健委的行政处罚，做出责令 A 医院停止诊疗活动、罚款 1 万元的行政处罚决定是否合法？

第一节　医疗机构管理法规概述

随着医疗机构管理相关法律法规的颁布实施，国家对现行医疗机构管理体制、方式和行为以及调整医疗机构内部与外部各方面的利益关系作了明确的规定，推动了卫生服务的发展，进一步完善了医疗机构的法治建设。

一、医疗机构的概念、特征及分类

（一）医疗机构的概念

医疗机构是指依法设立的从事疾病的诊断、治疗和康复的卫生机构的总称。它以救死扶伤、防病治病、为公众的健康服务为宗旨。

（二）医疗机构的特征

1. 救死扶伤、防病治病、为公民健康服务　这是医疗机构的最基本特征，其他所有机构都不具备以救死扶伤、防病治病、为公民健康服务为宗旨这一特征。如果其没有很好地履行自己的义务，将受到社会的谴责、卫生管理机构的行政处罚等法律制裁。

2. 疾病诊断、治疗、教学和紧急救护的活动　在我国，医疗机构的主要活动是疾病诊断、治疗、紧急救护。但是，还有相当一部分的医疗机构，在其履行救死扶伤、防病治病、为公民健康服务的职责的同时，也承担着临床教学、培养卫生专业技术人才的任务，并且该任务是一项十分艰巨的任务。

3. 维护国家卫生安全、社会公共卫生安全、应对突发公共卫生事件　医疗机构的职责不是单纯的救死扶伤、防病治病、为公民健康服务，还担负着维护国家卫生安全、社会公共卫生安全、应对突发公共卫生事件的使命。如果没有这些机构，国家和人民的卫生安全、身体健康就得不到保障，疾病就得不到救治，经济的发展和社会进步也就无从谈起。

（三）医疗机构的分类

1. 按照医疗机构的功能、任务和规模的不同分类　根据《医疗机构管理条例实施细则》规定，目前医疗机构的类别按照医疗机构的功能、任务和规模的不同，分为十四类：①综合医院、中医医院、中西医结合医院、民族医医院、专科医院、康复医院，主要是指以向人提供医疗护理服务为目的的医疗机构；②妇幼保健院、妇幼保健计划生育服务中心，是指专门为妇女婴幼儿提供医疗服务的医疗机构；③社区卫生服务中心、社区卫生服务站，主要是指在一定社区中，由卫生及有关部门向居民提供的以预防、医疗、康复和健康促进为内容的卫生保健机构的总称；④中心卫生院、乡（镇）卫生院、街道卫生院，主要是指一种卫生行政兼医疗预防工作的综合性机构；⑤疗养院，主要是指运用疗养因子为基础的，在规定的生活制度下专门为增强体质、疾病疗养、康复疗养和健康疗养而设立在疗养地的医疗机构；⑥综合门诊部、专科门诊部、中医门诊部、中西医结合门诊部、民族医门诊部，主要是指集医疗、预防、检测、康复为一体的综合性医疗机构；⑦诊所、中医诊所、民族医诊所、卫生所、医务室、卫生保健所、卫生站，主要泛指规模较小的医疗场所；⑧村卫生室（所），主要是指村级单位的医疗机构；⑨急救中心、急救站，主要是指提供高水平院前、院内急救服务的医疗机构；⑩临床检验中心，主要是指为临床医学提供一系列检测工作和结果的医疗机构；⑪专科疾病防治院、专科疾病防治所、专科疾病防治站，主要是指承担针对专门疾病的预防和治疗的医疗机构；⑫护理院、护理站，主要是指专为长期卧床患者、晚期姑息治疗患者、慢性病患者、生活不能自理的老年人以及其他需要长期服务的患者提供医疗护理、康复促进、临终关怀等服务的医疗机构；⑬医学检验实验室、病理诊断中心、医学影像诊断中心、血液透析中心、安宁疗护中心；⑭其他诊疗机构，比如盲人医疗按摩所和医学美容机构等。

2. 根据是否以营利为目的的分类　可以将疗机构划分为非营利性和营利性医疗机构。非营利性医疗机构是指为社会公众利益服务而设立和运营的医疗机构。该类医疗机构不以营利为目的，其收入用于弥补医疗服务成本，实际运营中的收支结余只能用于自身的发展，如改善医疗条件、引进技术、开展新的医疗服务项目或向公民提供低成本的医疗卫生服务等，不能用于投资者回报，也不能为其职工变相分配。政府举办的非营利性医疗机构由同级财政给予合理补助，并按扣除财政补助和药品差价收入后的成本制定医疗服务价格；其他非营利性医疗机构不享受政府补助，医疗服务价格执行政府指导价。非营利性医疗机构在医疗服务体系中占主导地位，享受相应的税收优惠政策，如按照国家规定取得的医疗收入免征各种税收。

营利性医疗机构是指医疗服务所得收益可用于投资者经济回报的医疗机构。政府不举办营利性医疗机构。营利性医疗机构的医疗服务价格放开，实行自主定价，依法自主经营，照章纳税。

二、医疗机构管理原则

（一）依法设置原则

依法设置原则是指设置医疗机构必须依法设置，依法审批、登记，非依法设立的医疗机构不受国家法律保护并应受到国家法律的制裁。我国国务院颁布的《医疗机构管理条例》第 9 条规定："单位或者个人设置医疗机构，按照国务院的规定应当办理设置医疗机构批准书的，应当经县级以上地方人民政府卫生行政部门审查批准，并取得设置医疗机构批准书。”可见，单位或者个人设置医疗机构，第一步就是要经审查批准并取得批准书、进行登记，才可执业。否则，就没有资格办理其他手续或者执业。

（二）依法执业原则

依法执业原则是指已经依法设立的医疗机构，必须按照核准登记的诊疗科目开展诊疗业务、管理药品、施行手术等必须严格依照《医疗机构管理条例》的规定和职业道德、社会公德的要求执业，否则，将受到法律的追究。

（三）有关部门认真监督原则

有关部门认真监督原则是指负有对医疗机构监督管理职责的卫生行政部门，应当对经批准设立的医疗机构进行检查指导、评估、综合评价，对不符合标准的医疗机构提出处理意见的原则。

三、医疗机构管理的相关立法

1994 年 2 月 26 日，国务院制定的《医疗机构管理条例》（以下简称《条例》，同年 9 月 1 日起施行。2016 年 2 月 6 日国务院令第 666 号修改施行。2022 年，国务院决定对《医疗机构管理条例》的部分条款予以修改，决定自同年 5 月 1 日起施行。）的颁布实施，对医疗机构的规划布局、设置审批、登记执业、监督管理和法律责任等方面作了明确规定，标志着我国医疗机构管理进一步走向法制化、标准化、规范化和科学化。此后，原卫生部相继颁布了《医疗机构管理条例实施细则》（以下简称《实施细则》，2017 年 2 月 21 日由原国家卫生计生委修订，同年 4 月 1 日实施）、《医疗机构设置规划指导原则》（已失效）、《医疗机构设置规划指导原则（2016—2020 年）》（2016 年 7 月 21 日由原国家卫生计生委制定）、《医疗机构基本标准（试行）》《医疗机构诊疗科目名录》等部门规章，这些部门规章以《医疗机构管理条例》为核心，逐渐覆盖医疗机构执业所涉及的各个环节，也日渐形成比较全面的医疗机构管理法律体系。

第二节　医疗机构的设置

一、医疗机构管理的设置规划

医疗机构设置规划是区域卫生规划的重要组成部分，是卫生行政部门审批医疗机构的依据。医疗机构的设置必须符合当地的医疗机构设置规划和国家医疗机构基本标准，由县级以上地方人民政府卫生行政部门根据其行政区域内的人口、医疗资源、医疗需求和现有医疗机构的分布状况等制定，报同级人民政府批准后实施。其目的是统筹规划医疗机构的数量、规模和分布，合理配置卫生资源，提高卫生资源的利用效率。县级以上地方人民政府应当把医疗机构设置规划纳入当地的区域卫生发展规划和城乡建设发展总体规划。

医疗机构不分类别、所有制形式、隶属关系、服务对象，其设置必须符合当地医疗机构设置规划。任何单位和个人申请设置医疗机构，要按照规定的程序和要求向县级以上地方人民政府卫生行政部门提交设置申请书、设置可行性研究报告、选址报告和建筑设计平面图等。

医疗机构设置规划分三级。省级和县级的医疗机构设置规划都要以设区的市级卫生行政部门所制定的医疗机构设置规划为基础。设区的市级卫生行政部门按照区域卫生规划的原则和方法制订医疗机构设置规划。县级卫生行政部门制订医疗机构设置规划的重点是 100 张床位以下的医疗机构的具体配置和布局，省级卫生行政部门制订医疗机构设置规划的重点是500张床位以上的医院、重点专科和重点专科医院、急救中心、临床检验中心等医疗机构的配置。

二、医疗机构设置的原则

坚持以人为本，以人人享有基本医疗卫生服务为根本出发点和落脚点，坚持统筹兼顾、协调发展的科学发展观，建立健全覆盖城乡居民的医疗服务体系，为群众提供安全、有效、方便、价廉的医疗服务。医疗机构设置应当遵循以下原则。

（一）公平性原则

医疗卫生服务必须坚持公平、公正原则，要从当地的医疗供需实际出发，面向城乡，以基层为重点，充分发挥现有医疗资源的作用，适当调控城市医疗机构的发展规模，保证全体公民尤其是广大农民都能公平、公正地享有基本医疗服务。

素质提升

牢记维护人民健康初心使命，促进基层医疗卫生体系健康发展

2022年1月27日，全国卫生健康工作会议在北京召开。会议强调，要牢记维护人民健康的初心使命，一年接着一年干，一张蓝图绘到底。以基层为重点，巩固健康扶贫成效与乡村振兴相衔接，促进乡村医疗卫生体系健康发展，提升县域综合服务能力。推进疾控体系改革，加强基层疾控机构能力建设，筑牢公共卫生安全防护网。巩固深化医改成果，推动公立医院高质量发展，推广三明医改经验，加强公立医院内部管理，抓好国家医学中心、国家区域医疗中心和临床重点专科建设和规划布局。深入推进健康中国行动，完善重大疾病防控策略，加强重大传染病和慢性病防治。积极应对人口老龄化，扎实开展老年健康服务工作，完善积极生育支持措施，全面加强“一老一小”服务供给，提高优生优育服务水平。全面实施中医药振兴发展重大工程，完善中医药服务体系，深化中西医临床协同攻关。强化事业改革发展的保障支撑，加强法治建设，推进人才队伍建设，强化科普宣教，积极参与全球卫生治理。

（二）整体效益原则

医疗机构设置应当符合当地卫生发展总体规划的要求，建立各级各类医疗机构相互协调和有序竞争的医疗服务体系，局部要服从全局，科学合理配置医疗资源，充分发挥医疗服务体系的整体功能和效益，避免诱导以趋利为目的、争夺患者的无序甚至恶性竞争的发生。

（三）可及性原则

各级各类医疗机构服务半径的规划、确定要适宜，交通便利，布局合理，易于群众得到服务。

（四）分级医疗原则

落实医疗机构的功能和职责，建立和完善分级医疗、双向转诊的医疗服务体系，做到常见病、多发病在基层医疗机构诊疗，危重急症和疑难病在城市医院诊疗。

（五）非营利性和公立主导原则

坚持非营利性医疗机构为主体、营利性医疗机构为补充，公立医疗机构为主导、非公立医疗机构共同发展的办医原则，鼓励和引导社会资本发展医疗卫生事业，促进非公立医疗卫生机构发展，形成投资主体多元化、投资方式多样化的办医体制。

（六）中西医并重原则

遵循卫生工作的基本方针，中西医并重，保证中医、中西医结合、民族医医疗机构的合理布局及资源配置。

三、医疗机构设置的条件

单位或者个人设置医疗机构，按照国务院的规定应当办理设置医疗机构批准书的，应当经县级以上地方人民政府卫生行政部门审查批准，并取得设置医疗机构批准书。

（一）个人申请医疗机构的条件

在城市申请设置诊所的个人，必须同时具备下列条件：①经医师执业技术考核合格，取得医师执业证书；②取得医师执业证书或者医师职称后，从事5年以上同一专业临床工作；③省、自治区、直辖市卫生行政部门规定的其他条件。在乡镇和村申请设置诊所的个人的条件，由省、自治区、直辖市卫生行政部门规定。

（二）国内机构申请医疗机构的条件

不设床位或者床位不满100张的医疗机构，向所在地的县级人民政府卫生行政部门申请；床位在100张以上的医疗机构和专科医院按照省级人民政府卫生行政部门的规定申请。国家统一规划的医疗机构，由国务院卫生行政部门决定。有下列情形之一的单位和个人，不得申请设置医疗机构：①不能独立承担民事责任的单位；②正在服刑或者不具有完全民事行为能力的个人；③发生二级以上医疗事故未满5年的医务人员；④因违反有关法律、法规和规章，已被吊销执业证书的医务人员；⑤被吊销《医疗机构执业许可证》的医疗机构法定代表人或者主要负责人；⑥省、自治区、直辖市政府卫生计生行政部门规定的其他情形。

（三）中外合资、合作医疗机构设置的条件

中外合资、合作医疗机构的设置和发展，需要符合我国区域卫生规划和医疗机构设置规划，执行医疗机构标准，能够提供国际先进的医疗机构管理经验、管理模式和服务模式，能够提供具有国际领先水平的医学技术和设备，可以补充或完善当地在医疗服务能力、医疗技术、资金和医疗设施方面的不足。同时应当符合以下条件：①必须是独立的法人；②投资总额不得低于2000万元人民币；③中方在中外合资、合作医疗机构中所占有的股份比例或权益不得低于30%；④合资、合作期限不超过20年；⑤省级以上卫生行政部门规定的其他条件。

设置中外合资、合作医疗机构，经申请获卫生行政部门许可，按照有关规定向商务部提出申请，予以批准，发给《外商投资企业批准证书》。

四、申请设置医疗机构的审批程序

卫生行政部门对设置医疗机构申请，应当自受理之日起30日内，依据当地医疗机构设置规划进行审查，对符合医疗机构设置规划和卫生部制定的医疗机构基本标准的，发给设置医疗机构批准证书；对不予批准的要以书面形式告知理由。

床位在100张以上的医疗机构的设置审批权限的划分，由省、自治区、直辖市卫生行政部门规定。其他医疗机构的设置，由县级卫生行政部门负责审批。机关、企业和事业单位按照国家医疗机构基本标准设置为内部职工服务的门诊部、诊所、卫生所（室），报所在地的县级卫生行政部门备案。国家统一规划的医疗机构的设置，由国务院卫生行政部门决定。设置中外合资、合作医疗机构，经申请获卫生部许可后，按照有关规定向国务院外贸行政部门提出申请。予以批准的，发给外商投资企业批准证书。凭

此证书到国家工商行政管理部门办理注册登记手续，并向规定的卫生行政部门申请领取医疗机构执业许可证。中外合资、合作医疗机构不得设置分支机构。

有下列情形之一的，设置医疗机构申请不予批准：①不符合当地《医疗机构设置规划》；②设置人不符合规定的条件；③不能提供满足投资总额的资信证明；④投资总额不能满足各项预算开支；⑤医疗机构选址不合理；⑥污水、污物、粪便处理不合理等；⑦省、自治区、直辖市卫生行政部门规定的其他情形。

第三节 医疗机构执业登记

医疗机构执业，必须进行登记，领取《医疗机构执业许可证》。医疗机构的执业登记，由批准其设置的人民政府卫生行政部门办理。

一、医疗机构执业登记的条件

申请医疗机构执业登记，应当具备下列条件：①有设置医疗机构批准书；②符合医疗机构的基本标准；③有适合的名称、组织机构和场所；④有与其开展的业务相适应的经费、设施、设备和专业卫生技术人员；⑤有相应的规章制度；⑥能够独立承担民事责任。

申请医疗机构执业登记应当填写《医疗机构申请执业登记注册书》，并提交下列材料：①《设置医疗机构批准书》或者《设置医疗机构备案回执》；②医疗机构用房产权证明或者使用证明；③医疗机构建筑设计平面图；④验资证明、资产评估报告；⑤医疗机构规章制度；⑥医疗机构法定代表人或者主要负责人以及各科室负责人名录和有关资格证书、执业证书复印件等。

申请门诊部、诊所、卫生所、医务室、卫生保健所和卫生站登记的，还应当提交附设药房（柜）的药品种类清单、卫生技术人员名录及其有关资格证书、执业证书复印件以及省、自治区、直辖市卫生计生行政部门规定提交的其他材料。

卫生行政部门受理执业登记申请后，应当按照规定的条件和期限（一般是自受理执业登记申请之日起 45 日内），对提交的材料进行审查和实地考察、核实，并对有关执业人员进行消毒、隔离和无菌操作等基本知识和技能的现场抽查考核。经审核合格的，发给《医疗机构执业许可证》；审核不合格的，将审核结果和不予批准的理由以书面形式告知申请人。

有下列情形规定的不予登记：①不符合《设置医疗机构批准书》核准的事项；②中外合资、合作医疗机构不符合医疗机构基本标准；③投资不到位；④医疗机构用房不能满足诊疗服务功能；⑤通讯、供电、上下水道等公共设施不能满足医疗机构正常运转；⑥医疗机构规章制度不符合要求；⑦消毒、隔离和无菌操作等基本知识和技能的现场抽查考核不合格等；⑧省、自治区、直辖市卫生计生行政部门规定的其他情形。

二、医疗机构执业登记的事项

（一）医疗机构执业登记的事项

医疗机构执业登记的事项是：①类别、名称、地址、法定代表人或者主要负责人；②所有制形式；③注册资金（资本）；④服务方式；⑤诊疗科目；⑥房屋建筑面积、床位（牙椅）；⑦服务对象；⑧职工人数；⑨执业许可证登记号（医疗机构代码）等；⑩省、自治区、直辖市卫生计生行政部门规定的其他登记事项。

门诊部、诊所、卫生所、医务室、卫生保健所、卫生站还应当核准附设药房（柜）的药品种类。

（二）医疗机构的合并与分立

医疗机构分立或者合并的，应当根据不同情况申请办理相应手续，保留医疗机构的，申请办理变更登记；新设置医疗机构的，申请设置许可和执业登记；终止医疗机构的，申请注销登记。

（三）医疗机构变更登记

1. 必须向登记机关申请办理变更登记的情形 医疗机构变更名称、地址、法定代表人或者主要负责人、所有制形式、服务对象、服务方式、注册资金（资本）、诊疗科目、床位（牙椅）的，必须向登记机关申请办理变更登记，并提交下列材料：①医疗机构法定代表人或者主要负责人签署的《医疗机构申请变更登记注册书》；②申请变更登记的原因和理由；③登记机关规定提交的其他材料。

2. 在原登记机关管辖权限范围内变更登记事项的情形 机关、企业和事业单位设置的为内部职工服务的医疗机构向社会开放，必须按照前条规定申请办理变更登记。医疗机构在原登记机关管辖权限范围内变更登记事项的，由原登记机关办理变更登记；因变更登记超出原登记机关管辖权限的，由有管辖权的卫生行政部门办理变更登记。

3. 医疗机构迁移变更登记的情形 医疗机构在原登记机关管辖区域内迁移，由原登记机关办理变更登记；向原登记机关管辖区域外迁移的，应当在取得迁移目的地的卫生行政部门发给的《设置医疗机构批准书》，并经原登记机关核准办理注销登记后，再向迁移目的地的卫生行政部门申请办理执业登记。登记机关在受理变更登记申请后，依据条例和本细则的有关规定以及当地《医疗机构设置规划》进行审核，按照登记程序或者简化程序办理变更登记，并作出核准变更登记或者不予变更登记的决定。

（四）医疗机构歇业

医疗机构歇业必须向原登记机关办理注销登记。经登记机关核准后，收缴《医疗机构执业许可证》。医疗机构非因改建、扩建、迁建原因停业超过 1 年的，视为歇业。

三、医疗机构的校验

（一）校验限期

床位不满 100 张的医疗机构，其《医疗机构执业许可证》每年校验 1 次；床位在 100 张以上的综合医院、中医医院、中西医结合医院、民族医医院以及专科医院、疗养院、康复医院、妇幼保健院、急救中心、临床检验中心和专科疾病防治机构的《医疗机构执业许可证》每 3 年校验 1 次。校验由原登记机关办理。

医疗机构应当于校验期满前 3 个月向登记机关申请办理校验手续。办理校验应当交验《医疗机构执业许可证》，并提交《医疗机构校验申请书》；《医疗机构执业许可证》副本；省、自治区、直辖市卫生行政部门规定提交的其他材料。卫生行政部门应当在受理校验申请后的三十日内进行书面审查，并可实地考察和核实。审核合格的，通过校验，准予其继续执业；审核不合格的，提出处理意见并书面通知申请人。

（二）暂缓校验与注销许可的情形

医疗机构有下列情形之一的，登记机关给予警告、限期改正，并可以根据情况，给予一至六个月的暂缓校验期：①不符合《医疗机构基本标准》；②限期改正期间；③停业整顿期间；④不良执业行为累计积分达到或超过规定分值；⑤省、自治区、直辖市卫生行政部门规定的其他情形。不设床位的医疗机构在暂缓校验期内不得执业。暂缓校验期满仍不能通过校验的，由登记机关注销其《医疗机构执业许可证》。暂缓校验期内，暂缓校验的医疗机构有下列情形之一的，登记机关可按照《医疗机构管理条例实施细则》的有关规定，注销其《医疗机构执业许可证》：①违反规定擅自开展诊疗活动；②发布医疗服务信息和广告；③省、自治区、直辖市人民政府卫生行政部门规定的其他情形。

四、医疗机构执业名称的确立

（一）医疗机构名称的基本规定

医疗机构的名称由识别名称和通用名称依次组成。

医疗机构的通用名称为：医院、中心卫生院、卫生院、疗养院、妇幼保健院、门诊部、诊所、卫生所、卫生站、卫生室、医务室、卫生保健所、急救中心、急救站、临床检验中心、防治院、防治所、防治站、护理院、护理站、中心以及卫生行政部门规定或者认可的其他名称。

医疗机构的识别名称为：地名、单位名称、个人姓名、医学学科名称、医学专业和专科名称、诊疗科目名称和核准机关批准使用的名称。

（二）医疗机构名称的命名原则

医疗机构的名称必须名副其实；必须与医疗机构类别或者诊疗科目相适应；各级地方人民政府设置的医疗机构的识别名称中应当含有省、市、县、区、街道、乡、镇、村等行政区划名称，其他医疗机构的识别名称中不得含有行政区划名称；国家机关、企业和事业单位、社会团体或者个人设置的医疗机构的名称中应当含有设置单位名称或者个人的姓名。

（三）医疗机构不得使用的名称

医疗机构的名称使用必须符合国家有关规定，不得使用的名称有：①有损于国家、社会或者公共利益的名称；②侵犯他人利益的名称；③以外文字母、汉语拼音组成的名称；④以医疗仪器、药品、医用产品命名的名称；⑤含有“疑难病”“专治”“专家”“名医”或者同类含义文字的名称以及其他宣传或者暗示诊疗效果的名称；⑥超出登记的诊疗科目范围的名称；⑦省级以上卫生行政部门规定不得使用的名称。

（四）医疗机构名称的核准

1. 由国家卫生行政部门核准的情形　以下医疗机构名称由国务院卫生行政部门核准；属于中医、中西医结合和民族医医疗机构的，由国家中医药管理局核准：医疗机构名称中含有外国国家（地区）名称及其简称、国际组织名称的；含有“中国”“全国”“中华”“国家”等字样以及跨省地域名称的；各级地方人民政府设置的医疗机构的识别名称中不含有行政区划名称的。

2. 由地方卫生行政部门核准的情形　以“中心”作为医疗机构通用名称的医疗机构名称，由省级以上卫生行政部门核准；在识别名称中含有“中心”字样的医疗机构名称的核准，由省、自治区、直辖市卫生行政部门规定。含有“中心”字样的医疗机构名称必须同时含有行政区划名称或者地名。除专科疾病防治机构以外，医疗机构不得以具体疾病名称作为识别名称，确有需要的由省、自治区、直辖市卫生行政部门核准。

医疗机构名称经核准登记，于领取《医疗机构执业许可证》后方可使用，在核准机关管辖范围内享有专用权。医疗机构只准使用一个名称。确有需要，经核准机关核准可以使用两个或者两个以上名称，但必须确定一个第一名称。卫生行政部门有权纠正已经核准登记的不适宜的医疗机构名称，上级卫生行政部门有权纠正下级卫生行政部门已经核准登记的不适宜的医疗机构名称。

3. 医疗机构名称核准的争议解决　两个以上申请人向同一核准机关申请相同的医疗机构名称，核准机关依照申请在先原则核定。属于同一天申请的，应当由申请人双方协商解决；协商不成的，由核准机关作出裁决。两个以上医疗机构因已经核准登记的医疗机构名称相同发生争议时，核准机关依照登记在先原则处理。属于同一天登记的，应当由双方协商解决；协商不成的，由核准机关报上一级卫生行政部门作出裁决。

4. 医疗机构名称不得买卖、出借和转让 《医疗机构管理条例实施细则》第 50 条规定："医疗机构名称不得买卖、出借。未经核准机关许可，医疗机构名称不得转让。"

第四节 医疗机构执业管理

一、医疗机构的执业规则

（一）医疗机构的执业前提

医疗机构执业，应当取得《医疗机构执业许可证》，任何单位或者个人，未取得《医疗机构执业许可证》，不得开展诊疗活动。医疗机构执业，必须遵守有关法律、法规和医疗技术规范；必须将《医疗机构执业许可证》、诊疗科目、诊疗时间和收费标准悬挂于明显处所；必须按照核准登记的诊疗科目开展诊疗活动；不得使用非卫生技术人员从事医疗卫生技术工作；应当加强对医务人员的医德教育；其工作人员上岗工作，必须佩带载有本人姓名、职务或者职称的标牌。

（二）医疗机构的执业规则

1. 积极救治 医疗机构在执业过程中，对危重患者应当立即抢救，对限于设备或者技术条件不能诊治的病人，应当及时转诊。

2. 严格按规定出具医学证明文书 未经医师（士）亲自诊查患者，医疗机构不得出具疾病诊断书、健康证明书或者死亡证明书等证明文件；未经医师（士）、助产人员亲自接产，医疗机构不得出具出生证明书或者死产报告书。

3. 充分尊重患者知情同意权 医疗机构施行手术、特殊检查或者特殊治疗时，必须征得患者同意，并应当取得其家属或者关系人同意并签字，无法取得患者意见时，应当取得家属或者关系人同意并签字，无法取得患者意见又无家属或者关系人在场，或者遇到其他特殊情况时，经治医师应当提出医疗处置方案，在取得医疗机构负责人或者被授权负责人员的批准后实施。

4. 及时报告和合法处理医疗质量安全事件 发生医疗事故，按照国家有关规定处理；对传染病、精神障碍、职业病等患者的特殊诊治和处理，应当按照国家有关法律、法规的规定办理。

5. 严格按照国家标准管理 须按照有关药品管理的法律、法规，加强药品管理；必须按照人民政府或者物价部门的有关规定收取医疗费用，详列细项，并出具收据。

6. 服从卫生行政部门调遣 医疗机构除开展对疾病的诊疗外，还必须承担相应的预防保健工作，承担县级以上人民政府卫生行政部门委托的支援农村、指导基层医疗卫生工作等任务；发生重大灾害、事故、疾病流行或者其他意外情况时，医疗机构及其卫生技术人员必须服从县级以上人民政府卫生行政部门的调遣。

二、医疗机构监督管理

（一）医疗机构监督管理的概念

医疗机构监督管理是指县级以上人民政府卫生行政部门，对医疗机构的执业活动进行监督、检查、指导、调查、取证、评审、提出处罚意见和实施职权内的处罚活动的行为。应当从以下几个方面正确理解这一概念。①对医疗机构的监督管理，是县级以上卫生行政部门依法履行职责、执行职务的行政行为。县级以上卫生行政部门负有对医疗机构实施监督管理的义务，享有对医疗机构实施监督管理的权力。其他任何机关和个人都没有这一权力。②县级以上卫生行政部门对医疗机构的监督管理的方式是进行监督、检查、指导、调查、取证、评审、提出处罚意见，和实施职权内的处罚活动的行为。③县级以上卫生行政部门监督管理的对象是取得《医疗机构执业许可证》的医疗机构。县级以上卫生行政部门监督管理的对象，还应当包括没有取得《医疗机构执业许可证》而非法执业的单位和个人。

（二）对医疗机构监督管理的法律规定

1. 关于管理主体　县级以上人民政府卫生行政部门行使下列职权：负责对医疗机构的设置审批、执业登记和校验；对医疗机构的执业活动进行检查指导；负责组织对医疗机构的评审；对违反《医疗机构管理条例》的行为给予处罚。

2. 各级卫生行政部门负责所辖区域内医疗机构的监督管理工作　在监督管理工作中，要充分发挥医院管理学会和卫生工作者协会等学术性和行业性社会团体的作用；在县级以上卫生行政部门设立医疗机构监督管理办公室；各级医疗机构监督办公室在同级卫生行政部门的领导下开展工作。根据《医疗机构管理条例实施细则》的规定，各级医疗机构监督办公室的职责是：拟定医疗机构监督管理工作计划；办理医疗机构监督管理员的审批、发证、换证；负责医疗机构登记、校验和有关监督管理工作的统计，并向上级卫生行政部门报告工作；负责接待、办理群众对医疗机构的投诉；完成卫生行政部门交给的其他监督管理工作。

3. 监督管理员管理职责　县级以上卫生行政部门设医疗机构监督员，履行规定的监督管理职责。医疗机构监督员由同级卫生行政部门聘任。医疗机构监督员应当严格执行国家有关法律、法规和规章，其主要职责是：对医疗机构执行有关法律、法规、规章、标准的情况进行监督、检查、指导；对医疗机构执业活动进行监督、检查、指导；对医疗机构违反《医疗机构管理条例》及《医疗机构管理条例实施细则》的案件进行调查、取证；对经查证属实的案件向卫生行政部门提出处理或处罚意见；实施职权范围内的处罚；完成卫生行政部门交付的其他监督管理工作。

医疗机构监督员有权对医疗机构进行现场检查，无偿索取有关资料，医疗机构不得拒绝、隐匿或者隐瞒。医疗机构监督员在履行职责时应当佩戴证章、出示证件。医疗机构监督员证章、证件由国务院卫生行政部门监制。

4. 各级卫生行政部门对医疗机构的检查、指导的内容　主要包括：①执行国家有关法律、法规、规章的情况；②执行医疗机构内部各项规章制度和各级各类人员岗位责任制情况；③医德医风情况；④服务质量和服务水平情况；⑤执行医疗收费标准情况；⑥组织管理情况；⑦人员任用情况；⑧省、自治区、直辖市卫生行政部门规定的其他检查、指导情况。

三、医疗机构的评审与处罚

（一）医疗机构的评审

对医疗机构的评审是指卫生行政部门通过周期性评审和不定期重点检查的形式，对医疗机构的基本标准、服务质量、技术水平、管理水平等进行综合评价，以发现问题、处理问题、促进服务。《医疗机构管理条例》第40条规定：“国家实行医疗机构评审制度，由专家组成的评审委员会按照医疗机构评审办法和评审标准，对医疗机构的执业活动、医疗服务质量等进行综合评价。”

评审的方式主要是周期性评审和不定期重点检查。《医疗机构管理条例》和《医疗机构管理条例实施细则》对此作出下列规定：县级以上卫生行政部门负责组织本行政区域医疗机构评审委员会；各级医疗机构评审委员会负责医疗机构评审的具体实施。医疗机构评审委员会在对医疗机构进行评审时，发现有违反《医疗机构管理条例》及《医疗机构管理条例实施细则》的情节的，应当及时报告卫生行政部门；医疗机构评审委员会为医疗机构监督员的，可以直接行使监督权。

（二）医疗机构的处罚

医疗机构执业违反《医疗机构管理条例》时，医疗机构本身及直接责任人员都应承担一定的法律责任。从该条例的规定来看，都属于行政责任的范畴，主要是由医疗机构本身来承担，形式是行政处罚。

1. 未取得许可证的情形 对未取得《医疗机构执业许可证》擅自执业的，责令其停止执业活动，没收非法所得和药品、器械，并处以三千元以下的罚款；有下列情形之一的，责令其停止执业活动，没收非法所得和药品、器械，处以三千元以上一万元以下的罚款：①因擅自执业曾受过卫生计生行政部门处罚；②擅自执业的人员为非卫生技术专业人员；③擅自执业时间在三个月以上；④给患者造成伤害；⑤使用假药、劣药蒙骗患者；⑥以行医为名骗取患者钱物；⑦省、自治区、直辖市卫生计生行政部门规定的其他情形。

2. 逾期不校验的情形 对不按期办理校验《医疗机构执业许可证》又不停止诊疗活动的，责令其限期补办校验手续；在限期内仍不办理校验的，吊销其《医疗机构执业许可证》。

3. 出卖、转让和出借许可证的情形 转让、出借《医疗机构执业许可证》的，没收其非法所得，并处以三千元以下的罚款；有下列情形之一的，没收其非法所得，处以三千元以上五千元以下的罚款，并吊销《医疗机构执业许可证》：①出卖《医疗机构执业许可证》；②转让或者出借《医疗机构执业许可证》是以营利为目的；③受让方或者承借方给患者造成伤害；④转让、出借《医疗机构执业许可证》给非卫生技术专业人员；⑤省、自治区、直辖市卫生计生行政部门规定的其他情形。

4. 诊疗活动超出登记的诊疗科目范围的情形 除急诊和急救外，医疗机构诊疗活动超出登记的诊疗科目范围，情节轻微的，处以警告；有下列情形之一的，责令其限期改正，并可处以三千元以下罚款：①超出登记的诊疗科目范围的诊疗活动累计收入在三千元以下；②给患者造成伤害。

有下列情形之一的，处以三千元罚款，并吊销《医疗机构执业许可证》：①超出登记的诊疗科目范围的诊疗活动累计收入在三千元以上；②给患者造成伤害；③省、自治区、直辖市卫生计生行政部门规定的其他情形。

5. 任用非卫生技术人员从事医疗卫生技术工作的情形 任用非卫生技术人员从事医疗卫生技术工作的，责令其立即改正，并可处以三千元以下罚款；有下列情形之一的，处以三千元以上五千元以下罚款，并可以吊销其《医疗机构执业许可证》：①任用两名以上非卫生技术人员从事诊疗活动；②任用的非卫生技术人员给患者造成伤害。医疗机构使用卫生技术人员从事本专业以外的诊疗活动的，按使用非卫生技术人员处理。

6. 出具虚假证明文件的情形 出具虚假证明文件，情节轻微的，给予警告，并可处以五百元以下的罚款；有下列情形之一的，处以五百元以上一千元以下的罚款：①出具虚假证明文件造成延误诊治的；②出具虚假证明文件给患者精神造成伤害的；③造成其他危害后果的。对直接责任人员由所在单位或者上级机关给予行政处分。

7. 其他限期整改的情形 医疗机构有下列情形之一的，登记机关可以责令其限期改正：①发生重大医疗事故；②连续发生同类医疗事故，不采取有效防范措施；③连续发生原因不明的同类患者死亡事件，同时存在管理不善因素；④管理混乱，有严重事故隐患，可能直接影响医疗安全；⑤省、自治区、直辖市卫生计生行政部门规定的其他情形。

8. 当事人对行政处罚决定不服的情形 当事人对行政处罚决定不服的，可以在接到《行政处罚决定通知书》之日起十五日内向作出行政处罚的上一级卫生计生行政部门申请复议。上级卫生计生行政部门应当在接到申请书之日起三十日内作出书面答复。

当事人对行政处罚决定不服的，也可以在接到《行政处罚决定通知书》之日起十五日内直接向人民法院提起行政诉讼。

逾期不申请复议、不起诉又不履行处罚决定的，由作出行政处罚决定的卫生计生行政部门填写《行政处罚强制执行申请书》，向人民法院申请强制执行。

目标检测

一、选择题

（一）单项选择题

1. 最新修订的《医疗机构管理条例》的施行日期是（ ）

A. 1987 年 4 月 1 日　B. 2022 年 5 月 1 日　C. 2016 年 1 月 13 日

D. 1998 年 12 月 29 日　E. 1997 年 7 月 1 日

2. 根据是否营利为目的，可将城镇医疗机构分为（ ）

A. 民办医疗机构和政府办医疗机构　B. 公有医疗机构和私有医疗机构

C. 中外合资和中外合作医疗机构　D. 民办医疗机构和公有医疗机构

E. 非营利性医疗机构和营利性医疗机构

3. 医疗机构的名称由（ ）依次组成

A. 识别名称和通用名称　B. 医疗机构的性质和地位

C. 医疗机构的所在地和注册类别　D. 医疗机构规模和性质

E. 医疗机构类别和范围

4. 我国医院的等级划分正确的是（ ）

A. 一级是床位在 100 张以上　B. 二级是床位在 200 张以上

C. 三级是床位在 300 张以上　D. 一共是三级九等

E. 一共是三级十等

5. 下列不属于医疗机构设置规划依据来源的是（ ）

A. 人口数量　B. 医疗资源　C. 医疗需求

D. 经费来源　E. 现有医疗机构的分布状况

（二）多项选择题

6. 医疗机构设置的原则有（ ）

A. 公平性原则　B. 整体效益原则　C. 可及性原则

D. 分级医疗原则　E. 非营利性和公立主导原则

7. 不得申请设置医疗机构的有（ ）

A. 不能独立承担民事责任的单位

B. 正在服刑或者不具有完全民事行为能力的个人

C. 发生二级以上医疗事故未满 5 年的医务人员

D. 因违反有关法律、法规和规章，已被吊销执业证书的医务人员

E. 被吊销《医疗机构执业许可证》的医疗机构法定代表人或者主要负责人

8. 医疗机构不得使用的名称有（ ）

A. 有损于国家、社会或者公共利益的名称

B. 侵犯他人利益的名称

C. 以外文字母、汉语拼音组成的名称

D. 以医疗仪器、药品、医用产品命名的名称

E. 含有“疑难病”“专治”“专家”“名医”或者同类含义文字的名称以及其他宣传或者暗示诊疗效果的名称

二、思考题

1. 试述医疗机构的概念及其特征。
2. 试述申请设置医疗机构审批程序的法律规定。

（屈海宏）

第四章　卫生技术人员管理法律制度

学习目标

1. 通过本章学习，重点掌握执业医师、执业护士、执业药师的资格考试与执业注册制度。

2. 学会执业医师、执业护士、执业药师的执业规则，具有依法执业以及分析解决问题的能力；学会卫生技术人员法律责任的规定，具有分析违反卫生技术人员管理法律制度所应当承担的法律责任的能力。

卫生技术人员是指受过高等或中等医药卫生教育或培训，掌握医药卫生知识，依法取得执业资格或经卫生行政部门考试、考核合格，从事医疗、预防、康复、保健以及相关工作的专业技术人员。卫生技术人员是我国专业技术人才队伍的重要组成部分，是新时代实施健康中国战略的中坚力量。卫生技术人员的管理，更是直接关系到人民群众的生命安全与身心健康。

情境导入

情境描述　医师付某在A医院为产妇郑某做剖腹产手术过程中，未通过器械护士，违反规定擅自下手术台从敷料储槽取过一块纱布垫，放置在郑某被打开的腹腔内，用于挡肠管，关腹前，因肠翻转该纱布垫被遮挡，护士在清点手术包器械敷料无误后，手术完成，致该纱布垫遗漏在郑某腹腔内。

术后，郑某腹痛、腹胀，不能缓解，后到B医院就诊，经剖腹探查，发现纱布垫，同时发现郑某屈式韧带下小肠全部坏死，遂进行了切除等相关治疗。经该市医学会医疗事故技术鉴定，由于纱布垫遗留在郑某腹腔内，造成患者小肠坏死，近70%被切除，结肠造瘘，存有因短肠所致营养吸收障碍，属二级丁等医疗事故。

讨论　1. 医师付某的行为违反了哪些规定？

2. 在这一事件中，医师付某应该承担什么责任？

第一节　执业医师管理法律制度

医师的管理关系到医疗服务质量和医疗安全，关系到人民群众的身体健康和生命安全。将医师的管理工作纳入法制化、规范化的轨道，有利于提高医师队伍的素质，促进医疗卫生事业的发展，进而充分保障人民的身心健康。

一、执业医师管理法律制度概述

（一）执业医师管理立法

为加强医师管理，我国出台了《中华人民共和国执业医师法》（以下简称《执业医师法》）、《中华人民共和国医师法》（以下简称《医师法》）、《乡村医生从业管理条例》《医师资格考试暂行办法》《医师执业注册管理办法》等一系列法律、法规及规章。

《执业医师法》由全国人大常委会于1998年6月26日通过，自1999年5月1日起施行，2009年8月27日修正。《医师法》由全国人大常委会于2021年8月20日通过，自2022年3月1日起施行，《执业医师法》同时废止。

《乡村医生从业管理条例》由国务院于2003年7月30日通过，自2004年1月1日起施行。

（二）医师

医师是指依法取得医师资格，经注册在医疗卫生机构中执业的专业医务人员，包括执业医师和执业助理医师。

执业医师是指依法取得医师资格并经注册，在医疗卫生机构中独立从事医疗工作的专业医务人员。执业助理医师是指依法取得医师资格并经注册，在执业医师的指导下，在医疗卫生机构中从事医疗工作的专业医务人员。

医师应当坚持人民至上、生命至上，发扬人道主义精神，弘扬敬佑生命、救死扶伤、甘于奉献、大爱无疆的崇高职业精神，恪守职业道德，遵守执业规范，提高执业水平，履行防病治病、保护人民健康的神圣职责。医师依法执业，受法律保护。医师的人格尊严、人身安全不受侵犯。

自2018年起，每年8月19日为中国医师节。

二、医师资格考试与注册

（一）医师资格考试

国家实行医师资格考试制度。医师资格考试是评价申请医师资格者是否具备执业所必须的专业知识与技能的考试。

医师资格考试由省级以上人民政府卫生行政部门组织实施。医师资格考试的类别和具体办法，由国务院卫生行政部门制定。

1. 医师资格考试的种类 医师资格考试分为两级四类，两级即执业医师资格考试和执业助理医师资格考试。四类即考试类别，分为临床、中医、口腔、公共卫生四类。中医类包括中医、中西医结合和民族医，其中，民族医又含蒙医、藏医、维医、傣医、朝医、壮医、哈萨克医等。医师资格考试方式分为实践技能考试和医学综合笔试，实践技能考试合格者方可参加医学综合笔试。

2. 参加医师资格考试的条件

（1）参加执业医师资格考试的条件　具有下列条件之一的，可以参加执业医师资格考试：①具有高等学校相关医学专业本科以上学历，在执业医师指导下，在医疗卫生机构中参加医学专业工作实践满一年；②具有高等学校相关医学专业专科学历，取得执业助理医师执业证书后，在医疗卫生机构中执业满二年。

（2）参加执业助理医师资格考试的条件　具有高等学校相关医学专业专科以上学历，在执业医师指导下，在医疗卫生机构中参加医学专业工作实践满一年的，可以参加执业助理医师资格考试。

（3）参加医师资格考试的其他条件　以师承方式学习中医满三年，或者经多年实践医术确有专长的，经县级以上人民政府卫生行政部门委托的中医药专业组织或者医疗卫生机构考核合格并推荐，可以参加中医医师资格考试。以师承方式学习中医或者经多年实践，医术确有专长的，由至少二名中医医师推荐，经省级人民政府中医药主管部门组织实践技能和效果考核合格后，即可取得中医医师资格及相应的资格证书。

（4）特别规定　在《医师法》施行前以及施行后一定期限内取得中等专业学校相关医学专业学历的人员，可以参加医师资格考试。具体办法由国务院卫生行政部门会同国务院教育、中医药等有关部门制定。

医师资格考试成绩合格，取得执业医师资格或者执业助理医师资格，发给医师资格证书。

（二）医师执业注册

国家实行医师执业注册制度。医师执业应当经注册取得《医师执业证书》，未经医师注册取得执业证书，不得从事医师执业活动。

取得医师资格的，可以向所在地县级以上地方人民政府卫生行政部门申请注册。医疗卫生机构可以为本机构中的申请人集体办理注册手续。除有《医师法》规定不予注册的情形外，卫生行政部门应当自受理申请之日起二十个工作日内准予注册，将注册信息录入国家信息平台，并发给医师执业证书。

医师经注册后，可以在医疗卫生机构中按照注册的执业地点、执业类别、执业范围执业，从事相应的医疗卫生服务。执业地点是指执业医师执业的医疗卫生机构所在地的省级行政区划和执业助理医师执业的医疗卫生机构所在地的县级行政区划。执业类别是指临床、中医（包括中医、民族医和中西医结合）、口腔、公共卫生。执业范围是指医师在医疗、预防、保健活动中从事的与其执业能力相适应的专业。

中医、中西医结合医师可以在医疗机构中的中医科、中西医结合科或者其他临床科室按照注册的执业类别、执业范围执业。医师经相关专业培训和考核合格，可以增加执业范围。法律、行政法规对医师从事特定范围执业活动的资质条件有规定的，从其规定。经考试取得医师资格的中医医师按照国家有关规定，经培训和考核合格，在执业活动中可以采用与其专业相关的西医药技术方法。西医医师按照国家有关规定，经培训和考核合格，在执业活动中可以采用与其专业相关的中医药技术方法。

1. 注册申请　申请医师执业注册，应当提交下列材料：①医师执业注册申请审核表；②近 6 个月 2 寸白底免冠正面半身照片；③医疗、预防、保健机构的聘用证明；④省级以上卫生行政部门规定的其他材料。

获得医师资格后二年内未注册者、中止医师执业活动二年以上或者依规定不予注册的情形消失的医师申请注册时，还应当提交在省级以上卫生行政部门指定的机构接受连续 6 个月以上的培训，并经考核合格的证明。

医师在二个以上医疗卫生机构定期执业的，应当以一个医疗卫生机构为主，并向批准该机构执业的卫生行政部门申请注册。对于拟执业的其他机构，应当向批准该机构执业的卫生行政部门分别申请备案，注明所在执业机构的名称。

2. 注册审核　卫生行政部门应当自收到注册申请之日起 20 个工作日内，对申请人提交的申请材料进行审核。审核合格的，予以注册并发放《医师执业证书》。

3. 不予注册　有下列情形之一的，不予注册：①无民事行为能力或者限制民事行为能力；②受刑事处罚，刑罚执行完毕不满二年或者被依法禁止从事医师职业的期限未满；③被吊销医师执业证书不满二年；④因医师定期考核不合格被注销注册不满一年；⑤法律、行政法规规定不得从事医疗卫生服务的其他情形。

对不符合注册条件不予注册的，注册主管部门应当自收到注册申请之日起 20 个工作日内书面通知聘用单位和申请人，并说明理由。申请人如有异议的，可以依法申请行政复议或者向人民法院提起行政诉讼。

4. 注销注册　医师注册后有下列情形之一的，注销注册，废止医师执业证书：①死亡；②受刑事处罚；③被吊销医师执业证书；④医师定期考核不合格，暂停执业活动期满，再次考核仍不合格；⑤中止医师执业活动满二年；⑥法律、行政法规规定不得从事医疗卫生服务或者应当办理注销手续的其他情形。

有上述情形的，医师所在医疗卫生机构应当在 30 日内报告准予注册的卫生行政部门；卫生行政部门依职权发现医师有上述情形的，应当及时通报准予注册的卫生行政部门。准予注册的卫生行政部门应当及时注销注册，废止医师执业证书。

5. 变更注册 医师变更执业地点、执业类别、执业范围等注册事项的，应当依照《医师法》的规定到准予注册的卫生行政部门办理变更注册手续。

医师从事下列活动的，可以不办理相关变更注册手续：①参加规范化培训、进修、对口支援、会诊、突发事件医疗救援、慈善或者其他公益性医疗、义诊；②承担国家任务或者参加政府组织的重要活动等；③在医疗联合体内的医疗机构中执业。

6. 重新注册 中止医师执业活动二年以上或者《医师法》规定不予注册的情形消失，申请重新执业的，应当由县级以上人民政府卫生行政部门或者其委托的医疗卫生机构、行业组织考核合格，并依照《医师法》规定重新注册。

7. 个体行医 医师个体行医应当依法办理审批或者备案手续。

执业医师个体行医，须经注册后在医疗卫生机构中执业满五年；但是，依照《医师法》第 11 条第 2 款规定取得中医医师资格的人员，按照考核内容进行执业注册后，即可在注册的执业范围内个体行医。县级以上地方人民政府卫生行政部门对个体行医的医师，应当按照国家有关规定实施监督检查，发现有注销注册的情形的，应当及时注销注册，废止医师执业证书。

三、医师执业规则

（一）医师的权利和义务

1. 医师享有的权利 医师在执业活动中享有下列权利：①在注册的执业范围内，按照有关规范进行医学诊查、疾病调查、医学处置、出具相应的医学证明文件，选择合理的医疗、预防、保健方案；②获取劳动报酬，享受国家规定的福利待遇，按照规定参加社会保险并享受相应待遇；③获得符合国家规定标准的执业基本条件和职业防护装备；④从事医学教育、研究、学术交流；⑤参加专业培训，接受继续医学教育；⑥对所在医疗卫生机构和卫生行政部门的工作提出意见和建议，依法参与所在机构的民主管理；⑦法律、法规规定的其他权利。

2. 医师应当履行的义务 医师在执业活动中履行下列义务：①树立敬业精神，恪守职业道德，履行医师职责，尽职尽责救治患者，执行疫情防控等公共卫生措施；②遵循临床诊疗指南，遵守临床技术操作规范和医学伦理规范等；③尊重、关心、爱护患者，依法保护患者隐私和个人信息；④努力钻研业务，更新知识，提高医学专业技术能力和水平，提升医疗卫生服务质量；⑤宣传推广与岗位相适应的健康科普知识，对患者及公众进行健康教育和健康指导；⑥法律、法规规定的其他义务。

（二）医师执业规则的具体规定

1. 严格按规定出具医学证明文件 医师实施医疗、预防、保健措施，签署有关医学证明文件，必须亲自诊查、调查，并按照规定及时填写病历等医学文书，不得隐匿、伪造、篡改或者擅自销毁病历等医学文书及有关资料，不得出具虚假医学证明文件以及与自己执业范围无关或者与执业类别不相符的医学证明文件。

2. 尊重患者的知情同意权 医师在诊疗活动中应当向患者说明病情、医疗措施和其他需要告知的事项。需要实施手术、特殊检查、特殊治疗的，医师应当及时向患者具体说明医疗风险、替代医疗方案等情况，并取得其明确同意；不能或者不宜向患者说明的，应当向患者的近亲属说明，并取得其明确同意。医师开展药物、医疗器械临床试验和其他医学临床研究应当符合国家有关规定，遵守医学伦理规范，依法通过伦理审查，取得书面知情同意。

3. 紧急救治 对需要紧急救治的患者，医师应当采取紧急措施进行诊治，不得拒绝急救处置。因抢救生命垂危的患者等紧急情况，不能取得患者或者其近亲属意见的，经医疗机构负责人或者授权的负责人批准，可以立即实施相应的医疗措施。《医师法》第27条第3款还规定，国家鼓励医师积极参与公共交通工具等公共场所急救服务；医师因自愿实施急救造成受助人损害的，不承担民事责任。

4. 规范使用药品、消毒药剂和医疗器械 医师应当坚持安全有效、经济合理的用药原则，遵循药品临床应用指导原则、临床诊疗指南和药品说明书等合理用药。医师应当使用经依法批准或者备案的药品、消毒药剂、医疗器械，采用合法、合规、科学的诊疗方法。除按照规范用于诊断治疗外，不得使用麻醉药品、医疗用毒性药品、精神药品、放射性药品等。

5. 互联网医疗 执业医师按照国家有关规定，经所在医疗卫生机构同意，可以通过互联网等信息技术提供部分常见病、慢性病复诊等适宜的医疗卫生服务。国家支持医疗卫生机构之间利用互联网等信息技术开展远程医疗合作。

6. 不得牟取不正当利益 医师不得利用职务之便，索要、非法收受财物或者牟取其他不正当利益；不得对患者实施不必要的检查、治疗。

7. 服从卫生行政部门的调遣 遇有自然灾害、事故灾难、公共卫生事件和社会安全事件等严重威胁人民生命健康的突发事件时，县级以上人民政府卫生行政部门根据需要组织医师参与卫生应急处置和医疗救治，医师应当服从调遣。

8. 及时报告 在执业活动中有下列情形之一的，医师应当按照有关规定及时向所在医疗卫生机构或者有关部门、机构报告：①发现传染病、突发不明原因疾病或者异常健康事件；②发生或者发现医疗事故；③发现可能与药品、医疗器械有关的不良反应或者不良事件；④发现假药或者劣药；⑤发现患者涉嫌伤害事件或者非正常死亡；⑥法律、法规规定的其他情形。

（三）执业助理医师的特别规定

执业助理医师应当在执业医师的指导下，在医疗卫生机构中按照注册的执业类别、执业范围执业。在乡、民族乡、镇和村医疗卫生机构以及艰苦边远地区县级医疗卫生机构中执业的执业助理医师，可以根据医疗卫生服务情况和本人实践经验，独立从事一般的执业活动。

四、医师考核与培训

（一）医师的考核

国家实行医师定期考核制度。县级以上人民政府卫生行政部门或者其委托的医疗卫生机构、行业组织应当按照医师执业标准，对医师的业务水平、工作业绩和职业道德状况进行考核，考核周期为三年。对具有较长年限执业经历、无不良行为记录的医师，可以简化考核程序。

对考核不合格的医师，县级以上人民政府卫生行政部门应当责令其暂停执业活动三个月至六个月，并接受相关专业培训。暂停执业活动期满，再次进行考核，对考核合格的，允许其继续执业。

（二）医师的表彰、奖励

医师有下列情形之一的，按照国家有关规定给予表彰、奖励：①在执业活动中，医德高尚，事迹突出；②在医学研究、教育中开拓创新，对医学专业技术有重大突破，做出显著贡献；③遇有突发事件时，在预防预警、救死扶伤等工作中表现突出；④长期在艰苦边远地区的县级以下医疗卫生机构努力工作；⑤在疾病预防控制、健康促进工作中做出突出贡献；⑥法律、法规规定的其他情形。

素质提升

重庆“最美基层高校毕业生”熊尚峰：“独腿”医生边远山区从医11年

2021年“重庆市最美基层高校毕业生”中，武隆区赵家乡卫生院副院长熊尚峰很特殊，他不仅是一名医生，还是一名残疾人。因右腿高位截肢，他只能戴着假肢行医。

2010年，在重庆市“三支一扶”计划的残疾人等四类人员招募“绿色通道”政策支持下，熊尚峰有幸成为“三支一扶”计划支医人员来到武隆区赵家乡行医。在海拔1200米的赵家乡，熊尚峰戴着假肢、拄着拐杖、背着药箱，在崎岖的山路上已经走了11年，即使步履蹒跚，也不自觉透出几分熟稔。

刚来赵家乡，熊尚峰便发觉乡里医疗资源相对匮乏，群众看病难问题突出，在细心为群众上门看病的同时，帮助乡卫生院拓展门诊、检验、护理、康复等多项功能。11年来，熊尚峰平均每年为村民上门体检超过500人次，上门诊疗超过1000人次，“熊医生”这三个字一笔一划地刻在3777位赵家乡老百姓的心头。

熊尚峰曾说：“我既然选择来到这个地方，从事了这项我所热爱的事业，那么我就必须为老百姓做一点贡献，守护好他们的健康。”

（三）医师的培训

1. 国家层面 国家制定医师培养规划，建立适应行业特点和社会需求的医师培养和供需平衡机制，统筹各类医学人才需求，加强全科、儿科、精神科、老年医学等紧缺专业人才培养。

国家采取措施，加强医教协同，完善医学院校教育、毕业后教育和继续教育体系，完善中医西医相互学习的教育制度，培养高层次中西医结合人才和能够提供中西医结合服务的全科医生。国家通过多种途径，加强以全科医生为重点的基层医疗卫生人才培养和配备。

国家建立健全住院医师规范化培训制度，健全临床带教激励机制，保障住院医师培训期间待遇，严格培训过程管理和结业考核。国家建立健全专科医师规范化培训制度，不断提高临床医师专科诊疗水平。

2. 政府与有关部门 县级以上人民政府卫生行政部门和其他有关部门应当制定医师培训计划，采取多种形式对医师进行分级分类培训，为医师接受继续医学教育提供条件。县级以上人民政府应当采取有力措施，优先保障基层、欠发达地区和民族地区的医疗卫生人员接受继续医学教育。县级以上人民政府卫生行政部门应当有计划地组织协调县级以上医疗卫生机构对乡镇卫生院、村卫生室、社区卫生服务中心等基层医疗卫生机构中的医疗卫生人员开展培训，提高其医学专业技术能力和水平。

3. 医疗机构 医疗卫生机构应当合理调配人力资源，按照规定和计划保证本机构医师接受继续医学教育。

4. 行业组织 有关行业组织应当为医师接受继续医学教育提供服务和创造条件，加强继续医学教育的组织、管理。

五、乡村医生从业管理

乡村医生是我国医疗卫生服务队伍的重要组成部分，是最贴近亿万农村居民的健康“守护人”，是发展农村医疗卫生事业、保障农村居民健康的重要力量。

《乡村医生从业管理条例》由国务院于2003年7月30日通过，自2004年1月1日起施行。

（一）乡村医生

乡村医生是指尚未取得执业医师资格或者执业助理医师资格，经注册在村医疗卫生机构从事预防、保健和一般医疗服务的医生。村医疗卫生机构中的执业医师或者执业助理医师，依照执业医师法的规定管理，不适用《乡村医生从业管理条例》。

（二）管理工作

国务院卫生行政部门负责全国乡村医生的管理工作。县级以上地方人民政府卫生行政部门负责本行政区域内乡村医生的管理工作。

国家采取措施，统筹城乡资源，加强基层医疗卫生队伍和服务能力建设，对乡村医疗卫生人员建立县乡村上下贯通的职业发展机制，通过县管乡用、乡聘村用等方式，将乡村医疗卫生人员纳入县域医疗卫生人员管理。

（三）乡村医生执业注册

国家实行乡村医生执业注册制度。县级人民政府卫生行政部门负责乡村医生执业注册工作。

1. 注册条件　《乡村医生从业管理条例》公布前的乡村医生，取得县级以上地方人民政府卫生行政部门颁发的乡村医生证书，并符合下列条件之一的，可以向县级人民政府卫生行政部门申请乡村医生执业注册，取得乡村医生执业证书后，继续在村医疗卫生机构执业：①已经取得中等以上医学专业学历的；②在村医疗卫生机构连续工作20年以上的；③按照省、自治区、直辖市人民政府卫生行政部门制定的培训规划，接受培训取得合格证书的。

《乡村医生从业管理条例》公布之日起进入村医疗卫生机构从事预防、保健和医疗服务的人员，应当具备执业医师资格或者执业助理医师资格。

不具备规定条件的地区，根据实际需要，可以允许具有中等医学专业学历的人员，或者经培训达到中等医学专业水平的其他人员申请执业注册，进入村医疗卫生机构执业。具体办法由省、自治区、直辖市人民政府制定。

2. 注册程序　符合《乡村医生从业管理条例》规定申请在村医疗卫生机构执业的人员，应当持村医疗卫生机构出具的拟聘用证明和相关学历证明、证书，向村医疗卫生机构所在地的县级人民政府卫生行政部门申请执业注册。县级人民政府卫生行政部门应当自受理申请之日起15日内完成审核工作，对符合规定条件的，准予执业注册，发给乡村医生执业证书；对不符合规定条件的，不予注册，并书面说明理由。

乡村医生执业证书有效期为5年。乡村医生执业证书有效期满需要继续执业的，应当在有效期满前3个月申请再注册。县级人民政府卫生行政部门应当自受理申请之日起15日内进行审核，对符合省、自治区、直辖市人民政府卫生行政部门规定条件的，准予再注册，换发乡村医生执业证书；对不符合条件的，不予再注册，由发证部门收回原乡村医生执业证书。

乡村医生经注册取得执业证书后，方可在聘用其执业的村医疗卫生机构从事预防、保健和一般医疗服务。未经注册取得乡村医生执业证书的，不得执业。

3. 不予注册　乡村医生有下列情形之一的，不予注册：①不具有完全民事行为能力的；②受刑事处罚，自刑罚执行完毕之日起至申请执业注册之日止不满2年的；③受吊销乡村医生执业证书行政处罚，自处罚决定之日起至申请执业注册之日止不满2年的。

4. 注销注册　乡村医生有下列情形之一的，由原注册的卫生行政部门注销执业注册，收回乡村医生执业证书：①死亡或者被宣告失踪的；②受刑事处罚的；③中止执业活动满2年的；④考核不合格，逾期未提出再次考核申请或者经再次考核仍不合格的。

（四）乡村医生执业规则

1. 及时报告疫情和中毒事件 乡村医生应当协助有关部门做好初级卫生保健服务工作；按照规定及时报告传染病疫情和中毒事件，如实填写并上报有关卫生统计报表，妥善保管有关资料。

2. 按规定使用一次性医疗器械和卫生材料 乡村医生在执业活动中，不得重复使用一次性医疗器械和卫生材料。对使用过的一次性医疗器械和卫生材料，应当按照规定处置。

3. 如实告知病情、及时转诊和先行抢救 乡村医生应当如实向患者或者其家属介绍病情，对超出一般医疗服务范围或者限于医疗条件和技术水平不能诊治的患者，应当及时转诊；情况紧急不能转诊的，应当先行抢救并及时向有抢救条件的医疗卫生机构求助。

4. 不得进行实验性临床医疗活动 乡村医生不得出具与执业范围无关或者与执业范围不相符的医学证明，不得进行。

5. 按规定用药 乡村医生应当在乡村医生基本用药目录规定的范围内用药。

（五）乡村医生的考核与培训

1. 乡村医生的考核 县级人民政府卫生行政部门负责组织本地区乡村医生的考核工作；对乡村医生的考核，每 2 年组织一次。对乡村医生的考核应当客观、公正，充分听取乡村医生执业的村医疗卫生机构、乡村医生本人、所在村村民委员会和村民的意见。

县级人民政府卫生行政部门负责检查乡村医生执业情况，收集村民对乡村医生业务水平、工作质量的评价和建议，接受村民对乡村医生的投诉，并进行汇总、分析。汇总、分析结果与乡村医生接受培训的情况作为对乡村医生进行考核的主要内容。

乡村医生经考核合格的，可以继续执业；经考核不合格的，在 6 个月之内可以申请进行再次考核。逾期未提出再次考核申请或者经再次考核仍不合格的乡村医生，原注册部门应当注销其执业注册，并收回乡村医生执业证书。

2. 乡村医生的培训 省、自治区、直辖市人民政府组织制定乡村医生培训规划，保证乡村医生至少每 2 年接受一次培训。县级人民政府根据培训规划制定本地区乡村医生培训计划。对承担国家规定的预防、保健等公共卫生服务的乡村医生，其培训所需经费列入县级财政预算。对边远贫困地区，设区的市级以上地方人民政府应当给予适当经费支持。

县级人民政府卫生行政部门根据乡村医生培训计划，负责组织乡村医生的培训工作。乡、镇人民政府以及村民委员会应当为乡村医生开展工作和学习提供条件，保证乡村医生接受培训和继续教育。国家鼓励社会组织和个人支持乡村医生培训工作。

六、法律责任

（一）违反《医师法》的法律责任

1. 行政责任

（1）以不正当手段取得医师执业证书的行政责任　在医师资格考试中有违反考试纪律等行为，情节严重的，一年至三年内禁止参加医师资格考试。以不正当手段取得医师资格证书或者医师执业证书的，由发给证书的卫生行政部门予以撤销，三年内不受理其相应申请。

（2）伪造、变造、买卖、出租、出借医师执业证书的行政责任　由县级以上人民政府卫生行政部门责令改正，没收违法所得，并处违法所得二倍以上五倍以下的罚款，违法所得不足一万元的，按一万元计算；情节严重的，吊销医师执业证书。

（3）违反医师义务或执业规则的行政责任　医师在执业活动中有下列行为之一的，由县级以上人民政府卫生行政部门责令改正，给予警告；情节严重的，责令暂停六个月以上一年以下执业活动直至吊销医师执业证书：①在提供医疗卫生服务或者开展医学临床研究中，未按照规定履行告知义务或者取得知情同意；②对需要紧急救治的患者，拒绝急救处置，或者由于不负责任延误诊治；③遇有自然灾害、事故灾难、公共卫生事件和社会安全事件等严重威胁人民生命健康的突发事件时，不服从卫生行政部门调遣；④未按照规定报告有关情形；⑤违反法律、法规、规章或者执业规范，造成医疗事故或者其他严重后果。

医师在执业活动中有下列行为之一的，由县级以上人民政府卫生行政部门责令改正，给予警告，没收违法所得，并处一万元以上三万元以下的罚款；情节严重的，责令暂停六个月以上一年以下执业活动直至吊销医师执业证书：①泄露患者隐私或者个人信息；②出具虚假医学证明文件，或者未经亲自诊查、调查，签署诊断、治疗、流行病学等证明文件或者有关出生、死亡等证明文件；③隐匿、伪造、篡改或者擅自销毁病历等医学文书及有关资料；④未按照规定使用麻醉药品、医疗用毒性药品、精神药品、放射性药品等；⑤利用职务之便，索要、非法收受财物或者牟取其他不正当利益，或者违反诊疗规范，对患者实施不必要的检查、治疗造成不良后果；⑥开展禁止类医疗技术临床应用；⑦未按照注册的执业地点、执业类别、执业范围执业。

严重违反医师职业道德、医学伦理规范，造成恶劣社会影响的，由省级以上人民政府卫生行政部门吊销医师执业证书或者责令停止非法执业活动，五年直至终身禁止从事医疗卫生服务或者医学临床研究。

（4）非医师行医的行政责任　非医师行医的，由县级以上人民政府卫生行政部门责令停止非法执业活动，没收违法所得和药品、医疗器械，并处违法所得二倍以上十倍以下的罚款，违法所得不足一万元的，按一万元计算。

（5）卫生行政部门、医疗卫生机构的行政责任　医疗卫生机构未履行报告职责，造成严重后果的，由县级以上人民政府卫生行政部门给予警告，对直接负责的主管人员和其他直接责任人员依法给予处分。卫生行政部门和其他有关部门工作人员或者医疗卫生机构工作人员弄虚作假、滥用职权、玩忽职守、徇私舞弊的，依法给予处分。

（6）阻碍医师依法执业的行政责任　阻碍医师依法执业，干扰医师正常工作、生活，或者通过侮辱、诽谤、威胁、殴打等方式，侵犯医师人格尊严、人身安全，构成违反治安管理行为的，依法给予治安管理处罚。

2. 民事责任　违反《医师法》的规定，造成人身、财产损害的，依法承担民事责任。

3. 刑事责任　违反《医师法》的规定，构成犯罪的，依法追究刑事责任。

（1）医疗事故罪　《中华人民共和国刑法》第 335 规定，医务人员由于严重不负责任，造成就诊人死亡或者严重损害就诊人身体健康的，处三年以下有期徒刑或者拘役。

（2）非法行医罪　《中华人民共和国刑法》第 336 条第 1 款规定，未取得医生执业资格的人非法行医，情节严重的，处三年以下有期徒刑、拘役或者管制，并处或者单处罚金；严重损害就诊人身体健康的，处三年以上十年以下有期徒刑，并处罚金；造成就诊人死亡的，处十年以上有期徒刑，并处罚金。

（3）非法植入基因编辑、克隆胚胎罪　《中华人民共和国刑法》第 336 条之一规定，将基因编辑、克隆的人类胚胎植入人体或者动物体内，或者将基因编辑、克隆的动物胚胎植入人体内，情节严重的，处三年以下有期徒刑或者拘役，并处罚金；情节特别严重的，处三年以上七年以下有期徒刑，并处罚金。

（二）违反《乡村医生从业管理条例》的法律责任

1. 乡村医生的法律责任

（1）违规执业的法律责任　乡村医生在执业活动中，违反《乡村医生从业管理条例》规定，有下列行为之一的，由县级人民政府卫生行政部门责令限期改正，给予警告；逾期不改正的，责令暂停3个月以上6个月以下执业活动；情节严重的，由原发证部门暂扣乡村医生执业证书：①执业活动超出规定的执业范围，或者未按照规定进行转诊的；②违反规定使用乡村医生基本用药目录以外的处方药品的；③违反规定出具医学证明，或者伪造卫生统计资料的；④发现传染病疫情、中毒事件不按规定报告的。

（2）进行实验性临床医疗活动、重复使用一次性医疗器械的法律责任　乡村医生在执业活动中，违反规定进行实验性临床医疗活动，或者重复使用一次性医疗器械和卫生材料的，由县级人民政府卫生行政部门责令停止违法行为，给予警告，可以并处1000元以下的罚款；情节严重的，由原发证部门暂扣或者吊销乡村医生执业证书。

（3）未办理变更执业注册手续的法律责任　乡村医生变更执业的村医疗卫生机构，未办理变更执业注册手续的，由县级人民政府卫生行政部门给予警告，责令限期办理变更注册手续。

（4）以不正当手段取得执业证书的法律责任　以不正当手段取得乡村医生执业证书的，由发证部门收缴乡村医生执业证书；造成患者人身损害的，依法承担民事赔偿责任；构成犯罪的，依法追究刑事责任。

（5）未经注册从事医疗活动的法律责任　未经注册在村医疗卫生机构从事医疗活动的，由县级以上地方人民政府卫生行政部门予以取缔，没收其违法所得以及药品、医疗器械，违法所得5000元以上的，并处违法所得1倍以上3倍以下的罚款；没有违法所得或者违法所得不足5000元的，并处1000元以上3000元以下的罚款；造成患者人身损害的，依法承担民事赔偿责任；构成犯罪的，依法追究刑事责任。

2. 卫生行政部门的法律责任

（1）未按规定组织乡村医生培训的法律责任　县级人民政府卫生行政部门未按照乡村医生培训规划、计划组织乡村医生培训的，由本级人民政府或者上一级人民政府卫生行政部门责令改正；情节严重的，对直接负责的主管人员和其他直接责任人员依法给予行政处分。

（2）未按规定发放乡村医生执业证书的法律责任　县级人民政府卫生行政部门，对不符合本条例规定条件的人员发给乡村医生执业证书，或者对符合条件的人员不发给乡村医生执业证书的，由本级人民政府或者上一级人民政府卫生行政部门责令改正，收回或者补发乡村医生执业证书，并对直接负责的主管人员和其他直接责任人员依法给予行政处分。

（3）未按规定办理乡村医生执业注册的法律责任　县级人民政府卫生行政部门对乡村医生执业注册或者再注册申请，未在规定时间内完成审核工作的，或者未按照规定将准予执业注册、再注册和注销注册的人员名单向村民予以公告的，由本级人民政府或者上一级人民政府卫生行政部门责令限期改正；逾期不改正的，对直接负责的主管人员和其他直接责任人员依法给予行政处分。

卫生行政部门对村民和乡村医生反映的办理乡村医生执业注册、再注册、注销注册的违法活动未及时核实、调查处理或者未公布调查处理结果的，由本级人民政府或者上一级人民政府卫生行政部门责令限期改正；逾期不改正的，对直接负责的主管人员和其他直接责任人员依法给予行政处分。

3. 阻碍乡村医生依法执业的法律责任　寻衅滋事、阻碍乡村医生依法执业，侮辱、诽谤、威胁、殴打乡村医生，构成违反治安管理行为的，由公安机关依法予以处罚；构成犯罪的，依法追究刑事责任。

第二节　执业护士管理法律制度

护理工作是医疗工作的重要组成部分，护士作为卫生技术人员，在医疗、预防、保健、康复等领域承担着重要职能，发挥着重要作用。

一、执业护士管理法律制度概述

（一）执业护士管理立法

为了维护护士的合法权益，规范护理行为，促进护理事业发展，保障医疗安全和人体健康，2008年1月23日国务院通过《护士条例》，自2008年5月12日起施行。2008年5月6日原卫生部发布《护士执业注册管理办法》，与《护士条例》同日施行。根据《护士条例》的规定，2010年5月10日，原卫生部、人力资源与社会保障部发布《护士执业资格考试办法》，自2010年7月1日起施行。

《护士条例》于2020年3月27日第一次修订，《护士执业注册管理办法》于2021年1月8日修订。

（二）护士

《护士条例》中所称的护士，是指经执业注册取得护士执业证书，依照条例规定从事护理活动，履行保护生命、减轻痛苦、增进健康职责的卫生技术人员。

二、执业护士资格考试与注册

（一）护士执业资格考试

卫生行政部门负责组织实施护士执业资格考试。护士执业资格考试是评价申请护士执业资格者是否具备执业所必须的护理专业知识与工作能力的考试。

1. 考试原则和内容　护士执业资格考试实行国家统一考试制度，统一考试大纲，统一命题，统一合格标准。考试原则上每年举行一次，具体考试日期在举行考试3个月前向社会公布。考试包括专业实务和实践能力两个科目，一次考试通过两个科目为考试成绩合格。

2. 参加考试的条件　在中等职业学校、高等学校完成国务院教育主管部门和国务院卫生行政部门规定的普通全日制3年以上的护理、助产专业课程学习，包括在教学、综合医院完成8个月以上护理临床实习，并取得相应学历证书的，可以申请参加护士执业资格考试。

3. 考试报名　申请参加护士执业资格考试的人员，应当在公告规定的期限内报名，并提交以下材料：①护士执业资格考试报名申请表；②本人身份证明；③近6个月二寸免冠正面半身照片3张；④本人毕业证书；⑤报考所需的其他材料。

申请人为在校应届毕业生的，应当持有所在学校出具的应届毕业生毕业证明，到学校所在地的考点报名。学校可以为本校应届毕业生办理集体报名手续。申请人为非应届毕业生的，可以选择到人事档案所在地报名。

4. 考试成绩公布　护士执业资格考试成绩于考试结束后45个工作日内公布，考生成绩单由报名考点发给考生。考试成绩合格者，取得考试成绩合格证明，作为申请护士执业注册的有效证明。

（二）护士执业注册

护士执业，应当经执业注册取得护士执业证书。

1. 护士执业注册的条件　申请护士执业注册，应当具备下列条件：①具有完全民事行为能力；②在中等职业学校、高等学校完成国务院教育主管部门和国务院卫生行政部门规定的普通全日制3年以上的护理、助产专业课程学习，包括在教学、综合医院完成8个月以上护理临床实习，并取得相应学历证书；③通过国务院卫生行政部门组织的护士执业资格考试；④符合国务院卫生行政部门规定的健康标准，即无精神病史、无色盲、色弱或双耳听力障碍、无影响履行护理职责的疾病、残疾或者功能障碍。

2. 护士执业注册的申请　护士执业注册申请，应当自通过护士执业资格考试之日起3年内提出；逾期提出申请的，还应当在符合国务院卫生行政部门规定条件的医疗卫生机构接受3个月临床护理培训并考核合格。

申请护士执业注册，应当向批准设立拟执业医疗机构或者为该医疗机构备案的卫生行政部门提出申请。申请时应当提交下列材料：①护士执业注册申请审核表；②申请人身份证明；③申请人学历证书及专业学习中的临床实习证明；④医疗卫生机构拟聘用的相关材料。卫生行政部门应当自受理申请之日起20个工作日内，对申请人提交的材料进行审核、注册，发给国家卫生健康委统一印制的《护士执业证书》；对不符合规定条件的，不予注册，并书面说明理由

《护士执业证书》上应当注明护士的姓名、性别、出生日期等个人信息及证书编号、注册日期和执业地点。

3. 延续注册 护士执业注册有效期为5年。护士执业注册有效期届满需要继续执业的，应当在有效期届满前30日，向批准设立执业医疗机构或者为该医疗机构备案的卫生行政部门申请延续注册。护士申请延续注册，应当提交护士执业注册申请审核表和申请人的《护士执业证书》。

注册部门自受理延续注册申请之日起20个工作日内进行审核。审核合格的，予以延续注册；审核不合格的，不予延续注册，并书面说明理由。

4. 重新注册 有下列情形之一的，拟在医疗卫生机构执业时，应当重新申请注册：①注册有效期届满未延续注册的；②受吊销《护士执业证书》处罚，自吊销之日起满2年的。

重新申请注册的，按照《护士执业注册管理办法》规定提交材料；中断护理执业活动超过3年的，还应当提交在省、自治区、直辖市卫生行政部门规定的教学、综合医院接受3个月临床护理培训并考核合格的证明。

5. 变更注册 护士在其执业注册有效期内变更执业地点等注册项目，应当办理变更注册。护士申请办理变更注册，应当向批准设立执业医疗机构或者为该医疗机构备案的卫生行政部门报告，并提交护士执业注册申请审核表和申请人的《护士执业证书》。注册部门应当自受理之日起7个工作日内为其办理变更手续。护士跨省、自治区、直辖市变更执业地点的，收到报告的注册部门还应当向其原执业地注册部门通报。

6. 注销注册 护士执业注册后有下列情形之一的，原注册部门办理注销执业注册：①注册有效期届满未延续注册；②受吊销《护士执业证书》处罚；③护士死亡或者丧失民事行为能力。

三、护士执业规则

（一）护士的权利

1. 获得劳动报酬、福利待遇 护士执业，有按照国家有关规定获取工资报酬、享受福利待遇、参加社会保险的权利。任何单位或者个人不得克扣护士工资，降低或者取消护士福利等待遇。

2. 获得执业保护 护士执业，有获得与其所从事的护理工作相适应的卫生防护、医疗保健服务的权利。从事直接接触有毒有害物质、有感染传染病危险工作的护士，有依照有关法律、行政法规的规定接受职业健康监护的权利；患职业病的，有依照有关法律、行政法规的规定获得赔偿的权利。

3. 获得职务、职称 护士有按照国家有关规定获得与本人业务能力和学术水平相应的专业技术职务、职称的权利。

4. 参与学习交流 护士有参加专业培训、从事学术研究和交流、参加行业协会和专业学术团体的权利。

5. 提出意见、建议 护士有获得疾病诊疗、护理相关信息的权利和其他与履行护理职责相关的权利，可以对医疗卫生机构和卫生行政部门的工作提出意见和建议。

（二）护士的义务

1. 遵守法律法规和技术规范　护士执业，应当遵守法律、法规、规章和诊疗技术规范的规定。护士发现医嘱违反法律、法规、规章或者诊疗技术规范规定的，应当及时向开具医嘱的医师提出；必要时，应当向该医师所在科室的负责人或者医疗卫生机构负责医疗服务管理的人员报告。

2. 积极救治　护士在执业活动中，发现患者病情危急，应当立即通知医师；在紧急情况下为抢救垂危患者生命，应当先行实施必要的紧急救护。

3. 关心、爱护患者　护士应当尊重、关心、爱护患者，保护患者的隐私。

4. 参与公共卫生和疾病防控工作　发生自然灾害、公共卫生事件等严重威胁公众生命健康的突发事件，护士应当服从县级以上人民政府卫生行政部门或者所在医疗卫生机构的安排，参加医疗救护。

四、法律责任

（一）护士的法律责任

护士在执业活动中有下列情形之一的，由县级以上地方人民政府卫生行政部门依据职责分工责令改正，给予警告；情节严重的，暂停其6个月以上1年以下执业活动，直至由原发证部门吊销其护士执业证书：①发现患者病情危急未立即通知医师的；②发现医嘱违反法律、法规、规章或者诊疗技术规范的规定，未依照《护士条例》的规定提出或者报告的；③泄露患者隐私的；④发生自然灾害、公共卫生事件等严重威胁公众生命健康的突发事件，不服从安排参加医疗救护的。

护士在执业活动中造成医疗事故的，依照医疗事故处理的有关规定承担法律责任。护士被吊销执业证书的，自执业证书被吊销之日起2年内不得申请执业注册。

（二）阻扰护士依法执业者的法律责任

扰乱医疗秩序，阻碍护士依法开展执业活动，侮辱、威胁、殴打护士，或者有其他侵犯护士合法权益行为的，由公安机关依照治安管理处罚法的规定给予处罚；构成犯罪的，依法追究刑事责任。

第三节　执业药师管理法律制度

药学服务是保障医疗质量和患者安全的重要环节，良好的药学服务能够促进药品的合理使用，减少药物不良反应的发生，为患者带来更好的治疗体验，达到安全有效、节约医疗资源的目的。药师作为药学服务的提供者，其肩负的工作也责任重大。

一、执业药师管理法律制度概述

（一）执业药师管理法律制度

1994年3月15日，原人事部、原国家医药管理局颁布了《执业药师资格制度暂行规定》。1995年7月5日，原人事部、原国家中医药管理局颁布了《执业中药师资格制度暂行规定》，从此我国开始实施执业药师资格制度。1999年4月1日，修订了《执业药师资格制度暂行规定》和《执业药师资格考试实施办法》，2000年4月14日，修订了《执业药师注册管理暂行办法》。

2019年3月20日，国家药品监督管理局、人力资源社会保障部联合印发《执业药师职业资格制度规定》和《执业药师职业资格考试实施办法》，自印发之日起施行，《执业药师资格制度暂行规定》和《执业药师资格考试实施办法》同时废止。2021年6月24日，国家药品监督管理局印发《执业药师注册管理办法》，自印发之日起施行，《执业药师注册管理暂行办法》同时废止。

（二）执业药师

执业药师是指经全国统一考试合格，取得《中华人民共和国执业药师职业资格证书》（以下简称《执业药师职业资格证书》）并经注册，在药品生产、经营、使用和其他需要提供药学服务的单位中执业的药学技术人员。

二、执业药师的考试与注册

国家设置执业药师准入类职业资格制度，纳入国家职业资格目录。

国家药监局与人力资源社会保障部共同负责全国执业药师资格制度的政策制定，并按照职责分工对该制度的实施进行指导、监督和检查。各省、自治区、直辖市负责药品监督管理的部门和人力资源社会保障行政主管部门，按照职责分工负责本行政区域内执业药师职业资格制度的实施与监督管理。

（一）执业药师资格考试

1. 考试组织 执业药师职业资格实行全国统一大纲、统一命题、统一组织的考试制度，原则上每年举行一次，考试日期原则上为每年10月。国家药监局负责组织拟定考试科目和考试大纲、建立试题库、组织命审题工作，提出考试合格标准建议。人力资源社会保障部负责组织审定考试科目、考试大纲，会同国家药监局对考试工作进行监督、指导并确定合格标准。

2. 考试内容 执业药师职业资格考试分为药学、中药学两个专业类别。

药学类考试科目为：药学专业知识（一）、药学专业知识（二）、药事管理与法规、药学综合知识与技能四个科目。中药学类考试科目为：中药学专业知识（一）、中药学专业知识（二）、药事管理与法规、中药学综合知识与技能四个科目。

符合《执业药师职业资格制度规定》报考条件，按照国家有关规定取得药学或医学专业高级职称并在药学岗位工作的，可免试药学专业知识（一）、药学专业知识（二），只参加药事管理与法规、药学综合知识与技能两个科目的考试；取得中药学或中医学专业高级职称并在中药学岗位工作的，可免试中药学专业知识（一）、中药学专业知识（二），只参加药事管理与法规、中药学综合知识与技能两个科目的考试。

考试以四年为一个周期，参加全部科目考试的人员须在连续四个考试年度内通过全部科目的考试。免试部分科目的人员须在连续两个考试年度内通过应试科目。

3. 考试条件 凡中华人民共和国公民和获准在我国境内就业的外籍人员，具备以下条件之一者，均可申请参加执业药师职业资格考试：①取得药学类、中药学类专业大专学历，在药学或中药学岗位工作满5年；②取得药学类、中药学类专业大学本科学历或学士学位，在药学或中药学岗位工作满3年；③取得药学类、中药学类专业第二学士学位、研究生班毕业或硕士学位，在药学或中药学岗位工作满1年；④取得药学类、中药学类专业博士学位；⑤取得药学类、中药学类相关专业相应学历或学位的人员，在药学或中药学岗位工作的年限相应增加1年。

执业药师职业资格考试合格者，由各省、自治区、直辖市人力资源社会保障部门颁发《执业药师职业资格证书》。该证书由人力资源社会保障部统一印制，国家药监局与人力资源社会保障部用印，在全国范围内有效。

（二）执业药师资格注册

执业药师实行注册制度。国家药监局负责执业药师注册的政策制定和组织实施，指导全国执业药师注册管理工作。各省、自治区、直辖市药品监督管理部门负责本行政区域内的执业药师注册管理工作。

取得《执业药师职业资格证书》者，应当通过全国执业药师注册管理信息系统向所在地注册管理机构申请注册。经注册后，方可从事相应的执业活动。未经注册者，不得以执业药师身份执业。

1. 注册条件　申请注册者，必须同时具备下列条件：①取得《执业药师职业资格证书》；②遵纪守法，遵守执业药师职业道德，无不良信息记录；③身体健康，能坚持在执业药师岗位工作；④经所在单位考核同意；⑤按规定参加继续教育学习。

2. 注册内容　执业药师注册内容包括：执业地区、执业类别、执业范围、执业单位。执业地区为省、自治区、直辖市；执业类别为药学类、中药学类、药学与中药学类；执业范围为药品生产、药品经营、药品使用；执业单位为药品生产、经营、使用及其他需要提供药学服务的单位。

药品监督管理部门根据申请人《执业药师职业资格证书》中注明的专业确定执业类别进行注册。获得药学和中药学两类专业《执业药师职业资格证书》的人员，可申请药学与中药学类执业类别注册。执业药师只能在一个执业单位按照注册的执业类别、执业范围执业。

3. 首次注册　申请人申请首次注册需要提交以下材料：①执业药师首次注册申请表；②执业药师职业资格证书；③身份证明；④执业单位开业证明；⑤继续教育学分证明。此外，申请人取得《执业药师职业资格证书》，非当年申请注册的，应当提供《执业药师职业资格证书》批准之日起第二年后的历年继续教育学分证明。申请人取得《执业药师职业资格证书》超过五年以上申请注册的，应至少提供近五年的连续继续教育学分证明。

药品监督管理部门对申请人提交的材料进行形式审查，申请材料不齐全或者不符合规定形式的，应当当场或者在5个工作日内一次性告知申请人需要补正的全部内容；逾期不告知的，自收到注册申请材料之日起即为受理。

药品监督管理部门应当自受理注册申请之日起20个工作日内作出注册许可决定。药品监督管理部门依法作出不予注册许可决定的，应当说明理由，并告知申请人享有依法申请行政复议或者提起行政诉讼的权利。药品监督管理部门作出的准予注册许可决定，应当在全国执业药师注册管理信息系统等予以公开，并于作出注册许可决定之日起10个工作日内，向申请人核发国家药品监督管理局统一样式并加盖药品监督管理部门印章的《执业药师注册证》。

4. 不予注册　有下列情形之一的，药品监督管理部门不予注册：①不具有完全民事行为能力的；②甲类、乙类传染病传染期、精神疾病发病期等健康状况不适宜或者不能胜任相应业务工作的；③受到刑事处罚，自刑罚执行完毕之日到申请注册之日不满3年的；④未按规定完成继续教育学习的；⑤近3年有新增不良信息记录的；⑥国家规定不宜从事执业药师业务的其他情形。

5. 延续注册　执业药师注册有效期为5年。需要延续注册的，申请人应当在注册有效期满之日30日前，向执业所在地省、自治区、直辖市药品监督管理部门提出延续注册申请。药品监督管理部门准予延续注册的，注册有效期从期满之日次日起重新计算5年。

6. 变更注册　执业药师变更执业单位、执业范围等应当及时办理变更注册手续。申请人要求变更注册内容的，应当向拟申请执业所在地的省、自治区、直辖市药品监督管理部门申请办理变更注册手续。药品监督管理部门应当自受理变更注册申请之日起7个工作日内作出准予变更注册的决定。药品监督管理部门准予变更注册的，注册有效期不变；但在有效期满之日前30日内申请变更注册，符合要求的，注册有效期自旧证期满之日次日起重新计算5年。

7. 注销注册

（1）由药品监督管理部门注销注册的情形　有下列情形之一的，《执业药师注册证》由药品监督管理部门注销，并予以公告：①注册有效期满未延续的；②执业药师注册证被依法撤销或者吊销的；③法律法规规定的应当注销注册的其他情形。

（2）药师本人或其执业单位应当申请注销注册的情形　有下列情形之一的，执业药师本人或者其执业单位，应当自知晓或者应当知晓之日起30个工作日内向药品监督管理部门申请办理注销注册，并填写执业药师注销注册申请表。药品监督管理部门经核实后依法注销注册：①本人主动申请注销注册的；②执业药师身体健康状况不适宜继续执业的；③执业药师无正当理由不在执业单位执业，超过1个月的；④执业药师死亡或者被宣告失踪的；⑤执业药师丧失完全民事行为能力的；⑥执业药师受刑事处罚的。

三、药师执业规则

（一）药师的权利和义务

1. 药师的权利 执业药师享有下列权利：①以执业药师的名义从事相关业务，保障公众用药安全和合法权益，保护和促进公众健康；②在执业范围内，开展药品质量管理，制定和实施药品质量管理制度，提供药学服务；③参加执业培训，接受继续教育；④在执业活动中，人格尊严、人身安全不受侵犯；⑤对执业单位的工作提出意见和建议；⑥按照有关规定获得表彰和奖励；⑦法律、法规规定的其他权利。

2. 药师的义务 执业药师应当履行下列义务：①严格遵守《中华人民共和国药品管理法》及国家有关药品生产、经营、使用等各项法律、法规、部门规章及政策；②遵守执业标准和业务规范，恪守职业道德；③廉洁自律，维护执业药师职业荣誉和尊严；④维护国家、公众的利益和执业单位的合法权益；⑤按要求参加突发重大公共事件的药事管理与药学服务；⑥法律、法规规定的其他义务。

（三）药师的职责

1. 基本准则 执业药师应当遵守执业标准和业务规范，以保障和促进公众用药安全有效为基本准则。

2. 遵守法律法规及政策 执业药师必须严格遵守《中华人民共和国药品管理法》及国家有关药品研制、生产、经营、使用的各项法规及政策。执业药师对违反《中华人民共和国药品管理法》及有关法规、规章的行为或决定，有责任提出劝告、制止、拒绝执行，并向当地负责药品监督管理的部门报告。

3. 对药品监督管理 执业药师在执业范围内负责对药品质量的监督和管理，参与制定和实施药品全面质量管理制度，参与单位对内部违反规定行为的处理工作。

4. 处方审核与用药指导 执业药师负责处方的审核及调配，提供用药咨询与信息，指导合理用药，开展治疗药物监测及药品疗效评价等临床药学工作。

5. 上岗时佩戴工作牌 药品零售企业应当在醒目位置公示《执业药师注册证》，并对在岗执业的执业药师挂牌明示。执业药师不在岗时，应当以醒目方式公示，并停止销售处方药和甲类非处方药。执业药师执业时应当按照有关规定佩戴工作牌。

6. 接受继续教育 执业药师应当按照国家专业技术人员继续教育的有关规定接受继续教育，更新专业知识，提高业务水平。国家鼓励执业药师参加实训培养。

四、法律责任

（一）管理部门的法律责任

1. 药品监督管理部门的法律责任 省、自治区、直辖市药品监督管理部门有下列情形之一的，国家药品监督管理局有权责令其进行调查并依法依规给予处理：①对不符合规定条件的申请人准予注册的；②对符合规定条件的申请人不予注册或者不在法定期限内作出准予注册决定的；③履行执业药师注册、继续教育监督管理职责不力，造成不良影响的。

2. 药品监督管理部门工作人员的法律责任　药品监督管理部门工作人员在执业药师注册及其相关监督管理工作中，弄虚作假、玩忽职守、滥用职权、徇私舞弊的，依法依规给予处理。

（二）单位的法律责任

对未按规定配备执业药师的单位，由所在地县级以上负责药品监督管理的部门责令限期配备，并按照相关法律法规给予处罚。

（三）药师的法律责任

1. 伪造《执业药师注册证》的法律责任　伪造《执业药师注册证》的，药品监督管理部门发现后应当当场予以收缴并追究责任；构成犯罪的，移送相关部门依法追究刑事责任。

2. 以不正当手段取得《执业药师注册证》的法律责任　以欺骗、贿赂等不正当手段取得《执业药师注册证》的，由发证部门撤销《执业药师注册证》，三年内不予注册；构成犯罪的，移送相关部门依法追究刑事责任。

3. 违规执业的法律责任　未按规定进行执业活动的，药品监督管理部门应当责令限期改正。

4. 挂靠、买卖、租借《执业药师注册证》的法律责任　严禁《执业药师注册证》挂靠，持证人注册单位与实际工作单位不符的，由发证部门撤销《执业药师注册证》，三年内不予注册；构成犯罪的，移送相关部门依法追究刑事责任。买卖、租借《执业药师注册证》的单位，按照相关法律法规给予处罚。

5. 刑事法律责任　在执业期间违反《中华人民共和国药品管理法》及其他法律法规构成犯罪的，由司法机关依法追究责任。

6. 个人不良信息的记入　有下列情形之一的，应当作为个人不良信息由药品监督管理部门及时记入全国执业药师注册管理信息系统：①以欺骗、贿赂等不正当手段取得《执业药师注册证》的；②持证人注册单位与实际工作单位不一致或者无工作单位的，符合《执业药师注册证》挂靠情形的；③执业药师注册证被依法撤销或者吊销的；④执业药师受刑事处罚的；⑤其他违反执业药师资格管理相关规定的。

第四节　医学技师管理法律制度

医学技师在职业分类体系中属医疗技术人员，即在医疗和预防保健机构中，使用与医疗和预防相关的设备为临床服务的技术人员，包括影像技师、麻醉技师、病理技师、临床检验技师、公卫检验技师、卫生工程技师、输（采供）血技师以及其他医疗技术人员。

医学技师是卫生专业技术人才的重要组成部分，是守护人民健康、实施健康中国战略的重要力量。我国卫生专业技术人才职称系列分为医、药、护、技四个专业类别，医学技师是其中一个重要的专业，国家对医学技师队伍建设高度重视，在医学技术领域设置病理学技术、卫生检验技术、临床医学检验技术、心电学技术、超声波医学技术、肿瘤放射治疗技术等不同专业，基本涵盖医学技术人才的职业范围。

一、医学技师管理法律制度概述

2001 年 6 月 13 日，原卫生部、人事部印发《预防医学、全科医学、药学、护理、其他卫生技术等专业技术资格考试暂行规定》（卫人发〔2001〕164 号），建立卫生专业技术资格考试制度，对卫生职称系列实行初、中级以考代评，高级考评结合的模式。2021 年 6 月 30 日人力资源社会保障部、国家卫生健康委、国家中医药局联合发布《关于深化卫生专业技术人员职称制度改革的指导意见》（人社部发〔2021〕51 号），并印发《卫生专业技术人员职称评价基本标准》，使卫生专业技术人员的职称评价制度更加完善。

不同于执业医师、护士及药师，国家对从事检验技术、影像技术和病理技术等医学技术工作的医学技师，尚未建立相应的准入制度以及执业注册制度，也未制定专门性法律、法规或规章。在最新版国家职业资格目录中，虽然规定了卫生专业技术资格，但该项资格为水平评价类资格，而非准入类资格。因此，医学技师目前只有职称级别，没有执业类别与注册专业。

二、医学技师职称评价

（一）基本条件

1. 遵守国家宪法和法律，贯彻新时代卫生与健康工作方针，自觉践行“敬佑生命、救死扶伤、甘于奉献、大爱无疆”的职业精神，具备良好的政治素质、协作精神、敬业精神和医德医风。

2. 身心健康，心理素质良好，能全面履行岗位职责。

3. 申报医疗类、护理类职称，应取得相应职业资格，并按规定进行注册，取得相应的执业证书。

（二）其他条件

1. 初级职称 技士：具备相应专业中专、大专学历，可参加技士资格考试。技师：具备相应专业硕士学位；或具备相应专业大学本科学历或学士学位，从事本专业工作满 1 年；或具备相应专业大专学历，从事本专业工作满 3 年；或具备相应专业中专学历，取得药技士职称后，从事本专业工作满 5 年，可参加药技师资格考试。

2. 中级职称 医学技师中级职称实行全国统一考试制度。具备相应专业学历，并符合以下条件的，可报名参加考试。主管技师：具备博士学位；或具备硕士学位，取得技师职称后，从事本专业工作满 2 年；或具备大学本科学历或学士学位，取得技师职称后，从事本专业工作满 4 年；或具备大专学历，取得技师职称后，从事本专业工作满 6 年；或具备中专学历，取得技师职称后，从事本专业工作满 7 年。

3. 副高级职称 副主任技师：包括申报条件与评审条件。

（1）申报条件 学历、资历及临床工作量要求：具备大学本科及以上学历或学士及以上学位，受聘担任主管技师职务满 5 年；或具备大学专科学历，受聘担任主管技师职务满 7 年。担任主管技师期间，平均每年参加本专业工作时间不少于 40 周。

（2）评审条件 专业能力要求：熟练掌握本专业基础理论和专业知识，熟悉本专业国内外现状及发展趋势，不断吸取新理论、新知识、新技术并推广应用，熟悉本专业相关的法律、法规、标准与技术规范。具有较丰富的本专业工作经验，能独立解决复杂或重大技术问题，具有指导本专业下级技师的能力。

4. 正高级职称 主任技师：包括申报条件与评审条件。

（1）申报条件 学历、资历及临床工作量要求：具备大学本科及以上学历或学士及以上学位，受聘担任副主任技师职务满 5 年。担任副主任技师期间，平均每年参加本专业工作时间不少于 35 周。

（2）评审条件 专业能力要求：在具备所规定的副主任技师水平的基础上，精通本专业某一领域的基本理论知识与技能，并有所专长。深入了解本专业国内外现状及发展趋势，不断吸取新理论、新知识、新技术并用于实践。具有丰富的本专业工作经验，能独立解决复杂或重大技术问题，具有指导本专业下级技师的能力。

（三）禁止条件

有下列情形之一的，不得申请参加专业技术资格的考试：①医疗事故责任者未满 3 年；②医疗差错责任者未满 1 年；③受到行政处分者在处分时期内；④伪造学历或考试期间有违纪行为未满 2 年；⑤省级卫生行政部门规定的其他情形。

三、法律责任

1. 伪造证明或考试违纪的法律责任　有下列情形之一的，由卫生行政部门吊销相应专业技术资格，由发证机关收回其专业技术资格证书，2 年内不得参加卫生系列专业技术资格考试：①伪造学历和专业技术工作资历证明；②考试期间有违纪行为；③国务院卫生、人事行政主管部门规定的其他情形。

2. 出现医疗事故的法律责任　医学技师在工作过程中，若出现医疗事故或其他违法行为，必须承担相应的行政责任、民事责任和刑事责任。

3. 侵犯医学技师合法权益的法律责任　医学技师工作受到社会的尊重，其权利与义务受法律的保护和制约，任何人不得侵犯，否则承担相应法律责任。

目标检测

一、选择题

（一）单项选择题

1.《中华人民共和国医师法》是十三届全国人大常委会第三十次会议表决通过的，通过的时间是（　）

A. 2020 年 8 月 20 日　　B. 2021 年 3 月 1 日　　C. 2021 年 8 月 20 日

D. 2021 年 11 月 1 日　　E. 2022 年 3 月 1 日

2. 以下情形中，可以参加执业医师资格考试的是（　）

A. 有医学专科学历，在医疗机构中试用满一年

B. 有医学专科学历，在医疗机构中执业满一年

C. 有医学专科学历，在医疗机构中执业满两年

D. 取得执业助理医师执业证书后，具有医学专科学历，在医疗机构中执业满一年

E. 取得执业助理医师执业证书后，具有医学专科学历，在医疗机构中执业满两年

3. 医生甲因病休息 1 年多，医生乙因医院效益不好也在家闲了不满 2 年，医生丙出去参与经营未从事医疗活动 2 年多，医生丁承包医院的第二门诊近 3 年。上述人员中，属于应当注销注册的是（　）

A. 甲医生　　B. 乙医生　　C. 丙医生

D. 丁医生　　E. 都不是

4. 护士执业注册有效期是（　）

A. 一年　　B. 两年　　C. 三年

D. 四年　　E. 五年

5. 护士甲，在广东省进行护士执业注册 3 年，因工作调动，欲往江西省某医院继续从事护理工作。现在应办的申请是（　）

A. 护士执业注册申请　B. 注销护士执业注册申请　C. 护士延续注册申请
D. 重新申请护士执业注册　E. 护士变更注册申请

（二）多项选择题

6. 卫生技术人员包括（　）
A. 医师　B. 护士　C. 药师
D. 医学技师　E. 行政人员

7. 下列属于医师义务的是（　）
A. 树立敬业精神，恪守执业道德
B. 关心、爱护、尊重患者，保护患者的隐私和个人信息
C. 努力专研业务，更新知识，提高专业技术能力和水平
D. 宣传卫生保健知识，对患者进行健康教育
E. 参与所在机构的民主管理

8. 护士执业注册应具备的条件包括（　）
A. 必须在教学、综合医院完成 12 个月以上护理临床实习
B. 在中等职业学校、高等学校完成教育部和卫健委规定的普通全日制学习，并取得相应学历证书
C. 通过国务院卫生主管部门组织的护士执业资格考试
D. 符合国务院卫生主管部门规定的健康标准
E. 具有完全民事行为能力

二、思考题

1. 简述《医师法》中不予注册的规定。
2. 简述护士注销注册的情形。

（魏桥一）

第五章 医疗纠纷预防与医疗事故处理法律制度

学习目标

1. 通过本章学习，重点把握医疗纠纷及医疗事故的概念、医疗事故的构成、医疗纠纷和医疗事故两者之间的关系、医疗纠纷的告知程序及其监管制度。

2. 学会医疗纠纷、医疗事故的预防与处置、医疗纠纷的处理途径、医疗事故的技术鉴定，具有分析违反《医疗纠纷预防和处理条例》及《医疗事故处理条例》所必须承担的法律责任的能力。

情境导入

情境描述 患者，女，30岁，二胎一产入住某医院待产，个人要求剖腹产，医生在没有对其进行医学仪器检查的情况下主观认为胎儿不大，应该可以自然分娩。产妇待产24小时，其第二产程已长达2小时，产妇宫缩乏力，宫口开全，胎头不下，胎心140－100－60次，决定进行剖腹产，采取硬膜外麻醉，从麻醉到胎儿取出用30分钟，胎儿死于宫内，尸检结果确定胎儿死因为宫内窘迫。

家属以医疗事故为由将医院告上法庭，要求赔偿金额共计30万元。

讨论 1. 此案是医疗纠纷还是医疗事故？医疗纠纷与医疗事故有哪些区别和联系？

2. 在这一事件中，院方应该承担什么责任？

第一节 医疗纠纷预防和处理条例

进入21世纪以来，我国政府一直把“健康中国”摆在优先发展的战略位置，在此背景下，医患关系问题成为推动“健康中国”战略实施必须面对和解决的重要问题。

由于医学科学本身的未知性及风险性特点，医患纠纷在人民群众对健康需求的不断增长以及医疗服务量持续增高的大背景下时有发生，部分医疗纠纷矛盾激化甚至引发激烈冲突，严重扰乱了正常医疗秩序，损害了医患双方合法权益，影响了社会和谐和稳定。为适应新形势的需要，《医疗纠纷预防和处理条例》（以下简称《条例》）于2018年6月20日国务院第13次常务会议通过，2018年7月31日发布，自2018年10月1日起施行。

一、医疗纠纷的概念

《条例》第2条规定：“医疗纠纷，是指医患双方因诊疗活动引发的争议。”从该条例的调整范围来看，“医疗纠纷”的范围大于“医疗事故”，涵盖了所有医患双方因诊疗活动引发的争议，泛指医方与患方在医疗法律关系形成的基础上，就双方医疗法律行为的需求、采取的手段、期望的结果、双方权利义务的认知上产生的分歧，并以损害赔偿为诉求的一切行为。在所有医疗纠纷中，因医疗事故所产生的争议纠纷占比较大，所以通常情况下医疗纠纷与医疗事故存在密切联系。

二、医疗纠纷的预防

《条例》明确了处理医疗纠纷应遵循公平、公正、及时、实事求是、依法处理的原则，并规定国家建立完善医疗风险分担机制，发挥保险机制在医疗纠纷处理中的第三方赔付和医疗风险社会化分担的作用，同时对新闻媒体也提出了新的要求；针对以往法规对医疗纠纷处理机构各级职责不够明确的问题，《条例》明确了各级各类机构的相关职责，这些规定，为医疗纠纷的预防构筑了坚实的法律保障。

《条例》在医疗纠纷预防的具体措施上，提出了13项规定，具体如下。

（一）守法学法、恪守医德

医疗机构及其医务人员在诊疗活动中应当以患者为中心，加强人文关怀，严格遵守医疗卫生法律、法规、规章和诊疗相关规范、常规，恪守职业道德。医疗机构应当对其医务人员进行医疗卫生法律、法规、规章和诊疗相关规范、常规的培训，并加强职业道德教育，旨在通过提高医务人员的职业素养来预防医疗纠纷的发生。

（二）加强质控、风险防控

医疗机构应当制定并实施医疗质量安全管理制度，设置医疗服务质量监控部门或者配备专（兼）职人员，加强对诊断、治疗、护理、药事、检查等工作的规范化管理，优化服务流程，提高服务水平。医疗机构应当加强医疗风险管理，完善医疗风险的识别、评估和防控措施，定期检查措施落实情况，及时消除隐患，旨在强调医疗机构要加强医疗质量的日常管理，加强对医疗风险的识别、评估和防控。

（三）强技强管、注重伦理

医疗机构应当按照国务院卫生主管部门制定的医疗技术临床应用管理规定，开展与其技术能力相适应的医疗技术服务，保障临床应用安全，降低医疗风险；采用医疗新技术的，应当开展技术评估和伦理审查，确保安全有效、符合伦理。强化了医疗机构在医疗服务关键环节和领域的行为准则。

（四）查验保管、确保合格

医疗机构应当依照有关法律、法规的规定，严格执行药品、医疗器械、消毒药剂、血液等的进货查验、保管等制度。禁止使用无合格证明文件、过期等不合格的药品、医疗器械、消毒药剂、血液等。强调了医疗机构必须严格执行药品、医疗器械、消毒药剂、血液等产品的进货查验和保管制度等。

（五）知情同意、紧急授权

医务人员在诊疗活动中应当向患者说明病情和医疗措施。需要实施手术，或者开展临床试验等存在一定危险性、可能产生不良后果的特殊检查、特殊治疗的，医务人员应当及时向患者说明医疗风险、替代医疗方案等情况，并取得其书面同意；在患者处于昏迷等无法自主作出决定的状态或者病情不宜向患者说明等情形下，应当向患者的近亲属说明，并取得其书面同意。紧急情况下不能取得患者或者其近亲属意见的，经医疗机构负责人或者授权的负责人批准，可以立即实施相应的医疗措施，该规定明确将医疗机构负责人或授权的负责人赋予了更大知情同意权，体现了医疗机构救死扶伤的公益性，缓和了医患之间的矛盾。

（六）紧急预案、防范突发

开展手术、特殊检查、特殊治疗等具有较高医疗风险的诊疗活动，医疗机构应当提前预备应对方案，主动防范突发风险。强化了医疗服务领域的风险防控，对医疗风险较高的诊疗活动要提前预备应对方案。

（七）病例管理、真实完整

医疗机构及其医务人员应当按照国务院卫生主管部门的规定，填写并妥善保管病历资料。因紧急抢救未能及时填写病历的，医务人员应当在抢救结束后6小时内据实补记，并加以注明。任何单位和个人不得篡改、伪造、隐匿、毁灭或者抢夺病历资料。

（八）病例公开、取消分类

患者有权查阅、复制其门诊病历、住院志、体温单、医嘱单、化验单（检验报告）、医学影像检查资料、特殊检查同意书、手术同意书、手术及麻醉记录、病理资料、护理记录、医疗费用以及国务院卫生主管部门规定的其他属于病历的全部资料。患者要求复制病历资料的，医疗机构应当提供复制服务，并在复制的病历资料上加盖证明印记。复制病历资料时，应当有患者或者其近亲属在场。医疗机构应患者的要求为其复制病历资料，可以收取工本费，收费标准应当公开。患者死亡的，其近亲属可以依照《条例》的规定，查阅、复制病历资料。

本条规定取消了《医疗事故处理条例》中关于主、客观病历的分类，首次明确规定患者有权查阅、复制全部病历资料，此前只能复印客观病历资料，患者有权复印全部病历，既方便了患者使用病历，又体现出了对患者知情权的维护。

（九）沟通耐心、如实答疑

医疗机构应当建立健全医患沟通机制，对患者在诊疗过程中提出的咨询、意见和建议，应当耐心解释、说明，并按照规定进行处理；对患者就诊疗行为提出的疑问，应当及时予以核实、自查，并指定有关人员与患者或者其近亲属沟通，如实说明情况。

（十）投诉接待、制度健全

医疗机构应当建立健全投诉接待制度，设置统一的投诉管理部门或者配备专（兼）职人员，在医疗机构显著位置公布医疗纠纷解决途径、程序和联系方式等，方便患者投诉或者咨询。

（十一）质量评估、风险防范

卫生主管部门应当督促医疗机构落实医疗质量安全管理制度，组织开展医疗质量安全评估，分析医疗质量安全信息，针对发现的风险制定防范措施，强化了卫生主管部门的监管职责。

（十二）患者配合、遵守秩序

患者应当遵守医疗秩序和医疗机构有关就诊、治疗、检查的规定，如实提供与病情有关的信息，配合医务人员开展诊疗活动，对患者就诊提出了法律规定。

（十三）科普教育、提高认知

各级人民政府应当加强健康促进与教育工作，普及健康科学知识，提高公众对疾病治疗等医学科学知识的认知水平。

三、医疗纠纷的处理

（一）医疗纠纷的解决途径

《条例》中明确了医疗纠纷的解决途径，形成了适合我国医疗事业发展的多元化医疗纠纷及解决机制，具体如下。

1. 自愿协商　协商解决医疗纠纷应当坚持自愿、合法、平等的原则，尊重当事人的权利，尊重客观事实。医患双方应当文明、理性表达意见和要求，不得有违法行为，双方代表不超过5人，在专门的场所进行协商，不得影响医疗秩序。协商确定赔付金额应当以事实为依据，防止畸高或者畸低。对分歧较大或者索赔数额较高的医疗纠纷，鼓励医患双方通过人民调解的途径解决。医患双方经协商达成一致的，应当签署书面和解协议书。

2. 人民调解

（1）纠纷受理　由医患双方共同向医疗纠纷人民调解委员会提出申请；一方申请调解的，需征得另一方同意后进行调解，书面或者口头形式申请调解均可。发生重大医疗纠纷，医疗纠纷人民调解委员会可以主动开展工作，引导医患双方申请调解。

不予受理的情况：当事人已经向人民法院提起诉讼并且已被受理，或者已经申请卫生主管部门调解并且已被受理的，医疗纠纷人民调解委员会不予受理；已经受理的，终止调解。

（2）医疗纠纷人民调解委员的职责　应当自设立之日起30个工作日内向所在地县级以上地方人民政府司法行政部门备案。聘任一定数量的具有医学、法学等专业知识且热心调解工作的人员担任专（兼）职医疗纠纷人民调解员，调解不得收取费用。医疗纠纷人民调解工作所需经费按照国务院财政、司法行政部门的有关规定执行。

（3）调解期限　期限为30天，特殊情况可以延长，鉴定时间不计入调解期限，超过调解期限未达成协议的，视为调解不成。

（4）达成协议　医患双方经人民调解达成一致的，医疗纠纷人民调解委员会应当制作调解协议书。调解协议书经医患双方签字或者盖章，人民调解员签字并加盖医疗纠纷人民调解委员会印章后生效。达成调解协议的，医疗纠纷人民调解委员会应当告知医患双方可以依法向人民法院申请司法确认。

素质提升

甘于奉献的医疗纠纷调解员张厚平

昆明市西山区医疗纠纷调解委员会主任张厚平，爱岗敬业、甘于奉献，获得“2020年全国模范人民调解员”称号。在日常工作中，他热情接待来访的每一位医患当事人，耐心服务，及时疏导，真诚沟通。医患矛盾纠纷具有突发性和紧迫性的特点，因调解误餐、超时工作、周末节假日对突发医患纠纷临时组织调解是常事，但张厚平始终保持着高昂的工作态度，从无怨言。在他的努力下，西山区开启了医疗纠纷便捷高效处理通道，从无到有、从有到专，通过及时分流医疗诉讼案件，优化了司法资源，改善了医患关系，促进了辖区社会和谐稳定，有效制止了多起医患矛盾纠纷“民转刑”及群体性事件的发生，8年来，张厚平调解成功重大、疑难医疗纠纷累计共366件，协议金额超过4000万元。“群众之事无小事，群众找到你、信任你，你就要认真、及时地对待”，张厚平简单而又质朴的话语，体现了一名基层法律服务工作者的责任与担当。

3. 行政调解

（1）纠纷受理　向医疗纠纷发生地县级人民政府卫生主管部门提出申请。不予受理的情况：当事人已经向人民法院提起诉讼并且已被受理，或者已经申请医疗纠纷人民调解委员会调解并且已被受理的，卫生主管部门不予受理；已经受理的，终止调解。

（2）调解时限　卫生主管部门应当自收到申请之日起5个工作日内作出是否受理的决定，自受理之日起30个工作日内完成调解。行政部门可咨询医疗损害鉴定专家，有争议的需要进行鉴定，鉴定时间不计入调解期限。超过调解期限未达成调解协议的，视为调解不成。

（3）达成协议　医患双方经卫生主管部门调解达成一致的，应当签署调解协议书。未经医患双方同意，医疗纠纷人民调解委员会、卫生主管部门不得公开进行调解，也不得公开调解协议的内容。

4. 法院途径　发生医疗纠纷，当事人协商、调解不成的，可以依法向人民法院提起诉讼。当事人也可以直接向人民法院提起诉讼。

（二）医疗纠纷的告知程序

发生医疗纠纷，医疗机构应当告知患者或者其近亲属下列事项：解决医疗纠纷的合法途径；有关病历资料、现场实物封存和启封的规定；有关病历资料查阅、复制的规定。患者死亡的，还应当告知其近亲属有关尸检的规定。该条款规范了医疗纠纷发生后的即时处置，明确了医疗机构的告知义务。

（三）依法维权

医患双方应当依法维护医疗秩序。任何单位和个人不得实施危害患者和医务人员人身安全、扰乱医疗秩序的行为。

医疗纠纷中发生涉嫌违反治安管理行为或者犯罪行为的，医疗机构应当立即向所在地公安机关报案。公安机关应当及时采取措施，依法处置，维护医疗秩序。

（四）物证封存

疑似输液、输血、注射、用药等引起不良后果的，医患双方应当共同对现场实物进行封存、启封，封存的现场实物由医疗机构保管。需要检验的，应当由双方共同委托依法具有检验资格的检验机构进行检验；双方无法共同委托的，由医疗机构所在地县级人民政府卫生主管部门指定。

疑似输血引起不良后果，需要对血液进行封存保留的，医疗机构应当通知提供该血液的血站派员到场。

现场实物封存后医疗纠纷已经解决，或者患者在现场实物封存满 3 年未再提出解决医疗纠纷要求的，医疗机构可以自行启封。

该条规定解决了现实情况中现场实物封存后患者怠于行使权利，使现场实物长期处于封存状态，医院启封病历受阻碍的难题。

（五）死亡处理

患者死亡，医患双方对死因有异议的，应当在患者死亡后 48 小时内进行尸检；具备尸体冻存条件的，可以延长至 7 日。尸检应当经死者近亲属同意并签字，拒绝签字的，视为死者近亲属不同意进行尸检。不同意或者拖延尸检，超过规定时间，影响对死因判定的，由不同意或者拖延的一方承担责任。尸检应当由按照国家有关规定取得相应资格的机构和专业技术人员进行。医患双方可以委派代表观察尸检过程。

（六）纠纷上报

发生重大医疗纠纷的，医疗机构应当按照规定向所在地县级以上地方人民政府卫生主管部门报告。卫生主管部门接到报告后，应当及时了解掌握情况，引导医患双方通过合法途径解决纠纷。

（七）二元鉴定

二元即二元化的医疗损害鉴定机构。“二元”具体指医学会和司法鉴定机构。二元鉴定的相关释义如下。

1. 委托人　医学会或者司法鉴定机构。

2. 鉴定人　应当由鉴定事项所涉专业的临床医学、法医学等专业人员进行鉴定。

3. 专家库构成　医疗损害鉴定专家库由设区的市级以上人民政府卫生、司法行政部门共同设立。专家库应当包含医学、法学、法医学等领域的专家。聘请专家进入专家库，不受行政区域的限制。

4. 鉴定标准　执行规定的标准和程序，尊重科学，恪守职业道德，对出具的医疗损害鉴定意见负责，不得出具虚假鉴定意见。

5. 医疗损害鉴定意见　①是否存在医疗损害以及损害程度；②是否存在医疗过错；③医疗过错与

医疗损害是否存在因果关系；④医疗过错在医疗损害中的责任程度。

6. 鉴定费用 鉴定费预先向医患双方收取，最终按照责任比例承担。

7. 回避 ①是医疗纠纷当事人或者当事人的近亲属；②与医疗纠纷有利害关系；③与医疗纠纷当事人有其他关系，可能影响医疗纠纷公正处理。

四、法律责任

《条例》规定了九种法律责任，全方位将医疗纠纷相关情况纳入法制轨道，极大地丰富了我国医疗纠纷相关法律法规体系的内容，使执法更为方便、有效。

（一）病例责任

医疗机构篡改、伪造、隐匿、毁灭病历资料的，对直接负责的主管人员和其他直接责任人员，由县级以上人民政府卫生主管部门给予或者责令给予降低岗位等级或者撤职的处分，对有关医务人员责令暂停6个月以上1年以下执业活动；造成严重后果的，对直接负责的主管人员和其他直接责任人员给予或者责令给予开除的处分，对有关医务人员由原发证部门吊销执业证书；构成犯罪的，依法追究刑事责任。

（二）技术责任

医疗机构将未通过技术评估和伦理审查的医疗新技术应用于临床的，由县级以上人民政府卫生主管部门没收违法所得，并处5万元以上10万元以下罚款，对直接负责的主管人员和其他直接责任人员给予或者责令给予降低岗位等级或者撤职的处分，对有关医务人员责令暂停6个月以上1年以下执业活动；情节严重的，对直接负责的主管人员和其他直接责任人员给予或者责令给予开除的处分，对有关医务人员由原发证部门吊销执业证书；构成犯罪的，依法追究刑事责任。

（三）医疗责任

医疗机构及其医务人员有下列情形之一的，由县级以上人民政府卫生主管部门责令改正，给予警告，并处1万元以上5万元以下罚款；情节严重的，对直接负责的主管人员和其他直接责任人员给予或者责令给予降低岗位等级或者撤职的处分，对有关医务人员可以责令暂停1个月以上6个月以下执业活动；构成犯罪的，依法追究刑事责任：

1. 未按规定制定和实施医疗质量安全管理制度；
2. 未按规定告知患者病情、医疗措施、医疗风险、替代医疗方案等；
3. 开展具有较高医疗风险的诊疗活动，未提前预备应对方案防范突发风险；
4. 未按规定填写、保管病历资料，或者未按规定补记抢救病历；
5. 拒绝为患者提供查阅、复制病历资料服务；
6. 未建立投诉接待制度、设置统一投诉管理部门或者配备专（兼）职人员；
7. 未按规定封存、保管、启封病历资料和现场实物；
8. 未按规定向卫生主管部门报告重大医疗纠纷；
9. 其他未履行本条例规定义务的情形。

（四）鉴定责任

医学会、司法鉴定机构出具虚假医疗损害鉴定意见的，由县级以上人民政府卫生、司法行政部门依据职责没收违法所得，并处5万元以上10万元以下罚款，对该医学会、司法鉴定机构和有关鉴定人员责令暂停3个月以上1年以下医疗损害鉴定业务，对直接负责的主管人员和其他直接责任人员给予或者责令给予降低岗位等级或者撤职的处分；情节严重的，该医学会、司法鉴定机构和有关鉴定人员5年内不得从事医疗损害鉴定业务或者撤销登记，对直接负责的主管人员和其他直接责任人员给予或者责令给予开除的处分；构成犯罪的，依法追究刑事责任。

（五）尸检责任

尸检机构出具虚假尸检报告的，由县级以上人民政府卫生、司法行政部门依据职责没收违法所得，并处 5 万元以上 10 万元以下罚款，对该尸检机构和有关尸检专业技术人员责令暂停 3 个月以上 1 年以下尸检业务，对直接负责的主管人员和其他直接责任人员给予或者责令给予降低岗位等级或者撤职的处分；情节严重的，撤销该尸检机构和有关尸检专业技术人员的尸检资格，对直接负责的主管人员和其他直接责任人员给予或者责令给予开除的处分；构成犯罪的，依法追究刑事责任。

（六）调解责任

医疗纠纷人民调解员有下列行为之一的，由医疗纠纷人民调解委员会给予批评教育、责令改正；情节严重的，依法予以解聘：①偏袒一方当事人；②侮辱当事人；③索取、收受财物或者牟取其他不正当利益；④泄露医患双方个人隐私等事项。

（七）媒体责任

新闻媒体编造、散布虚假医疗纠纷信息的，由有关主管部门依法给予处罚；给公民、法人或者其他组织的合法权益造成损害的，依法承担消除影响、恢复名誉、赔偿损失、赔礼道歉等民事责任。

（八）主体责任

县级以上人民政府卫生主管部门和其他有关部门及其工作人员在医疗纠纷预防和处理工作中，不履行职责或者滥用职权、玩忽职守、徇私舞弊的，由上级人民政府卫生等有关部门或者监察机关责令改正；依法对直接负责的主管人员和其他直接责任人员给予处分；构成犯罪的，依法追究刑事责任。

（九）侵权责任

医患双方在医疗纠纷处理中，造成人身、财产或者其他损害的，依法承担民事责任；构成违反治安管理行为的，由公安机关依法给予治安管理处罚；构成犯罪的，依法追究刑事责任。

第二节 医疗事故处理条例

一、医疗事故概述

（一）医疗事故的概念及构成

《医疗事故处理条例》（以下简称《条例》）是为了正确处理医疗事故，保护患者和医疗机构及其医务人员的合法权益，维护医疗秩序，保障医疗安全，促进医学科学的发展而制定的行政法规，于 2002 年 2 月 20 日国务院第 55 次常务会议通过，同年 9 月 1 日起公布施行。

该条例是我国第一部系统、完整阐述医疗事故相关法律责任的行政法规，其前身是 1987 年 6 月 29 日国务院发布的《医疗事故处理办法》，《条例》在《医疗事故处理办法》的基础上，细化了医疗事故的分类与等级，明确了医疗事故的处理程序、构建了我国医疗事故的鉴定制度，对后期《医疗纠纷预防与处理条例》《中华人民共和国侵权责任法》（已于 2021 年 1 月 1 日全文废止）及《中华人民共和国民法典》中侵权责任内容的制定影响深远。

《条例》第 2 条规定，“医疗事故，是指医疗机构及其医务人员在医疗活动中，违反医疗卫生管理法律、行政法规、部门规章和诊疗护理规范、常规，过失造成患者人身损害的事故。”

医疗事故的构成包括如下要件。

1. 主体是医疗机构及其医务人员 医疗事故的行为主体必须是医疗机构及其工作人员，这里的医疗机构，是指按照国务院《医疗机构管理条例》取得《医疗机构执业许可证》的机构；医务人员，是指依法取得执业资格的医疗卫生专业技术人员，如医师和护士等，其必须在医疗机构执业，因医疗机构与医务人员是雇佣关系，而医务人员必须以医疗机构的名义行医，故医疗事故的主体两者缺一不可。如果造成患者人身损害的行为主体不是医务人员，或不具有合法资质过失造成患者人身伤害的，其行为不是医疗事故，而是“非法行医”行为。当然，对于此种行为，也要追究其相应的民事责任、行政责任，造成较大危害的，还要追究其刑事责任。

2. 医疗事故行为发生在医疗活动中 医疗事故发生在医疗机构及其医务人员的医疗活动中，这指明了医疗事故发生的场所和活动范围，即依法取得执业许可，或者执业资格的医疗机构和医务人员在其合法的医疗活动中发生的事故。《条例》不再将医疗事故的发生局限于“诊疗护理过程”，而是扩大到“医疗活动中”。

3. 行为的违法性 医疗事故是其主体因违反医疗卫生管理法律，行政法规、部门规章和诊疗护理规范、常规而发生的事故，这是导致医疗事故的原因。目前我国颁布的医疗卫生管理方面的法律、行政法规、部门规章和诊疗护理规范、常规是医疗机构和医务人员的工作的依据和指南。医疗机构和医务人员在自己的有关业务活动中应当掌握相应的规定，并遵守规定，以确保其行为的合法，是否违法是是否构成医疗事故最好的判断标准。

4. 过失造成患者人身损害 过失分为因疏忽大意的过失和过于自信的过失行为。疏忽大意的过失是指行为人应当预见自己的行为可能发生危害社会的结果，因为疏忽大意而没有预见，以致发生医疗损害的行为；过于自信的过失是指行为人已经预见自己的行为可能发生危害社会的结果但轻信能够避免，以致发生这种结果的行为。医疗事故是过失行为，而不是故意行为。

5. 过失行为和损害后果之间存在因果关系 过失行为和损害后果之间存在的因果关系是判定医疗事故成立的重要因素。因果关系是过失行为与损害后果之间的一种引起与被引起的关系。如果医疗机构及医务人员虽然存在过失行为，但是并没有给患者造成损害后果，医疗事故便不能构成；虽然存在过失，也存在损害结果，但是过失行为与损害后果互不关联，没有因果关系也不能认定为医疗事放；虽然存在损害后果，但是医疗机构和医务人员并没有过失行为，同样不能判定为医疗事故。这种因果关系的判定关系到是否追究医疗机构和医务人员的责任以及如何确定对患者的具体赔偿数额，只有查明过失行为与损害后果之间存在着因果关系时，才能确定为医疗事故。

（二）医疗事故的分级

《条例》根据对患者人身造成的损害程度，将医疗事故分为四级：一级医疗事故为造成患者死亡、重度残疾的；二级医疗事故为造成患者中度残疾、器官组织损伤导致严重功能障碍的；三级医疗事故为造成患者轻度残疾、器官组织损伤导致一般功能障碍的；四级医疗事故为造成患者明显人身损害的其他后果的。等级的清晰划分有利于医疗事故的鉴定，也便于对赔偿责任进行判定。

（三）不属于医疗事故的情况

《条例》第33条还规定了不属于医疗事故的六种情况：

1. 在紧急情况下为抢救垂危患者生命而采取紧急医学措施造成不良后果的；
2. 在医疗活动中由于患者病情异常或者患者体质特殊而发生医疗意外的；
3. 在现有医学科学技术条件下，发生无法预料或者不能防范的不良后果的；
4. 无过错输血感染造成不良后果的；
5. 因患方原因延误诊疗导致不良后果的；

6. 因不可抗力造成不良后果的。

这一条款，明确了因特殊情况和原因可能造成的医疗意外情况，是对医疗机构及其医务人员的保护性条款。

（四）医疗事故、医疗纠纷之间的区别和联系

需要注意的是，医疗事故可能引发医疗纠纷，但医疗纠纷绝非医疗事故，两者存在本质区别。医疗纠纷发生的前提是通过医疗为形成医患间的医疗法律关系，是双方对其各自或对方的权利义务在认知上出现偏差或不一致导致的，但其发生的原因并不一定局限在诊疗护理过程中，不良后果可以出现在接受医疗服务的过程中，也可以出现在服务结束之后，但医疗事故的构成必须是在医疗活动的过程之中。由于医疗纠纷与医疗事故的特殊关系，《医疗纠纷预防与处理条例》与《医疗事故处理条例》之间必然存在着千丝万缕的联系，两部法规中的某些法律规定也存在适用上的重复，但按照“新法优于旧法”的原则，《医疗事故处理条例》中与《医疗纠纷预防与处理条例》相冲突的条款将会失去法律效力，《医疗纠纷预防与处理条例》尚未规定的条款，依照《医疗事故处理条例》的相关规定执行。

二、医疗事故的预防与处置

（一）医疗事故预案制度

《条例》第 12 条规定，医疗机构应当制定防范、处理医疗事故的预案，预防医疗事故的发生，减轻医疗事故的损害。

（二）医疗事故报告制度

医务人员在医疗活动中发生或者发现医疗事故、可能引起医疗事故的医疗过失行为或者发生医疗事故争议的，应当立即向所在科室负责人报告，科室负责人应当及时向本医疗机构负责医疗服务质量监控的部门或者专（兼）职人员报告；负责医疗服务质量监控的部门或者专（兼）职人员接到报告后，应当立即进行调查、核实，将有关情况如实向本医疗机构的负责人报告，并向患者通报、解释。

发生医疗事故的，医疗机构应当按照规定向所在地卫生行政部门报告。

发生下列重大医疗过失行为的，医疗机构应当在 12 小时内向所在地卫生行政部门报告：①导致患者死亡或者可能为二级以上的医疗事故；②导致 3 人以上人身损害后果；③国务院卫生行政部门和省、自治区、直辖市人民政府卫生行政部门规定的其他情形。

发生或者发现医疗过失行为，医疗机构及其医务人员应当立即采取有效措施，避免或者减轻对患者身体健康的损害，防止损害扩大。

（三）尸检制度

患者死亡，医患双方当事人不能确定死因或者对死因有异议的，应当在患者死亡后 48 小时内进行尸检；具备尸体冻存条件的，可以延长至 7 日。尸检应当经死者近亲属同意并签字。尸检应当由按照国家有关规定取得相应资格的机构和病理解剖专业技术人员进行。承担尸检任务的机构和病理解剖专业技术人员有进行尸检的义务。

医疗事故争议双方当事人可以请法医病理学人员参加尸检，也可以委派代表观察尸检过程。拒绝或者拖延尸检，超过规定时间，影响对死因判定的，由拒绝或者拖延的一方承担责任。

患者在医疗机构内死亡的，尸体应当立即移放太平间。死者尸体存放时间一般不得超过 2 周。逾期不处理的尸体，经医疗机构所在地卫生行政部门批准，并报经同级公安部门备案后，由医疗机构按照规定进行处理。

三、医疗事故技术鉴定

（一）医疗事故鉴定的受理

卫生行政部门接到医疗机构关于重大医疗过失行为的报告或者医疗事故争议当事人要求处理医疗事故争议的申请后，对需要进行医疗事故技术鉴定的，应当交由负责医疗事故技术鉴定工作的医学会组织鉴定；医患双方协商解决医疗事故争议，需要进行医疗事故技术鉴定的，由双方当事人共同委托负责医疗事故技术鉴定工作的医学会组织鉴定。

设区的市级地方医学会和省、自治区、直辖市直接管辖的县（市）地方医学会负责组织首次医疗事故技术鉴定工作。省、自治区、直辖市地方医学会负责组织再次鉴定工作。必要时，中华医学会可以组织疑难、复杂并在全国有重大影响的医疗事故争议的技术鉴定工作。

当事人对首次医疗事故技术鉴定结论不服的，可以自收到首次鉴定结论之日起 15 日内向医疗机构所在地卫生行政部门提出再次鉴定的申请。

（二）专家库的建立

负责组织医疗事故技术鉴定工作的医学会应当建立专家库。专家库由具备下列条件的医疗卫生专业技术人员组成：①有良好的业务素质和执业品德；②受聘于医疗卫生机构或者医学教学、科研机构并担任相应专业高级技术职务 3 年以上。

符合前款第 1 项规定条件并具备高级技术任职资格的法医可以受聘进入专家库。负责组织医疗事故技术鉴定工作的医学会依照本条例规定聘请医疗卫生专业技术人员和法医进入专家库，可以不受行政区域的限制。

（三）鉴定机构

医疗事故技术鉴定，由负责组织医疗事故技术鉴定工作的医学会组织专家鉴定组进行。

（四）专家的选取及构成

参加医疗事故技术鉴定的相关专业的专家，由医患双方在医学会主持下从专家库中随机抽取。在特殊情况下，医学会根据医疗事故技术鉴定工作的需要，可以组织医患双方在其他医学会建立的专家库中随机抽取相关专业的专家参加鉴定或者函件咨询。

符合本条例第 23 条规定条件的医疗卫生专业技术人员和法医有义务受聘进入专家库，并承担医疗事故技术鉴定工作。

专家鉴定组进行医疗事故技术鉴定，实行合议制。专家鉴定组人数为单数，涉及的主要学科的专家一般不得少于鉴定组成员的二分之一；涉及死因、伤残等级鉴定的，并应当从专家库中随机抽取法医参加专家鉴定组。

（五）回避

专家鉴定组成员有下列情形之一的，应当回避，当事人也可以以口头或者书面的方式申请其回避：①是医疗事故争议当事人或者当事人的近亲属的；②与医疗事故争议有利害关系的；③与医疗事故争议当事人有其他关系，可能影响公正鉴定的。

（六）独立鉴定

专家鉴定组依照医疗卫生管理法律、行政法规、部门规章和诊疗护理规范、常规，运用医学科学原理和专业知识，独立进行医疗事故技术鉴定，对医疗事故进行鉴别和判定，为处理医疗事故争议提供医学依据。任何单位或者个人不得干扰医疗事故技术鉴定工作，不得威胁、利诱、辱骂、殴打专家鉴定组成员。专家鉴定组成员不得接受双方当事人的财物或者其他利益。

（七）材料提交时限

负责组织医疗事故技术鉴定工作的医学会应当自受理医疗事故技术鉴定之日起 5 日内通知医疗事故争议双方当事人提交进行医疗事故技术鉴定所需的材料。

（八）鉴定材料

当事人应当自收到医学会的通知之日起 10 日内提交有关医疗事故技术鉴定的材料、书面陈述及答辩。

医疗机构提交的有关医疗事故技术鉴定的材料应当包括下列内容：

1. 住院患者的病程记录、死亡病例讨论记录、疑难病例讨论记录、会诊意见、上级医师查房记录等病历资料原件；

2. 住院患者的住院志、体温单、医嘱单、化验单（检验报告）、医学影像检查资料、特殊检查同意书、手术同意书、手术及麻醉记录单、病理资料、护理记录等病历资料原件；

3. 抢救急危患者，在规定时间内补记的病历资料原件；

4. 封存保留的输液、注射用物品和血液、药物等实物，或者依法具有检验资格的检验机构对这些物品、实物作出的检验报告；

5. 与医疗事故技术鉴定有关的其他材料。

在医疗机构建有病历档案的门诊、急诊患者，其病历资料由医疗机构提供；没有在医疗机构建立病历档案的，由患者提供。

医患双方应当依照《条例》的规定提交相关材料。医疗机构无正当理由未依照本条例的规定如实提供相关材料，导致医疗事故技术鉴定不能进行的，应当承担责任。

（九）鉴定时限

负责组织医疗事故技术鉴定工作的医学会应当自接到当事人提交的有关医疗事故技术鉴定的材料、书面陈述及答辩之日起 45 日内组织鉴定并出具医疗事故技术鉴定书。

（十）医学会的权利义务

负责组织医疗事故技术鉴定工作的医学会可以向双方当事人调查取证。专家鉴定组应当认真审查双方当事人提交的材料，听取双方当事人的陈述及答辩并进行核实。双方当事人应当按照《条例》规定如实提交进行医疗事故技术鉴定所需要的材料，并积极配合调查。当事人任何一方不予配合，影响医疗事故技术鉴定的，由不予配合的一方承担责任。专家鉴定组应当在事实清楚、证据确凿的基础上，综合分析患者的病情和个体差异，作出鉴定结论，并制作医疗事故技术鉴定书。鉴定结论以专家鉴定组成员的过半数通过。鉴定过程应当如实记载。

（十一）技术鉴定的内容

1. 双方当事人的基本情况及要求。
2. 当事人提交的材料和负责组织医疗事故技术鉴定工作的医学会的调查材料。
3. 对鉴定过程的说明。
4. 医疗行为是否违反医疗卫生管理法律、行政法规、部门规章和诊疗护理规范、常规。
5. 医疗过失行为与人身损害后果之间是否存在因果关系。
6. 医疗过失行为在医疗事故损害后果中的责任程度。
7. 医疗事故等级。
8. 对医疗事故患者的医疗护理医学建议。

（十二）费用的收取

医疗事故技术鉴定，可以收取鉴定费用。经鉴定，属于医疗事故的，鉴定费用由医疗机构支付；不属于医疗事故的，鉴定费用由提出医疗事故处理申请的一方支付。鉴定费用标准由省、自治区、直辖市人民政府价格主管部门会同同级财政部门、卫生行政部门规定。

四、法律责任

（一）行政责任

1. 对卫生行政部门及其人员的行政处分 卫生行政部门违反规定，有下列情形之一的，由上级卫生行政部门给予警告并责令限期改正；情节严重的，对负有责任的主管人员和其他直接责任人员依法给予行政处分：

（1）接到医疗机构关于重大医疗过失行为的报告后，未及时组织调查的；

（2）接到医疗事故争议处理申请后，未在规定时间内审查或者移送上一级人民政府卫生行政部门处理的；

（3）未将应当进行医疗事故技术鉴定的重大医疗过失行为或者医疗事故争议移交医学会组织鉴定的；

（4）未按照规定逐级将当地发生的医疗事故以及依法对发生医疗事故的医疗机构和医务人员的行政处理情况上报的；

（5）未依照本条例规定审核医疗事故技术鉴定书的。

卫生行政部门的工作人员在处理医疗事故过程中违反规定，利用职务上的便利收受他人财物或者其他利益，滥用职权，玩忽职守，或者发现违法行为不予查处，造成严重后果，尚不够刑事处罚的，依法给予降级或者撤职的行政处分。

2. 对医疗机构及医务人员的行政处分

（1）医疗机构发生医疗事故的，由卫生行政部门根据医疗事故等级和情节，给予警告；情节严重的，责令限期停业整顿直至由原发证部门吊销执业许可证，对负有责任的医务人员，尚不够刑事处罚的，依法给予行政处分或者纪律处分；

（2）对发生医疗事故的有关医务人员除依照前款处罚外，卫生行政部门并可以责令暂停6个月以上1年以下执业活动；情节严重的，吊销其执业证书；

（3）医疗机构违反《条例》的规定，有下列情形之一的，由卫生行政部门责令改正；情节严重的，对负有责任的主管人员和其他直接责任人员依法给予行政处分或者纪律处分：①未如实告知患者病情、医疗措施和医疗风险的；②没有正当理由，拒绝为患者提供复印或者复制病历资料服务的；③未按照国务院卫生行政部门规定的要求书写和妥善保管病历资料的；④未在规定时间内补记抢救工作病历内容的；⑤未按照《条例》的规定封存、保管和启封病历资料和实物的；⑥未设置医疗服务质量监控部门或者配备专（兼）职人员的；⑦未制定有关医疗事故防范和处理预案的；⑧未在规定时间内向卫生行政部门报告重大医疗过失行为的；⑨未按照《条例》的规定向卫生行政部门报告医疗事故的；⑩未按照规定进行尸检和保存、处理尸体的。

（4）医疗机构或者其他有关机构违反本条例的规定，有下列情形之一的，由卫生行政部门责令改正，给予警告；对负有责任的主管人员秘其他直接责任人员依法给予行政处分或者纪律处分；情节严重的，由原发证部门吊销其执业证书或者资格证书：①承担尸检任务的机构没有正当理由，拒绝进行尸检的；②涂改、伪造、隐匿、销毁病历资料的。

3. 对医疗事故技术鉴定工作人员违反规定的处罚 参加医疗事故技术鉴定工作的人员违反规定，

接受申请鉴定双方或者一方当事人的财物或者其他利益，出具虚假医疗事故技术鉴定书，造成严重后果，尚不够刑事处罚的，由原发证部门吊销其执业证书或者资格证书。

4. 对扰乱医疗秩序人员的处罚　以医疗事故为由，寻衅滋事、抢夺病历资料，扰乱医疗机构正常医疗秩序和医疗事故技术鉴定工作，尚不够刑事处罚的，依法给予治安管理处罚。

（二）医疗事故民事责任

发生医疗事故的赔偿等民事责任争议，医患双方可以协商解决；不愿意协商或者协商不成的，当事人可以向卫生行政部门提出调解申请，也可以直接向人民法院提起民事诉讼。

双方当事人协商解决医疗事故的赔偿等民事责任争议的，应当制作协议书。协议书应当载明双方当事人的基本情况和医疗事故的原因、双方当事人共同认定的医疗事故等级以及协商确定的赔偿数额等，并由双方当事人在协议书上签名。

已确定为医疗事故的，卫生行政部门应医疗事故争议双方当事人请求，可以进行医疗事故赔偿调解。调解时，应当遵循当事人双方自愿原则，并应当依据本条例的规定计算赔偿数额。

经调解，双方当事人就赔偿数额达成协议的，制作调解书，双方当事人应当履行；调解不成或者经调解达成协议后一方反悔的，卫生行政部门不再调解。

医疗事故赔偿，应当考虑下列因素，确定具体赔偿数额：①医疗事故等级；②医疗过失行为在医疗事故损害后果中的责任程度；③医疗事故损害后果与患者原有疾病状况之间的关系。

不属于医疗事故的，医疗机构不承担赔偿责任。

（三）刑事责任

1. 对卫生行政部门工作人员的刑事处罚　卫生行政部门的工作人员在处理医疗事故过程中违反《条例》的规定，利用职务上的便利收受他人财物或者其他利益，滥用职权，玩忽职守，或者发现违法行为不予查处，造成严重后果的，依照刑法关于受贿罪、滥用职权罪、玩忽职守罪或者其他有关罪的规定，依法追究刑事责任。

2. 对医务人员的刑事处罚　《中华人民共和国刑法》第335条规定，医务人员由于严重不负责任，造成就诊人死亡或者严重损害就诊人身体健康的，构成医疗事故罪，处三年以下有期徒刑或者拘役。

3. 对医疗事故鉴定工作人员的刑事处罚　参加医疗事故技术鉴定工作的人员违反《条例》的规定，接受申请鉴定双方或者一方当事人的财物或者其他利益，出具虚假医疗事故技术鉴定书，造成严重后果的，依照刑法关于受贿罪的规定，依法追究刑事责任。

4. 对严重扰乱医疗工作正常秩序人员的刑事处罚　以医疗事故为由，寻衅滋事、抢夺病历资料，扰乱医疗机构正常医疗秩序和医疗事故技术鉴定工作，依照刑法关于扰乱社会秩序罪的规定，依法追究刑事责任。

目标检测

一、选择题

（一）单项选择题

1. 医疗纠纷，是指（　）双方因诊疗活动引发的争议

A. 护患　　B. 医护　　C. 医患

D. 医疗机构与患者家属　　E. 医生与患者本人

2. 下列属于医疗事故的是（　）

A. 诊疗活动中出现药物不良反应造成不良后果的

B. 无过错输血造成不良后果的

C. 隐患方原因延误诊疗导致不良后果的

D. 在紧急情况下为迁就垂危患者生命而采取紧急医学措施造成不良后果的

E. 因患者病情异常体质特殊导致医疗意外的

3. 因紧急抢救未能及时填写病历的，医务人员应当在抢救结束后（　）小时内据实补记，并加以注明

A. 3　　B. 5　　C. 6

D. 8　　E. 12

4. 医患双方当事人不能确定死因或者对死因有异议的，应当在患者死亡后（　）小时内进行尸检

A. 12　　B. 6　　C. 72

D. 48　　E. 24

（二）多项选择题

5. 处理医疗纠纷，应当遵循（　）的原则，实事求是，依法处理

A. 有效　　B. 公平　　C. 公正

D. 及时　　E. 互利

6. 医患双方可以通过下列（　）解决医疗纠纷

A. 双方自愿协商　　B. 申请行政调解　　C. 法律、法规规定的其他途径

D. 申请人民调解　　E. 向人民法院提起诉讼

7. 医疗纠纷人民调解员有（　）之一的，由医疗纠纷人民调解委员会给予批评教育、责令改正；情节严重的，依法予以解聘

A. 偏袒一方当事人

B. 侮辱当事人采血记录

C. 索取、收受财物或者牟取其他不正当利益；供血记录

D. 泄露医患双方个人隐私等事项检测记录

E. 不听从医学会指导

二、思考题

1. 请根据本章所学知识，以个人角度谈谈如何预防医疗纠纷的发生。

2. 医疗事故的概念与构成要件有哪些？

（王　钰）

第六章　医疗损害赔偿法律制度

学习目标

1. 通过本章学习，重点把握医疗损害赔偿的概念、责任、归责原则、免责条件，医疗损害赔偿法律关系中的主体。

2. 学会医疗损害鉴定的实施，具有分析医疗损害赔偿项目和标准的能力。

医疗损害责任是指医疗机构及其医务人员在医疗活动中，未尽相关法律、法规、规章和诊疗技术规范所规定的注意义务，在医疗过程中发生过错，并因这种过错导致患者人身损害所形成的民事法律责任。

情境导入

情境描述　某患者在某县医院住院治疗，诊断为社区获得性肺炎，住院第2天因疼痛从病床跌落，经抢救2小时后死亡。经尸检，患者死因系心脏冠状动脉粥样硬化，大叶性肺炎导致急性心肺功能衰竭。

患者死亡后，家属提出患者病历中《住院患者健康教育表》签名字迹非本人所写，且患者住院期间做了4次心电图，只有3次结果，因此，家属认为，医院存在伪造、隐匿病历，应承担全部责任，要求医院赔偿各项经济损失共计85万元。经鉴定，健康教育表中的签字非患者本人字迹，住院期间医嘱诊疗次数与实际检验结果不符。但医院认为患者是否亲自签名及检查结果缺失等不会导致死亡结果的发生，与其死亡结果之间不存在因果关系，因此不应承担医疗损害赔偿责任。

讨论　1. 县医院是否有医疗损害赔偿责任？

2. 如果医院有医疗损害赔偿责任，需赔偿哪些项目的费用？

第一节　医疗损害赔偿概述

一、医疗损害赔偿的概念

医疗损害赔偿是侵权人承担民事侵权责任的最主要方式，包括赔偿受害人的经济损失和精神损害。医疗损害包括医疗事故，民事审判中“医疗事故损害赔偿纠纷”就是指的“医疗损害赔偿纠纷”。

二、医疗损害赔偿的责任

医疗损害赔偿责任，是指医务人员在从事各种医疗行为过程中，由于违反相关医疗卫生管理法律法规，在医疗程序上或者医疗用药过失给患者造成生命和健康损害时，在患者和医务人员、医疗机构之间产生的赔偿债权债务关系。

三、医疗损害赔偿的归责原则

（一）过错原则

《中华人民共和国民法典》第1218条规定，患者在诊疗活动中受到损害，医疗机构及其医务人员有过错的，由医疗机构承担赔偿责任。这就是说，医疗损害责任适用过错责任，医疗机构及其医务人员有过错的，才承担赔偿责任。原则上由原告对医疗机构及其医务人员的过错承担举证责任，只在特殊情况下才适用过错推定原则，发生举证责任倒置。

（二）过错推定原则

《中华人民共和国民法典》第1222条规定，患者在诊疗活动中受到损害，有下列情形之一的，推定医疗机构有过错：①违反法律、行政法规、规章以及其他有关诊疗规范的规定；②隐匿或者拒绝提供与纠纷有关的病历资料；③遗失、伪造、篡改或者违法销毁病历资料。

（三）无过错责任

《中华人民共和国民法典》第1223条规定，因药品、消毒产品、医疗器械的缺陷，或者输入不合格的血液造成患者损害的，患者可以向药品上市许可持有人、生产者、血液提供机构请求赔偿，也可以向医疗机构请求赔偿。患者向医疗机构请求赔偿的，医疗机构赔偿后，有权向负有责任的药品上市许可持有人、生产者、血液提供机构追偿。

素质提升

紧急救助，生命第一

2017年，珠江医院一位44岁二胎产妇进行常规产检，医生发现其胎心监测出现了罕见的“正弦波”，立即开通绿色通道，带着她做了化验和检查，未等家属签字交费完善手续，10分钟内，就为其开展了紧急剖宫产手术，救回了宝宝的生命。

这台几乎是“强制”的剖宫产，让很多人捏了一把汗，手术风险不可控、出现异常正弦波的胎儿在宫内情况不可控，万一情况不好，患者家属能接受吗？医生需要背多大责任？但几位医生完全没有时间考虑，把所有危机都“揽”在了自己身上。事后，当被问及为什么敢做这台手术时，医生的话令人印象深刻：“做这一行就像救火队员，只会想到我能救出几个人。”

生与死的距离，往往取决于抢救是否及时那一转瞬。为体现“以生命为核心，以抢救生命为第一要义”的理念，法律为医护人员在紧急情况下救人免去后顾之忧，从国家的层面明确对治病救人的鼓励态度。希望同学们以后遇到类似的紧急情况，能够及时进行医疗救助，用高尚的医德给时代以光亮。

四、医疗损害赔偿的免责条件

医疗行为具有高技术性与高风险性，医疗过程中存在许多不可控的因素，所以医疗结果也具有不确定性和不可预见性。同时，现代医学技术发展有局限性，有许多未知领域需要探索。医学作为发展中的科学，仍然必须在实践中不断探索并寻求解除疾病的办法。而且，由于患者的个体化差异，治疗同一种疾病，即使医生采取相同的诊疗措施，所达到的效果也可能不尽相同。

另外，医学科学的发展必须以医务人员积极探索、大胆创新为前提。因此，《中华人民共和国民法典》第1224条规定，患者在诊疗活动中受到损害，有下列情形之一的，医疗机构不承担赔偿责任：

1. 患者或者其近亲属不配合医疗机构进行符合诊疗规范的诊疗；

2. 医务人员在抢救生命垂危的患者等紧急情况下已经尽到合理诊疗义务；

3. 限于当时的医疗水平难以诊疗。

前款第一项情形中，医疗机构或者其医务人员也有过错的，应当承担相应的赔偿责任。2022 年 3 月 1 日正式施行的《中华人民共和国医师法》提出，国家鼓励医师积极参与公共交通工具等公共场所急救服务；医师因自愿实施急救造成受助人损害的，不承担民事责任。《医疗事故处理条例》第 33 条也规定了不属于医疗事故的 6 种情况，具体内容见第五章。

第二节　医疗损害鉴定概述

医疗损害鉴定是预防和妥善处理医疗纠纷、保护医患双方合法权益、维护医疗秩序、保障医疗安全的重要环节。《医疗纠纷预防和处理条例》《医疗事故处理条例》明确了科学、公正、同行评议等鉴定原则，并对鉴定制度进行了原则性规定，为加强医疗损害鉴定管理工作，妥善化解医疗纠纷，维护医患双方合法权益，发挥高质量鉴定意见，提升医疗安全水平起到了积极作用。

一、医疗损害鉴定的概念

医疗损害鉴定是指对医疗机构或者其医务人员的诊疗行为有无过错、过错行为与患者损害后果之间是否存在因果关系、损害后果及程度、过错行为在损害后果中的责任程度（原因力大小），以及因医疗损害发生的护理期、休息期、营养期等专门性问题进行专业技术鉴别和判断并提供鉴定意见的活动。

二、医疗损害鉴定的类型

医疗损害责任可分为三类。

（一）医疗技术损害责任

适用过错责任原则。医疗技术损害责任是指医疗机构及医务人员从事病情的检验、诊断、治疗方法的选择、治疗措施的执行，病情发展过程中的追踪以及术后照护等医疗行为，不符合当时既存的医疗专业知识或技术水准的过失行为，医疗机构应当承担损害赔偿责任。

（二）医疗伦理损害责任

医疗伦理损害责任是指医疗机构及医务人员从事各种医疗行为时，未对患者充分告知或者说明其病情，未提供病患及时有用的医疗建议，未维护患者与病情相关的隐私权，或未取得病患同意，即采取某种医疗或停止继续治疗措施等，违反了医疗职业良知或职业伦理应遵守的规则的过失行为，医疗机构所应当承担的损害赔偿责任。

（三）医疗产品损害责任

医疗产品损害责任是指医疗机构在医疗过程中使用有缺陷的药品、消毒药剂、医疗器械以及血液及血液制品等医疗产品，因此造成患者人身损害，医疗机构或者医疗产品生产者、销售者应该承担医疗损害赔偿责任。

因此，医疗损害鉴定的类型主要分为两部分：一是诊疗行为引起的医疗损害；二是缺陷产品或者不合格血液引起的医疗损害。诊疗行为引起的医疗损害又分为故意行为引起的医疗损害和过失行为引起的医疗损害。

三、医疗损害鉴定的实施

在我国司法实践中，医疗损害技术鉴定实施“双轨制”。《侵权责任法》（已于2021年1月1日全文废止，侵权责任并入《中华人民共和国民法典》）实施以前，法院委托医学会鉴定的称为“医疗事故技术鉴定”，委托司法机构鉴定的称为“医疗过错司法鉴定”，为了正确适用《侵权责任法》，最高人民法院于2010年6月30日发布《关于适用侵权责任法若干问题的通知》。该通知第3条规定，人民法院适用《侵权责任法》审理民事纠纷案件，根据当事人的申请或者依职权决定进行鉴定的，统一称为“医疗损害鉴定”。现在从事医疗损害鉴定的机构主要是三类：①医学会；②司法鉴定机构；③依法具有检验资格的检验机构。医学会主要进行诊疗行为引起的医疗损害争议鉴定；司法鉴定机构根据司法行政部门授予的业务范围进行司法鉴定；检验机构进行缺陷产品或者不合格血液的质量鉴定。

目前，与医疗损害鉴定有关的规定主要是《全国人大常委会关于司法鉴定管理问题的决定》、国务院《医疗纠纷预防和处理条例》《医疗事故处理条例》和最高人民法院《关于审理医疗损害责任纠纷案件适用法律若干问题的解释》（2017年3月27日通过，2020年12月23日修改，以下简称《医疗损害责任解释》）。

（一）《医疗损害责任解释》颁布前的具体做法

1. 医疗事故技术鉴定的实施　具体内容见第五章《医疗事故技术鉴定》。

2. 医疗过错司法鉴定的实施　司法鉴定机构受理鉴定委托后，应当指定本机构中具有该鉴定事项执业资格的司法鉴定人进行鉴定。委托人有特殊要求的，经双方协商一致，也可以从本机构中选择符合条件的司法鉴定人进行鉴定。司法鉴定机构对同一鉴定事项，应当指定或者选择2名司法鉴定人共同进行鉴定；对疑难、复杂或者特殊的鉴定事项，可以指定或者选择多名司法鉴定人进行鉴定。司法鉴定人进行鉴定，应当对鉴定过程进行实时记录并签名。记录可以采取笔记、录音、录像、拍照等方式。记录的内容应当真实、客观、准确、完整、消晰，记录的文本或者音像载体应当妥善保存。对需要到现场提取检材的，应当由不少于2名司法鉴定人提取，并通知委托人到场见证。对需要进行尸体解剖的，应当通知委托人或者死者的近亲属或者监护人到场见证。

司法鉴定机构在进行鉴定的过程中，可以召开听证会，遇有特别复杂、疑难、特殊技术问题的，可以向本机构以外的相关专业领域的专家进行咨询，但最终的鉴定意见应当由本机构的司法鉴定人出具。司法鉴定机构应当在与委托人签订司法鉴定协议书之日起30个工作日内完成委托事项的鉴定。鉴定事项涉及复杂、疑难、特殊的技术问题或者检验过程需要较长时间的，经本机构负责人批准，完成鉴定的时间可以延长，延长时间一般不得超过30个工作日。司法鉴定机构与委托人对完成鉴定的时限另有约定的，从其约定。在鉴定过程中补充或者重新提取鉴定材料所需的时间，不计入鉴定时限。

（二）《医疗损害责任解释》颁布后的具体理解

1. 鉴定材料的提交和质证　《医疗损害责任解释》第10条规定，对于鉴定材料，当事人负有提交的责任，人民法院负有组织当事人对鉴定材料进行质证的职责。

首先，确定当事人申请医疗损害责任鉴定，委托医疗损害责任鉴定的，当事人负有提交鉴定材料的责任。当事人应当按照要求，提交真实、完整、充分的鉴定材料。如果提交的鉴定材料不符合要求，人民法院应当通知当事人更换或者补充相应材料。

其次，在委托鉴定人进行鉴定之前，人民法院应当组织当事人对鉴定材料进行质证，由提供鉴定材料的一方将鉴定材料出示给对方当事人，对方当事人应当提出对鉴定材料的证明效力的意见。经过质证以后，对于取得一致意见的鉴定材料，提交给鉴定人进行鉴定。对于没有取得一致意见的鉴定材料，司法解释没有规定具体办法，应该由人民法院确定哪些鉴定材料应当提交给鉴定人。

2. 委托鉴定书与鉴定要求

（1）委托进行医疗损害责任签定，首先要有委托鉴定书。《医疗损害责任解释》第11条第1款对此作出了规定。委托鉴定书的必要内容是：有明确的鉴定事项，有明确的鉴定要求。委托鉴定书的作用是，为鉴定人提出鉴定的事项及鉴定要求。

（2）鉴定要求是当事人以及人民法院委托进行医疗损害责任鉴定想要达到的鉴定目的，包括鉴定人的资质、鉴定人的组成、鉴定程序、鉴定意见、鉴定期限等。这些鉴定要求都应当在委托鉴定书中一一写明。其中，鉴定人的资质和当鉴定人的组成以及鉴定意见最为重要。对于鉴定人的资质，关系到鉴定人的专业与所鉴定事项的对应性，应当特别说明。鉴定人的组成，即由一个还是几个鉴定人进行鉴定，应当根据专业鉴定的具体要求确定，并提出具体要求。

3. 鉴定事项的规定　《医疗损害责任解释》第11条第2款规定了具体的鉴定事项，列举了七项专门性问题可以作为申请医疗损害鉴定的事项，主要包括：①实施诊疗行为有无过错；②诊疗行为与损害后果之间是否存在因果关系以及原因力大小；③医疗机构是否尽到了说明义务、取得患者或者患者近亲属书面同意的义务；④医疗产品是否有缺陷、该缺陷与损害后果之间是否存在因果关系以及原因力的大小；⑤患者损伤残疾程度；⑥患者的护理期、休息期、营养期；⑦其他专门性问题。

4. 因果关系及原因力鉴定　《医疗损害责任解释》第12条专门对因果关系中的原因力的有无及原因力大小鉴定作出规定。鉴定意见可以按照导致患者损害的全部原因、主要原因、同等原因、次要原因、轻微原因或者与患者损害无因果关系，表述诊疗行为或者医疗产品等造成患者损害的原因力大小。《医疗损害责任解释》增加了一个“轻微原因”的层次，将医疗机构承担责任的原因力，在同等原因和无原因之间，又增加了一个新的档次。这样的要求包括两个要素：一是作为原因的过失医疗行为的等级；二是对损害发生的原因力大小。两者的对应关系是：全部原因＝100%；主要原因＝75%左右；同等原因＝50%；次要原因＝30%左右；轻微原因＝10%左右；无原因＝0。鉴定人对医疗损害责任原因力的鉴定意见，应当符合上述要求。

5. 对鉴定意见的质证　《医疗损害责任解释》第13条规定，鉴定意见应当经当事人质证。当事人申请鉴定人出庭作证，经人民法院审查同意，或者人民法院认为鉴定人有必要出庭的，应当通知鉴定人出庭作证。双方当事人同意鉴定人通过书面说明、视听传输技术或者视听资料等方式作证的，可以准许。鉴定人因健康原因、自然灾害等不可抗力或者其他正当理由不能按期出庭的，可以延期开庭：经人民法院许可，也可以通过书面说明，视听传输技术或者视听资料等方式作证。无前款规定理由，鉴定人拒绝出庭作证，当事人对鉴定意见又不认可的，对该鉴定意见不予采信。

6. 专家辅助证人　《医疗损害责任解释》第14条规定，当事人申请通知一至二名具有医学专门知识的人出庭，对鉴定意见或者案件的其他专门性事实问题提出意见，人民法院准许的，应当通知具有医学专门知识的人出庭。前款规定的具有医学专门知识的人提出的意见，视为当事人的陈述，经质证可以作为认定案件事实的根据。《民事诉讼法》第82条规定：“当事人可以申请人民法院通知有专门知识的人出庭，就鉴定人作出的鉴定意见或者专业问题提出意见。”这种有专门知识的人，通常被称为专家辅助证人。其要点是：第一，在医疗损害责任纠纷案件中，当事人可以申请通知专家辅助证人出庭作证；第二，申请通知专家辅助证人的人数，是1至2人；第三，专家辅助证人是否出庭作证，应当经过法院准许，经过准许的，具有医学专门知识的专家辅助证人应当出庭作证；第四，具有医学专门知识的专家辅助证人出庭提出的意见，性质上视为当事人陈述；第五，专家辅助证人出庭所作的陈述，经过质证，可以作为认定案件事实的根据。

7. 对鉴定意见的采信　《医疗损害责任解释》第15条规定，当事人自行委托鉴定人作出的医疗损害鉴定意见，其他当事人认可的，可予采信。当事人共同委托鉴定人作出的医疗损害鉴定意见，一方当事人不认可的，应当提出明确的异议内容和理由。经审查，有证据足以证明异议成立的，对鉴定意见不予采信；异议不成立的，应予采信。这是对医疗损害鉴定意见的采信程序，包括当事人单独委托和共同委托的医疗损害鉴定意见。

第三节　医疗损害赔偿标准

医疗损害赔偿原则与医疗事故赔偿原则一致。

一、医疗损害赔偿的原则

《医疗事故处理条例》确定医疗事故赔偿具体数额的三个基本原则。

（一）医疗事故赔偿与医疗事故等级相适应原则

医疗事故等级体现了医疗过失行为对患者人身损害的程度。根据医疗事故等级来确定不同的赔偿金额，体现了民事责任实际赔偿的原则。

（二）医疗事故赔偿与责任程度相适应原则

赔偿时要确定造成医疗事故的医疗过失行为对患者损害结果必须承担的责任程度，根据责任程度来决定赔偿责任，依法维护医患双方的合法权益。

（三）医疗事故赔偿与患者原有疾病相适应原则

在医疗事故赔偿时，应客观评价患者原有疾病状况对医疗事故产生的影响，这体现法律平等保护医患双方合法权益的原则，从而彰显法律的公平性。

二、医疗损害赔偿法律关系中的主体

1. 医疗损害赔偿的主体　包括医疗机构；药品、消毒产品、医疗器械的上市持有人等。

2. 医疗损害责任归责原则和责任承担主体　《中华人民共和国民法典》第 1218 条规定：“患者在诊疗活动中受到损害，医疗机构或者其医务人员有过错的，由医疗机构承担赔偿责任。”

3. 药品、消毒产品、医疗器械的缺陷，或者输入不合格血液的侵权责任　《中华人民共和国民法典》第 1223 条规定：“因药品、消毒产品、医疗器械的缺陷，或者输入不合格的血液造成患者损害的，患者可以向药品上市许可持有人、生产者、血液机构请求赔偿，也可以向医疗机构请求赔偿。患者向医疗机构请求赔偿的，医疗机构赔偿后，有权向负有责任的药品上市许可持有人、生产者、血液机构追偿。”

三、医疗损害赔偿的项目和赔偿标准

最高人民法院《关于审理人身损害赔偿案件适用法律若干问题的解释》第 1 条规定：“因生命、身体、健康遭受侵害，赔偿权利人起诉请求赔偿义务人赔偿物质损害和精神损害的，人民法院应予受理。”《中华人民共和国民法典》第 1179 条也规定，侵害他人造成人身损害的，应当赔偿医疗费、护理费、交通费、营养费、住院伙食补助费等为治疗和康复支出的合理费用，以及因误工减少的收入。造成残疾的，还应当赔偿辅助器具费和残疾赔偿金；造成死亡的，还应当赔偿丧葬费和死亡赔偿金。

依据《医疗事故处理条例》第 50 条规定，医疗机构发生医疗损害事故赔偿，按照下列项目和标准计算。

1. 医疗费　按照医疗事故对患者造成的人身损害进行治疗所发生的医疗费用计算，凭据支付，但

不包括原发病医疗费用。结案后确实需要继续治疗的，按照基本医疗费用支付。

2. 误工费　患者有固定收入的，按照本人因误工减少的固定收入计算，对收入高于医疗事故发生地上一年度职工年平均工资 3 倍以上的，按照 3 倍计算；无固定收入的，按照医疗事故发生地上一年度职工年平均工资计算。

3. 住院伙食补助费　按照医疗事故发生地国家机关一般工作人员的出差伙食补助标准计算。

4. 陪护费　患者住院期间需要专人陪护的，按照医疗事故发生地上一年度职工年平均工资计算。

5. 残疾生活补助费　根据伤残等级，按照医疗事故发生地居民年平均生活费计算，自定残之月起最长赔偿 30 年；但是，60 周岁以上的，不超过 15 年；70 周岁以上的，不超过 5 年。

6. 残疾用具费　因残疾需要配置补偿功能器具的，凭医疗机构证明，按照普及型器具的费用计算。

7. 丧葬费　按照医疗事故发生地规定的丧葬费补助标准计算。

8. 被扶养人生活费　以死者生前或者残疾者丧失劳动能力前实际扶养且没有劳动能力的人为限，按照其户籍所在地或者居所地居民最低生活保障标准计算。对不满 16 周岁的，扶养到 16 周岁。对年满 16 周岁但无劳动能力的，扶养 20 年；但是，60 周岁以上的，不超过 15 年；70 周岁以上的，不超过 5 年。

9. 交通费　按照患者实际必需的交通费用计算，凭据支付。

10. 住宿费　按照医疗事故发生地国家机关一般工作人员的出差住宿补助标准计算，凭据支付。

11. 精神损害抚慰金　按照医疗事故发生地居民年平均生活费计算。造成患者死亡的，赔偿年限最长不超过 6 年；造成患者残疾的，赔偿年限最长不超过 3 年。

医疗事故赔偿费用实行一次性结算，由承担医疗事故责任的医疗机构支付。

目标检测

一、选择题

（一）单项选择题

1. 下列关于医疗损害的说法，正确的是（　）
   A. 医疗损害赔偿不是侵权人承担侵权责任的方式
   B. 医疗损害赔偿是侵权人承担民事侵权责任的次要方式
   C. 医疗损害赔偿是侵权人承担民事侵权责任的最主要方式
   D. 医务人员为患者从事特殊检查时，可以不向患者或家属解释
   E. 根据医疗损害发生的原因力大小，分为全部原因和次要原因两种

2. 患者在诊疗活动中受到损害，医疗机构或者其医务人员有过错的，承担赔偿责任的是（　）
   A. 卫生行政部门　B. 医疗产品生产者　C. 医疗机构
   D. 卫生监管部门　E. 医疗产品销售者

3. 当医疗机构及其医务人员发生医疗技术损害过错后，原则上承担举证责任的是（　）
   A. 医务人员　B. 医疗机构　C. 卫生行政部门
   D. 医务人员及医疗机构　E. 原告（受害患者一方）

4. 司法鉴定机构应当在与委托人签订司法鉴定协议书之日完成委托事项的鉴定的时限为（　）个工作日
   A. 15　B. 20　C. 25

D. 30　　E. 35

5. 医疗损伤赔偿中，对70周岁以上的残疾者赔偿残疾生活补助费，自定残之月起，不超过（　）

A. 3年　　B. 5年　　C. 8年

D. 10年　　E. 15年

（二）多项选择题

6. 医疗机构在医疗过程中使用有缺陷的药品、消毒药剂、医疗器械以及血液及血液制品等医疗产品造成患者人身损害，不应该承担医疗损害赔偿责任的是（　）

A. 医疗机构　　B. 医疗产品生产者　　C. 卫生监管部门

D. 医疗产品销售者　　E. 卫生行政部门

7. 根据医疗损害发生的原因力大小，划分了原因类型，以下表述正确的是（　）

A. 特别原因　　B. 同等原因　　C. 次要原因

D. 轻微原因　　E. 患方原因

8. 患者在诊疗活动中受到损害，有下列哪些情形时，医疗机构不承担赔偿责任（　）

A. 患者不配合医疗机构进行符合诊疗规范的诊疗

B. 医务人员在抢救生命垂危的患者等紧急情况下已经尽到合理诊疗义务

C. 限于当时的医疗水平难以诊疗

D. 近亲属不配合医疗机构进行符合诊疗规范的诊疗

E. 医护人员违反诊疗常规

二、思考题

1. 患者在诊疗活动中受到损害，哪些属于“推定医疗机构有过错”的情形，应当如何避免？
2. 简述医疗损害责任的分类。

（杨　隽）

第七章　药品管理法律制度

学习目标

1. 通过本章学习，重点掌握药品、药品标准、药品上市许可持有人制度、药品注册、生产、经营、医疗机构药事管理、特殊管理药品以及违反《药品管理法》应承担的法律责任。

2. 学会运用药品管理法律的基本知识和相关规定对药品实践领域的问题进行判断和分析，具有解决实际问题的能力；通过学习药品管理法律制度，能自觉遵守法律，强化法律意识。

药品是人类与疾病斗争的重要武器，其安全性直接关系到民生和公共安全。为加强药品管理，保证药品质量，保障公众用药安全和合法权益，保护和促进公众健康，我国制定了一系列涉及药品的研制与注册、药品生产、药品经营、医疗机构药事管理、药品上市后管理等各方面的药品管理法律、法规、规章和规范性文件。

情境导入

情境描述　国务院药品监督管理部门接到A省药品监督管理局报告，A省某市人民医院6名患者使用了标示为B省某药业股份有限公司（以下简称某药业公司）生产的某注射液后，出现严重不良反应，其中有3名患者死亡。经调查发现，A省某市特大暴雨造成某药业公司库存于此的某注射液被雨水浸泡。某药业公司销售人员张某从某药业公司调来包装标签，更换后继续销售。中国药品生物制品检定所、A省药品检验所在被雨水浸泡药品的部分样品中检出多种细菌。此外，某药业公司包装标签管理存在严重缺陷，管理人员质量意识淡薄，包装标签管理不严，提供包装标签说明书给销售人员在厂外重新贴签包装。

讨论　1. 案例中的某注射液应如何定性？

2. 该案例中违法主体是什么？其存在什么违法行为？

第一节　概　述

现行《中华人民共和国药品管理法》（以下简称《药品管理法》）于2019年12月1日施行。内容体现“四个最严”要求——最严谨的标准、最严格的监管、最严厉的处罚、最严肃的问责，同时坚持风险管理，覆盖药品研制、生产、经营、使用全过程。

一、药品概述

（一）药品的定义

《药品管理法》中关于药品的定义为：药品是指用于预防、治疗、诊断人的疾病，有目的地调节人的生理机能并规定有适应证或者功能主治、用法和用量的物质，包括中药、化学药和生物制品等。在我国，药品仅指人用药，不包括兽用药和农药。药品的使用目的、使用方法和使用量有严格规定。

（二）药品的特殊性

药品作为一种商品，具有一般商品的属性。但是事关公众生命健康和生命安全，又极具特殊性。药品作为特殊商品，其特殊性表现在以下4个方面。

1. 专属性 主要表现在对症治疗，患什么病用什么药。药品不像一般商品可以互相替代。处方药必须在医生的检查、诊断、指导下合理使用。对于非处方药，患者必须根据病情，自我判断、自我治疗，合理选择药品，按照药品说明书、标签的说明使用。

2. 双重性 是指药品有防病治病的一面，也具有不良反应的另一面。药品用之得当，可以发挥治病救人、维护健康的功能。反之，则可能危害人体健康和生命安全。

3. 药品质量的严格性 药品必须符合法定质量标准，只有符合法定质量标准的合格药品才能保证疗效。药品只能是合格品，绝对不允许有次品或等外品。

4. 时效性 药品的时效性有两种含义，一是药品有效期，指的是药品在规定的贮存条件下，能够保持合格质量的期限，药品有效期是保证患者药物使用安全的重要指标。药品一旦超过有效期限，应立即停止使用并封存，按规定作报废处理。二是药品一旦需要，必须及时供应。药品生产、经营企业平时应有适当数量的生产和储备，只能药等病，不能病等药；有的药品有效期很短，且用量少无利可图，也要保证生产、供应、适当储备。

二、药品标准

（一）定义

药品标准是根据药物自身的理化与生物学特征，按照来源、处方、制法和运输、储藏等条件所制定的、用以检测药品质量是否达到用药要求并衡量其质量是否稳定均一的技术规定。

国家药品标准是为保证药品质量所制定的具有强制性的质量要求和指标、检验方法等的技术规定，是药品生产、经营（进口）、使用、检验和管理部门共同遵循的技术准则和法定依据。

（二）我国国家药品标准体系

药品标准分为法定标准和非法定标准两种。法定标准包括国家药品标准和药品注册标准；非法定标准包括行业标准、企业标准等。另外，各省、自治区、直辖市人民政府药品监督管理部门可组织制定和颁布中药饮片炮制规范，是国家药品标准体系的重要补充。

1. 国家药品标准 《药品管理法》规定，国务院药品监督管理部门颁布的《中华人民共和国药典》（以下简称《中国药典》）和药品标准为国家药品标准。国务院药品监督管理部门会同国务院卫生健康主管部门组织药典委员会，负责国家药品标准的制定和修订。

（1）《中国药典》 由国家药典委员会编纂，国务院药品监督管理部门颁布。《中国药典》是国家药品标准的核心，是国家为保证药品质量、保护人民用药安全有效、药品质量可控而制定的法典，是执行《药品管理法》，监督检验药品质量的技术法规，是我国药品生产、经营、使用和监督管理所必须遵循的法定依据。

第1版《中国药典》于1953年颁布，至今国家已经颁布11版药典。从1985年起，每隔5年修订一次《中国药典》。现行版为2020年版《中国药典》，自2020年12月30日起实施，是中华人民共和国成立以来第11版药典。国务院药品监督管理部门设置或者指定的药品检验机构负责标定国家药品标准品、对照品。《中国药典》主要由凡例、品种正文和通用技术要求构成。

2020年版《中国药典》共分为四部、收载品种5911种。一部为中药，收载2711种。二部为化学药，收载2712种。三部为生物制品，收载153种。四部收载通用技术要求共计361个。

（2）局颁药品标准　未列入《中国药典》，由国家药品监督管理部门颁布的其他药品标准，称为局颁标准。局颁标准的收载范围：①国家药品监督管理部门批准的新药；②疗效肯定，但质量标准仍需进一步改进的药品；③上版药典收载，而新版药典未收入，疗效肯定，国内仍然生产使用，需要统一标准的品种。

2. 注册标准　是指经国家药品监督管理局核准的药品质量标准。药品注册标准应当符合《中国药典》通用技术要求，不得低于《中国药典》的规定。申报注册品种的检测项目或者指标不适用《中国药典》的，申请人应当提供充分的支持性数据。

药品应当符合国家药品标准和药品注册标准。药品注册标准高于国家药品标准的，按照经核准的药品质量标准执行；没有国家药品标准，应当符合经核准的药品质量标准。

3. 中药饮片炮制规范　《药品管理法》规定，中药饮片必须按照国家药品标准炮制；国家药品标准没有规定的必须按省、自治区、直辖市人民政府药品监督管理部门制定的炮制规范炮制。省、自治区、直辖市人民政府药品监督管理部门制定的炮制规范应当报国务院药品监督管理部门备案。不符合国家药品标准或者不按照省、自治区、直辖市人民政府药品监督管理部门制定的炮制规范炮制的，不得出厂、销售。

三、药品监管组织

（一）药品监管行政组织及职责

1. 国家药品监督管理局（National Medical Products Administration，NMPA）　于2018年组建，由国家市场监督管理总局管理。主要职责如下。

（1）负责制定药品、医疗器械和化妆品安全监督管理、标准管理、注册管理、质量 管理、上市后风险管理、检查制度、依法查处注册环节的违法行为。

（2）负责执业药师资格准入管理；制定准入制度，指导监督注册工作。

2. 省（自治区、直辖市）药品监督管理局　各省（自治区、直辖市）按照中央要求，结合各地实际，组建各省（自治区、直辖市）药品监督管理局。各省（自治区、直辖市）药品监督管理局负责本行政区域内的药品、医疗器械、化妆品生产环节的许可、检查和处罚，以及药品批发许可、零售连锁总部许可、互联网销售第三方平台备案及检查和处罚等药品监督管理工作。

3. 市、县市场监督管理局　设区的市级、县级人民政府承担药品监督管理职责的部门负责本行政区域内药品零售、医疗器械经营的许可、检查和处罚，以及化妆品经营和药品、医疗器械使用环节质量的检查和处罚等药品监督管理工作。

（二）药品监督管理技术支持机构及职责

国家药品监督管理局直属机构（药品监督管理技术支撑机构）是药品监督管理的重要组成部分，为药品行政监督提供技术支撑与保障。《药品管理法》规定：药品监督管理部门设置或者指定的药品专业技术机构，承担依法实施药品监督管理所需的审评、检验、核查、监测与评价等工作。

药品监督管理专业技术机构包括中国食品药品检定研究院（国家药品监督管理局医疗器械标准管理中心，中国药品检验总所）、国家药典委员会、国家药品监督管理局药品审评中心、国家药品监督管理局食品药品审核查验中心、国家药品监督管理局药品评价中心（国家药品不良反应监测中心）、国家药品监督管理局执业药师资格认证中心、国家药品监督管理局行政事项受理服务和投诉举报中心等。

第二节　药品上市许可持有人制度

一、药品上市许可持有人的定义及责任

（一）定义

《药品管理法》第 30 条规定：药品上市许可持有人是指取得药品注册证书的企业或者药品研制机构等。

（二）责任

1. 药品上市许可持有人应当依照《药品管理法》规定，对药品的非临床研究、临床试验、生产经营、上市后研究、不良反应监测及报告与处理等承担责任。其他从事药品研制、生产、经营、储存、运输、使用等活动的单位和个人依法承担相应责任。

2. 药品上市许可持有人的法定代表人、主要负责人对药品质量全面负责。

3. 药品上市许可持有人为境外企业的，应当由其指定的在中国境内的企业法人履行药品上市许可持有人义务，与药品上市许可持有人承担连带责任。

二、药品上市许可持有人的权利和义务

（一）药品上市许可持有人的权利

1. 可以自行生产药品，也可以委托药品生产企业生产。自行生产药品的，应当取得药品生产许可证；委托生产的，应当委托符合条件的药品生产企业并签订委托协议和质量协议。血液制品、麻醉药品、精神药品、医疗用毒性药品，药品类易制毒化学品不得委托生产；但是，国务院药品监督管理部门另有规定的除外。

2. 药品上市许可持有人可以自行销售其取得药品注册证书的药品，也可以委托药品经营企业销售。从事药品零售活动应当取得药品经营许可证并具备相应条件。委托销售的，应当委托符合条件的药品经营企业并签订委托协议。

3. 经国务院药品监督管理部门批准，药品上市许可持有人可以转让药品上市许可。

（二）药品上市许可持有人的义务

1. 应当建立药品质量保证体系，配备专门人员独立负责药品质量管理。

2. 应当对受托药品生产企业、药品经营企业的质量管理体系进行定期审核和监督。

3. 应当建立药品上市放行规程，出厂放行审核经质量授权人签字确认。

4. 应当建立并实施药品追溯制度，建立年度报告制度，每年将药品生产销售、上市后研究、风险管理等情况按照规定向省级药品监督管理部门报告。

第三节　药品各环节管理

一、药品注册管理

现行《药品注册管理办法》（国家市场监督管理总局令第 27 号）于 2020 年 1 月 22 日公布，自

2020 年 7 月 1 日起施行。其适用范围是，在中华人民共和国境内以药品上市为目的，从事药品研制、注册及监督管理活动。

（一）药品注册的相关概念

1. 药品注册　是指药品注册申请人（以下简称申请人）依照法定程序和相关要求提出药物临床试验、药品上市许可、再注册等申请以及补充申请，药品监督管理部门基于法律法规和现有科学认知进行安全性、有效性和质量可控性等审查，决定是否同意其申请的活动。

2. 药品注册申请人　是指提出药品注册申请并能够承担相应法律责任的企业或者药品研制机构等。境外申请人办理境外生产药品注册，应当指定中国境内的企业法人办理相关药品注册事项。

（二）药品注册的分类

根据我国《药品注册管理办法》的规定，药品注册按照中药、化学药和生物制品等进行分类注册管理。

中药注册按照中药创新药、中药改良型新药、古代经典名方中药复方制剂、同名同方药等进行分类。化学药注册按照化学药创新药、化学药改良型新药、仿制药等进行分类。生物制品注册按照生物制品创新药、生物制品改良型新药、已上市生物制品（含生物类似药）等进行分类。

中药、化学药和生物制品等药品的细化分类和相应的申报资料要求，由国家药品监督管理局根据注册药品的产品特性、创新程度和审评管理需要组织制定，并向社会公布。境外生产药品的注册申请，按照药品的细化分类和相应的申报资料要求执行。

（三）药物研究的质量管理

药品上市前根据研究内容和针对研究对象分为临床前研究和临床试验两个阶段。

1. 药物的临床前研究　为申请药品注册而进行的药物临床前研究，包括药物合成工艺、提取方法、理化性质及纯度、剂型选择、处方筛选、制备工艺、检验方法、质量指标、稳定性，药理、毒理、动物药代动力学等。中药制剂还包括原药材的来源、加工及炮制等，生物制品还包括菌毒种、细胞株、生物组织等起始材料的来源、质量标准、保存条件、生物学特征、遗传稳定性及免疫学的研究等。

《药品管理法》第 18 条规定，开展药物非临床研究，应当符合国家有关规定，有与研究项目相适应的人员、场地、设备、仪器和管理制度，保证有关数据、资料和样品的真实性。《药品注册管理办法》第 10 条规定，药物非临床安全性评价研究应当在经过药物非临床研究质量管理规范认证的机构开展，并遵守药物非临床研究质量管理规范。

2. 药物的临床试验研究　药物临床试验是指以药品上市注册为目的，为确定药物安全性与有效性在人体开展的药物研究。

药物临床试验分为Ⅰ期临床试验、Ⅱ期临床试验、Ⅲ期临床试验、Ⅳ期临床试验以及生物等效性试验。根据药物特点和研究目的，研究内容包括临床药理学研究、探索性临床试验、确证性临床试验和上市后研究。

药物临床试验应当在具备相应条件并按规定备案的药物临床试验机构开展。其中，疫苗临床试验应当由符合国家药品监督管理局和国家卫生健康委员会规定条件的三级医疗机构或者省级以上疾病预防控制机构实施或者组织实施。

开展药物临床试验，应当按照国务院药品监督管理部门的规定如实报送研制方法、质量指标、药理及毒理试验结果等有关数据、资料和样品，经国务院药品监督管理部门批准。开展生物等效性试验的，报国务院药品监督管理部门备案。

（四）药品注册的申报与审批

1. 药物临床试验申报与审批

（1）申请人完成支持新药临床试验的药学、药理毒理学等临床前研究后，应当按照相关要求向药品审评中心提交新药首次临床试验申请和申报资料。

（2）药品审评中心在收到申报资料后5日内完成形式审查。符合要求或者按照规定补正后符合要求的，发出受理通知书。

（3）药品审评中心应当组织药学、医学和其他技术人员对已受理的药物临床试验申请进行审评。对药物临床试验申请应当自受理之日起60日内决定是否同意开展，并通过药品审评中心网站通知申请人审批结果；逾期未通知的，视为同意，申请人可以按照提交的方案开展药物临床试验。

（4）临床试验开始时，申请人应登录药品审评中心门户网站，在“药物临床试验登记与信息公示平台”进行相关信息登记。

申请人在药物临床试验申请前、药物临床试验过程中可以就重大问题与药品审评中心等专业技术机构进行沟通交流。药品审评中心等专业技术机构可以根据工作需要组织与申请人进行沟通交流。

2. 药品上市许可申请与审批

（1）提出药品上市许可申请

1）申请人在完成支持药品上市注册的药学、药理毒理学和药物临床试验等研究，确定质量标准，完成商业规模生产工艺验证，并做好接受药品注册核查检验的准备后，向药品审评中心提出药品上市许可申请，按照申报资料要求提交相关研究资料。

2）仿制药、按照药品管理的体外诊断试剂以及其他符合条件的情形，经申请人评估，认为无需或者不能开展药物临床试验，符合豁免药物临床试验条件的，申请人可以直接提出药品上市许可申请。仿制药应当与参比制剂质量和疗效一致。申请人应当参照相关技术指导原则选择合理的参比制剂。

3）符合以下情形之一的，可以直接提出非处方药上市许可申请：境内已有相同活性成分、适应证（或者功能主治）、剂型、规格的非处方药上市的药品；经国家药品监督管理局确定的非处方药改变剂型或者规格，但不改变适应证（或者功能主治）、给药剂量以及给药途径的药品；使用国家药品监督管理局确定的非处方药的活性成份组成的新的复方制剂；其他直接申报非处方药上市许可的情形。

（2）药品审评中心对申请人申报的资料进行形式审查，符合要求的，予以受理，出具受理通知书。

（3）药品审评中心应当组织药学、医学和其他技术人员，按要求对已受理的药品上市许可申请进行审评。审评过程中基于风险启动药品注册核查、检验，相关技术机构应当在规定时限内完成核查、检验工作。药品审评中心根据药品注册申报资料、核查结果、检验结果等，对药品的安全性、有效性和质量可控性等进行综合审评，非处方药还应当转药品评价中心进行非处方药适宜性审查。药品审评中心在审评药品制剂注册申请时，对药品制剂选用的化学原料药、辅料及直接接触药品的包装材料和容器进行关联审评。

（4）综合审评结论通过的，批准药品上市，发给药品注册证书。综合审评结论不通过的，作出不予批准决定。药品注册证书载明药品批准文号、持有人、生产企业等信息。非处方药的药品注册证书还应当注明非处方药类别。经核准的药品生产工艺、质量标准、说明书和标签作为药品注册证书的附件一并发给申请人，必要时还应当附药品上市后研究要求。上述信息纳入药品品种档案，并根据上市后变更情况及时更新。

（五）关联审评审批和药品加快上市注册制度

1. 关联审评审批 国务院药品监督管理部门在审批药品时，对化学原料药一并审评审批，对相关辅料、直接接触药品的包装材料和容器一并审评，对药品的质量标准、生产工艺、标签和说明书一并核准。

2. 药品加快上市注册制度　国务院药品监督管理部门建立药品加快上市注册制度，支持以临床价值为导向的药物创新。对符合条件的药品注册申请，申请人可以申请适用突破性治疗药物、附条件批准、优先审评审批及特别审批程序。临床急需的短缺药品、防治重大传染病和罕见病等疾病的创新药和改良型新药；符合儿童生理特征的儿童用药品新品种、剂型和规格；疾病预防、控制急需的疫苗和创新疫苗；纳入突破性治疗药物程序的药品；符合附条件批准的药品；国家药监局规定其他优先审评审批的情形，在药品上市许可申请时，可以申请适用优先审评审批程序。

素质提升

"共和国勋章"获得者屠呦呦：青蒿济世，科研报国

20世纪60年代，在氯喹抗疟失效、人类饱受疟疾之害的情况下，屠呦呦接受了国家疟疾防治研究项目"523"办公室艰巨的抗疟研究任务，担任中药抗疟研究组组长。

通过整理中医药典籍、走访名老中医，她汇集编写了640余种治疗疟疾的中药单秘验方集。在青蒿提取物实验药效不稳定的情况下，东晋葛洪《肘后备急方》中对青蒿截疟的记载——"青蒿一握，以水二升渍，绞取汁，尽服之"给了屠呦呦新的灵感。通过改用低沸点溶剂的提取方法，富集了青蒿的抗疟组分，屠呦呦团队最终于1972年发现了青蒿素。

为测青蒿素安全性，屠呦呦向领导提交了志愿试药报告。"我是组长，我有责任第一个试药！"1972年7月，屠呦呦等3名科研人员以身试药，经观察未发现对人体有明显毒副作用。

2000年以来，世界卫生组织把青蒿素类药物作为首选抗疟药物。据世界卫生组织不完全统计，青蒿素在全世界，已挽救了数百万人的生命。2021年6月30日，世界卫生组织宣布中国获得无疟疾认证，中国疟疾感染病例由1940年代的3000万减少至零病例，这是一项了不起的壮举。

向屠呦呦致敬！向所有科研工作者致敬！

二、药品生产管理

药品生产企业是指生产药品的专营企业或兼营企业，也称制药企业或药厂。

新修订的《药品生产监督管理办法》于2020年1月15日国家市场监督管理总局令第28号公布，自2020年7月1日起施行，适用于在我国境内上市药品的生产及监督管理活动。

（一）从事药品生产活动应具备的条件

1. 有依法经过资格认定的药学技术人员、工程技术人员及相应的技术工人，法定代表人、企业负责人、生产管理负责人、质量管理负责人、质量受权人及其他相关人员符合《药品管理法》《疫苗管理法》规定的条件。

2. 有与药品生产相适应的厂房、设施、设备和卫生环境。

3. 有能对所生产药品进行质量管理和质量检验的机构、人员。

4. 有能对所生产药品进行质量管理和质量检验的必要的仪器设备。

5. 有保证药品质量的规章制度，并符合药品生产质量管理规范要求。

从事疫苗生产活动的，还应当具备下列条件：①具备适度规模和足够的产能储备；②具有保证生物安全的制度和设施、设备；③符合疾病预防、控制需要。

（二）从事药品生产活动的申请与审批

1. 申请 从事药品生产活动，应当经所在地省、自治区、直辖市药品监督管理部门批准，依法取得药品生产许可证，严格遵守药品生产质量管理规范，确保生产过程持续符合法定要求。

从事制剂、原料药、中药饮片生产活动，申请人应当按照《药品生产监督管理办法》和国家药品监督管理局规定的申报资料要求，向所在地省、自治区、直辖市药品监督管理部门提出申请。委托他人生产制剂的药品上市许可持有人，应当具备《药品生产监督管理办法》第 6 条第一款第一项、第三项、第五项规定的条件，并与符合条件的药品生产企业签订委托协议和质量协议，将相关协议和实际生产场地申请资料合并提交至药品上市许可持有人所在地省、自治区、直辖市药品监督管理部门，按照《药品生产监督管理办法》规定申请办理药品生产许可证。

2. 审批

（1）审批机构　国家药品监督管理局主管全国药品生产监督管理工作，对省、自治区、直辖市药品监督管理部门的药品生产监督管理工作进行监督和指导。

省、自治区、直辖市药品监督管理部门负责本行政区域内的药品生产监督管理，承担药品生产环节的许可、检查和处罚等工作。

（2）审批程序　省、自治区、直辖市药品监督管理部门收到申请后，应当根据情况分别作出处理：①申请事项依法不属于本部门职权范围的，应当即时作出不予受理的决定，并告知申请人向有关行政机关申请；②申请事项依法不需要取得行政许可的，应当即时告知申请人不受理；③申请材料存在可以当场更正的错误的，应当允许申请人当场更正；④申请材料不齐全或者不符合形式审查要求的，应当当场或者在五日内发给申请人补正材料通知书，一次性告知申请人需要补正的全部内容，逾期不告知的，自收到申请材料之日起即为受理；⑤申请材料齐全、符合形式审查要求，或者申请人按照要求提交全部补正材料的，予以受理。

省、自治区、直辖市药品监督管理部门应当自受理之日起三十日内，作出决定。经审查符合规定的，予以批准，并自书面批准决定作出之日起十日内颁发药品生产许可证；不符合规定的，作出不予批准的书面决定，并说明理由。

（三）《药品生产许可证》的管理

《药品生产许可证》有效期为五年，分为正本和副本。药品生产许可证样式由国家药品监督管理局统一制定。《药品生产许可证》电子证书与纸质证书具有同等法律效力。

《药品生产许可证》应当载明许可证编号、分类码、企业名称、统一社会信用代码、住所（经营场所）、法定代表人、企业负责人、生产负责人、质量负责人、质量受权人、生产地址和生产范围、发证机关、发证日期、有效期限等项目。

企业名称、统一社会信用代码、住所（经营场所）、法定代表人等项目应当与市场监督管理部门核发的营业执照中载明的相关内容一致。

1.《药品生产许可证》的变更 分为许可事项变更和登记事项变更。许可事项变更指的是变更生产地址、生产范围。登记事项变更指的是变更企业名称、住所（经营场所）、法定代表人、企业负责人、生产负责人、质量负责人、质量受权人等。

（1）《药品生产许可证》许可事项变更　变更《药品生产许可证》许可事项的，向原发证机关提出《药品生产许可证》变更申请。未经批准，不得擅自变更许可事项。原发证机关应当自收到企业变更申请之日起十五日内作出是否准予变更的决定。不予变更的，应当书面说明理由，并告知申请人享有依法申请行政复议或者提起行政诉讼的权利。

（2）《药品生产许可证》登记事项变更　变更《药品生产许可证》登记事项的，应当在市场监督管理部门核准变更或者企业完成变更后三十日内，向原发证机关申请《药品生产许可证》变更登记。原发证机关应当自收到企业变更申请之日起十日内办理变更手续。

《药品生产许可证》变更后，原发证机关应当在《药品生产许可证》副本上记录变更的内容和时间，并按照变更后的内容重新核发《药品生产许可证》正本，收回原《药品生产许可证》正本，变更后的《药品生产许可证》终止期限不变。

2.《药品生产许可证》的换发、补发和注销

（1）《药品生产许可证》的换发　许可证有效期届满，需要继续生产药品的，应当在有效期届满前六个月，向原发证机关申请重新发放《药品生产许可证》。原发证机关结合企业遵守药品管理法律法规、药品生产质量管理规范和质量体系运行情况，根据风险管理原则进行审查，在《药品生产许可证》有效期届满前作出是否准予其重新发证的决定。符合规定准予重新发证的，收回原证，重新发证；不符合规定的，作出不予重新发证的书面决定，并说明理由，同时告知申请人享有依法申请行政复议或者提起行政诉讼的权利；逾期未作出决定的，视为同意重新发证，并予补办相应手续。

（2）《药品生产许可证》的补发　许可证遗失的，药品上市许可持有人、药品生产企业应当向原发证机关申请补发，原发证机关按照原核准事项在十日内补发药品生产许可证。许可证编号、有效期等与原许可证一致。

（3）《药品生产许可证》的注销　有下列情形之一的，《药品生产许可证》由原发证机关注销，并予以公告：①主动申请注销《药品生产许可证》的；②《药品生产许可证》有效期届满未重新发证的；③营业执照依法被吊销或者注销的；④《药品生产许可证》依法被吊销或者撤销的；⑤法律、法规规定应当注销行政许可的其他情形。

（四）药品生产的质量管理

从事药品生产活动，应当遵守《药品生产质量管理规范》，建立健全药品生产质量管理体系，保证药品生产全过程持续符合法定要求。药品生产企业的法定代表人、主要负责人对本企业的药品生产活动全面负责。

药品应当按照国家药品标准和经药品监督管理部门核准的生产工艺进行生产。生产、检验记录应当完整准确，不得编造。中药饮片应当按照国家药品标准炮制；国家药品标准没有规定的，应当按照省、自治区、直辖市人民政府药品监督管理部门制定的炮制规范炮制。生产药品所需的原料、辅料，应当符合药用要求、《药品生产质量管理规范》的有关要求。直接接触药品的包装材料和容器，应当符合药用要求，符合保障人体健康、安全的标准。

药品生产企业应当对药品进行质量检验。不符合国家药品标准的，不得出厂。药品生产企业应当建立药品出厂放行规程，明确出厂放行的标准、条件。符合标准、条件的，经质量受权人签字后方可放行。药品包装应当适合药品质量的要求，方便储存、运输和医疗使用。

药品上市许可持有人、药品生产企业、药品经营企业和医疗机构中直接接触药品的工作人员，应当每年进行健康检查。患有传染病或者其他可能污染药品的疾病的，不得从事直接接触药品的工作。

三、药品经营管理

药品经营企业是指经营药品的专营企业或兼营企业。药品经营活动包括药品批发和药品零售。

药品批发是指药品上市许可持有人、药品经营企业将药品销售给符合购进药品资质的药品上市许可持有人、药品生产企业、药品经营企业、药品使用单位的药品经营方式；药品零售是指药品上市许可持有人、药品经营企业将药品直接销售给个人消费者的药品经营方式。广义的药品零售机构包括零售药房（又称社会药房）和医疗机构药房，零售药房包括零售药店和药品零售连锁企业。

（一）从事药品经营活动应具备的条件

1. 有依法经过资格认定的药师或者其他药学技术人员。

2. 有与所经营药品相适应的营业场所、设备、仓储设施和卫生环境。

3. 有与所经营药品相适应的质量管理机构或者人员。

4. 有保证药品质量的规章制度，并符合国务院药品监督管理部门依据《药品管理法》制定的药品经营质量管理规范要求。

（二）从事药品经营活动的基本要求

1. 从事药品批发活动，应当经所在地省、自治区。直辖市人民政府药品监督管理部门批准，取得《药品经营许可证》。

2. 从事药品零售活动，应当经所在地县级以上地方人民政府药品监督管理部门批准，取得《药品经营许可证》。

3. 无《药品经营许可证》的，不得经营药品。药品经营应当严格遵守药品经营质量管理规范。从事药品零售的，应当方便群众购药。

4. 药品上市许可持有人可以自行销售其取得药品注册证书的药品，也可以委托药品经营企业销售。药品上市许可持有人从事药品零售活动的，应当取得《药品经营许可证》。药品上市许可持有人自行销售药品的，应当具备《药品管理法》规定从事药品经营活动的条件；委托销售的，应当委托符合条件的药品经营企业。药品上市许可持有人和受托经营企业应当签订委托协议，并严格履行协议约定的义务。

5. 药品上市许可持有人、药品经营企业和医疗机构等应当按照国家药品监督管理局制定的统一药品追溯标准和规范，建立并实施药品追溯制度，按照规定提供追溯信息，保证药品可追溯。

（三）药品经营许可证管理

1. 药品经营的监督管理部门 国家药品监督管理局指导全国药品经营监督管理工作；省、自治区、直辖市药品监督管理部门负责本行政区域内药品批发企业、药品零售连锁经营企业总部、药品网络交易第三方平台的监督管理以及药品上市许可持有人销售行为的监督管理工作，指导市县的药品监督管理工作。设区的市级、县（区）级人民政府承担药品监督管理职责的部门依职责负责本行政区域内药品零售企业、医疗机构的药品监督管理工作。

2. 《药品经营许可证》的管理

（1）《药品经营许可证》的版本和效力　包括正本和副本。正本、副本具有同等法律效力。《药品经营许可证》正本、副本式样、编号方法，由国家药品监督管理局统一制定。《药品经营许可证》的正本应置于企业经营场所的醒目位置。

（2）《药品经营许可证》应当载明的内容　应当载明企业名称、法定代表人或企业负责人姓名、经营方式、经营范围、注册地址、仓库地址、《药品经营许可证》证号、流水号、发证机关、发证日期、有效期限等。

（3）《药品经营许可证》变更　分为许可事项变更和登记事项变更。许可事项变更是指经营方式、经营范围、注册地址、仓库地址（包括增减仓库）、企业法定代表人或负责人以及质量负责人的变更。登记事项变更是指上述事项以外的其他事项的变更。

《药品经营许可证》登记事项变更后，应由原发证机关在《药品经营许可证》副本上记录变更的内容和时间，并按变更后的内容重新核发《药品经营许可证》正本，收回原《药品经营许可证》正本。变更后的《药品经营许可证》有效期不变。

（4）《药品经营许可证》的换发和注销　《药品经营许可证》有效期为5年。有效期届满，需要继续经营药品的，持证企业应在有效期届满前6个月内，向原发证机关申请换发《药品经营许可证》原发证机关按规定的申办条件进行审查，符合条件的，收回原证，换发新证。不符合条件的，可限期3个月进行整改，整改后仍不符合条件的，注销原《药品经营许可证》。

（四）药品经营的质量管理

从事药品经营活动，应当遵守《药品经营质量管理规范》，建立健全药品经营质量管理体系，保证药品经营全过程持续符合法定要求。国家鼓励、引导药品零售连锁经营。从事药品零售连锁经营活动的企业总部，应当建立统一的质量管理制度，对所属零售企业的经营活动履行管理责任。药品经营企业的法定代表人、主要负责人对本企业的药品经营活动全面负责。

四、医疗机构药事管理

医疗机构药事管理是指医疗机构以患者为中心，以临床药学为基础，对临床用药全过程进行有效的组织实施与管理，促进临床科学、合理用药的药学技术服务和相关的药品管理工作。

（一）药品调剂管理

药品调剂是医疗机构药学技术服务的重要组成部分，是患者药物治疗工作中的重要环节。药品调剂意指配药、配方、发药，又称为调配处方。调剂包括：①收方（包括从患者处接受医生的处方，从病房医护人员处接受处方或请领单）；②检查处方；③调配处方；④复查处方；⑤发药。

药学专业技术人员在调剂处方时应做到“四查十对”：查处方，对科别、姓名、年龄；查药品，对药名、剂型、规格、数量；查配伍禁忌，对药品性状、用法用量；查用药合理性，对临床诊断。发出的药品应注明患者姓名和药品名称、用法、用量，并注意保护患者的隐私权。

（二）处方管理

处方管理是药品使用管理的重要环节。国家卫生行政部门于2007年5月1日实施《处方管理办法》（卫生部令第53号），对处方开具、调剂、使用、保存的规范化做出了明确的规定，目的是提高处方质量，促进合理用药，保障患者用药安全。

1. 处方的概念　处方，是指由注册的执业医师和执业助理医师（以下简称医师）在诊疗活动中为患者开具的、由取得药学专业技术职务任职资格的药学专业技术人员（以下简称药师）审核、调配、核对，并作为患者用药凭证的医疗文书。处方包括医疗机构病区用药医嘱单。处方具有法律上、技术上和经济上的意义。

2. 处方管理规定

（1）处方权限规定　经注册的执业医师在执业地点取得相应的处方权。经注册的执业助理医师在医疗机构开具的处方，应当经所在执业地点的执业医师签名和加盖专用签章后方有效。

经注册的执业助理医师在乡、民族乡、镇、村的医疗机构独立从事一般的执业活动，可以在注册的执业地点取得相应的处方权。

医师应当在注册的医疗机构签名留样或者专用签章备案后，方可开具处方。

医疗机构应当按照有关规定，对本机构执业医师和药师进行麻醉药品和精神药品使用知识和规范化管理的培训。执业医师经考核合格后取得麻醉药品和第一类精神药品的处方权，药师经考核合格后取得麻醉药品和第一类精神药品调剂资格。

医师取得麻醉药品和第一类精神药品处方权后，方可在本机构开具麻醉药品和第一类精神药品处方，但不得为自己开具该类药品处方。药师取得麻醉药品和第一类精神药品调剂资格后，方可在本机构调剂麻醉药品和第一类精神药品。

试用期人员开具处方，应当经所在医疗机构有处方权的执业医师审核并签名或加盖专用签章后方有效。

进修医师由接收进修的医疗机构对其胜任本专业工作的实际情况进行认定后授予相应的处方权。

医疗机构应当对出现超常处方3次以上且无正当理由的医师提出警告，限制其处方权；限制处方权后，仍连续2次以上出现超常处方且无正当理由的，取消其处方权。

医师出现下列情形之一的，处方权由其所在医疗机构予以取消：①被责令暂停执业；②离岗培训期间考核不合格；③被注销、吊销执业证书；④不按照规定开具处方，造成严重后果的；⑤不按照规定使用药品，造成严重后果的；⑥因开具处方牟取私利。

（2）处方的组成　根据《处方管理办法》的规定，处方由前记、正文和后记组成。前记包括医疗机构名称、费别及患者姓名、性别、年龄、门诊或住院病历号，科别或病区和床位号、临床诊断、开具日期等。可添列特殊要求的项目。麻醉药品和第一类精神药品处方还应当包括患者身份证明编号，代办人姓名及身份证明编号。正文以 Rp 或 R（拉丁文 Recipe“请取”的缩写）标示，分列药品名称、剂型、规格、数量、用法用量等。后记部分主要填写医师签名或者加盖专用签章，药品金额以及审核、调配，核对、发药药师签名或者加盖专用签章等。

另外，《处方管理办法》规定：普通处方的印刷用纸为白色；儿科处方的印刷用纸为淡绿色，右上角注“儿科”；急诊处方的印刷用纸为淡黄色，处方右上角标注“急诊”；麻醉药品和第一类精神药品的处方印刷用纸为淡红色，处方右上角标注“麻”“精一”；第二类精神药品处方用纸为白色，处方右上角标注“精二”字样。

（3）处方限量规定

1）处方一般不得超过7日用量；急诊处方一般不得超过3日用量；对于某些慢性病、老年病或特殊情况，处方用量可适当延长，但医师应当注明理由。医疗用毒性药品、放射性药品的处方用量应当严格按照国家有关规定执行。

2）为门（急）诊患者开具的麻醉药品注射剂，每张处方为一次常用量；缓控释制剂，每张处方不得超过7日常用量；其他剂型，每张处方不得超过3日常用量。

第一类精神药品注射剂，每张处方为一次常用量；缓控释制剂，每张处方不得超过7日常用量；其他剂型，每张处方不得超过3日常用量。

第二类精神药品一般每张处方不得超过7日常用量；对于慢性病或某些特殊情况的患者，处方用量可以适当延长，医师应当注明理由。

3）为门（急）诊癌症疼痛患者和中、重度慢性疼痛患者开具的麻醉药品、第一类精神药品注射剂，每张处方不得超过3日常用量；缓控释制剂，每张处方不得超过15日常用量；其他剂型，每张处方不得超过7日常用量。

4）为住院患者开具的麻醉药品和第一类精神药品处方应当逐日开具，每张处方为1日常用量。

（三）医疗机构制剂管理

1. 医疗机构制剂的定义　医疗机构制剂是指医疗机构根据本单位临床需要经批准而配制、自用的固定处方制剂。配制的制剂应当按照规定进行质量检验；合格的，凭医师处方在本单位使用。经国务院药品监督管理部门或者省、自治区、直辖市人民政府药品监督管理部门批准，医疗机构配制的制剂可以在指定的医疗机构之间调剂使用。医疗机构配制的制剂不得在市场上销售。

2. 医疗机构制剂注册管理　根据《药品管理法》及其实施条例，原国家食品药品监督管理局发布了《医疗机构制剂注册管理办法（试行）》，自2005年8月1日起施行。

（1）医疗机构制剂品种的申报　医疗机构制剂只限于临床需要而市场上没有供应的药物制剂。有下列情形之一的，不得作为医疗机构制剂申请注册：①市场上已有供应的品种；②含有未经国家药品监督管理部门批准的活性成分的品种；③除变态反应原外的生物制品；④中药注射剂；⑤中药、化学药组成的复方制剂；⑥麻醉药品、精神药品、医疗用毒性药品、放射性药品；⑦其他不符合国家有关规定的制剂。

申请医疗机构制剂注册的申请人应当是持有《医疗机构执业许可证》，并取得《医疗机构制剂许可证》的医疗机构。同时允许无制剂许可证的医疗机构申请委托配制中药制剂的注册。申请时应当填写《医疗机构制剂注册申请表》，向所在地省、自治区、直辖市药品监督管理部门或者其委托的设区的市级药品监督管理机构提出申请，报送有关资料和制剂实样。

（2）医疗机构制剂品种的审批　收到申请的省、自治区、直辖市药品监督管理部门或者其委托的设区的市级药品监督管理机构对申报资料进行形式审查，申请受理后并通知指定的药品检验所进行样品检验和质量标准技术复核。临床研究用的制剂，应当按照《医疗机构制剂配制质量管理规范》或者《药品生产质量管理规范》的要求配制，并按照《药物临床试验质量管理规范》的要求进行临床研究。申请配制的化学制剂已有同品种获得制剂批准文号的，可以免于进行临床研究。

准予配制的医疗机构制剂应持有《医疗机构制剂注册批件》及制剂批准文号。医疗机构制剂批准文号的格式为：X药制字H（Z）+4位年号+4位流水号。其中X表示省、自治区、直辖市的简称；H表示化学制剂，Z表示中药制剂。

3. 医疗机构制剂质量管理　2001年3月13日，原国家食品药品监督管理局发布了《医疗机构制剂配制质量管理规范（试行）》（以下简称《规范》）。《规范》是医疗机构制剂配制和质量管理的基本准则，适用于制剂配制的全过程。《规范》共68条，从机构与人员、房屋与设施、设备、物料、卫生、文件、配制管理、质量管理与自检、使用管理、附则等进行规定，以保证医疗机构制剂质量。

五、药品上市后管理

（一）药品上市后评价要求

药品上市许可持有人应当按照国务院药品监督管理部门的规定，履行以下要求：①全面评估，验证变更事项对药品安全性、有效性和质量可控性的影响；②开展药品上市后不良反应监测，主动收集，跟踪分析疑似药品不良反应信息；③应当同药品生产企业、药品经营企业和医疗机构一起，经常考察本单位所生产、经营、使用的药品质量、疗效和不良反应；④应当对已上市药品的安全性、有效性和质量可控性定期开展上市后评价。必要时，国务院药品监督管理部门可以责令其开展评价。

（二）药品上市后风险管理

药品上市许可持有人应当制定药品上市后风险管理计划，主动开展药品上市后研究，对药品的安全性、有效性和质量可控性进行进一步确证，加强对已上市药品的持续管理。

对附条件批准的药品，药品上市许可持有人应当采取相应风险管理措施，并在规定期限内按照要求完成相关研究；逾期未按照要求完成研究或者不能证明其获益大于风险的，国家药品监督管理局应当依法处理，直至注销药品注册证书。

对药品生产过程中的变更，按照其对药品安全性、有效性和质量可控性的风险和产生影响的程度，实行分类管理。属于重大变更的，应当经国家药品监督管理局批准，其他变更应当按照国家药品监督管理局的规定备案或者报告。

（三）药品不良反应监测

药品上市许可持有人应当开展药品上市后不良反应监测，主动收集、跟踪分析疑似药品不良反应信息，对已识别风险的药品及时采取风险控制措施。

药品上市许可持有人、药品生产企业，药品经营企业和医疗机构应当经常考察本单位所生产、经营、使用的药品质量、疗效和不良反应。发现疑似不良反应的，应当及时向药品监督管理部门和卫生健康主管部门报告。对已确认发生严重不良反应的药品，由国务院药品监督管理部门或者省、自治区、直辖市人民政府药品监督管理部门根据实际情况采取停止生产、销售、使用等紧急控制措施，并应当在5日内组织鉴定，自鉴定结论做出之日起15日内依法做出行政处理决定。经评价，对疗效不确切、不良反应大或者因其他原因危害人体健康的药品，应当注销药品注册证书。

（四）药品召回

药品存在质量问题或者其他安全隐患的，药品上市许可持有人应当立即停止销售，告知相关药品经营企业和医疗机构停止销售和使用，召回已销售的药品，及时公开召回信息，必要时应当立即停止生产，并将药品召回和处理情况向省、自治区、直辖市人民政府药品监督管理部门和卫生健康主管部门报告。药品生产企业、药品经营企业和医疗机构应当配合。药品上市许可持有人依法应当召回药品而未召回的，省、自治区、直辖市人民政府药品监督管理部门应当责令其召回。

第四节　特殊管理的药品管理

一、麻醉药品管理

（一）麻醉药品含义和品种范围

1. 含义　麻醉药品是指对中枢神经有麻醉作用，具有依赖性潜力，连续使用、滥用或不合理使用后易产生生理依赖性和精神依赖性，能形成瘾癖的药品，如阿片、吗啡等。

2. 品种范围　2013年11月11日，原国家食品药品监督管理总局等三部门联合公布了《麻醉药品品种目录（2013年版）》，自2014年1月1日起施行。目录中麻醉药品有121个品种，其中我国可以自行生产的有22个品种（如将包括的制剂，提取物、提取物粉都计算在内，共计27个品种）。

（二）麻醉药品种植与生产

国家根据麻醉药品的医疗、国家储备和企业生产所需原料的需要确定需求总量，对麻醉药品药用原植物的种植、麻醉药品的生产实行总量控制。

国务院药品监督管理部门和国务院农业主管部门根据麻醉药品年度生产计划，制定麻醉药品药用原植物年度种植计划。国务院药品监督管理部门根据麻醉药品的需求总量制定年度生产计划。

麻醉药品药用原植物种植企业应当向国务院药品监督管理部门和国务院农业主管部门定期报告种植情况。定点生产企业应当严格按照麻醉药品年度生产计划安排生产，并依照规定向所在地省、自治区、直辖市人民政府药品监督管理部门报告生产情况。

（三）麻醉药品批准文号管理和专用标志管理

定点生产企业生产麻醉药品，应当依照《药品管理法》的规定取得药品批准文号。国务院药品监督管理部门应当组织医学、药学、社会学、伦理学和禁毒等方面的专家成立专家组，由专家组对申请首次上市的麻醉药品的社会危害性和被滥用的可能性进行评价，并提出是否批准的建议。未取得药品批准文号的，不得生产麻醉药品。

麻醉药品的标签应当印有国务院药品监督管理部门规定的专用标志。

（四）麻醉药品定点经营制度

国家对麻醉药品实行定点经营制度。国务院药品监督管理部门应当根据麻醉药品的需求总量，确定麻醉药品的定点批发企业布局，并应当根据年度需求总量对布局进行调整、公布。药品经营企业不得经营麻醉药品原料药。但是，供医疗、科学研究、教学使用的小包装的上述药品可以由国务院药品监督管理部门规定的药品批发企业经营。麻醉药品不得零售。

（五）医疗机构使用麻醉药品的规定

医疗机构需要使用麻醉药品的，应当经所在地设区的市级人民政府卫生主管部门批准，取得《麻醉药品、第一类精神药品购用印鉴卡》。印鉴卡有效期为 3 年。医疗机构应当凭印鉴卡向本省、自治区、直辖市行政区域内的定点批发企业购买麻醉药品。设区的市级人民政府卫生主管部门发给医疗机构印鉴卡时，应当将取得印鉴卡的医疗机构情况抄送所在地设区的市级药品监督管理部门，并报省、自治区、直辖市人民政府卫生主管部门备案。省、自治区、直辖市人民政府卫生主管部门应当将取得印鉴卡的医疗机构名单向本行政区域内的定点批发企业通报。

医疗机构应当按照国务院卫生主管部门的规定，对本单位执业医师进行有关麻醉药品使用知识的培训、考核，经考核合格的，授予麻醉药品处方资格。医疗机构应当对麻醉药品处方进行专册登记，加强管理。麻醉药品处方保存 3 年备查。县级以上人民政府卫生主管部门应当对执业医师开具麻醉药品和处方的情况进行监督检查。

二、精神药品管理

（一）精神药品含义和品种范围

1. 含义　精神药品是指直接作用于中枢神经系统，使之兴奋或抑制，连续使用产生依赖性的药品，如哌甲酯、巴比妥等；依据人体对精神药品产生的依赖性和危害人体健康的程度，将其分为第一类和第二类精神药品。

2. 品种范围　2013 年 11 月 11 日，原国家食品药品监督管理总局等三部门联合公布了《精神药品品种目录（2013 版）》，自 2014 年 1 月 1 日起施行。所列精神药品有 149 种，其中第一类 68 种，第二类 81 种。

（二）精神药品的生产管理

1. 国家根据精神药品的医疗、国家储备和企业生产所需原料的需要确定需求总量，对其生产实行总量控制。

2. 国务院药品监督管理部门根据精神药品的需求总量制定年度生产计划。定点生产企业应当严格按照精神药品年度生产计划安排生产，并依照规定向所在地省、自治区、直辖市人民政府药品监督管理部门报告生产情况。

3. 国家对精神药品实行定点生产制度。国务院药品监督管理部门应当根据精神药品的需求总量，确定精神药品定点生产企业的数量和布局，并根据年度需求总量对数量和布局进行调整、公布。从事精神药品生产的企业，应当经所在地省、自治区、直辖市人民政府药品监督管理部门批准。

（三）精神药品批准文号管理和专用标志管理

定点生产企业生产精神药品，应当依照《药品管理法》的规定取得药品批准文号。国务院药品监督管理部门应当组织医学、药学、社会学、伦理学和禁毒等方面的专家成立专家组，由专家组对申请首次上市的精神药品的社会危害性和被滥用的可能性进行评价，并提出是否批准的建议。未取得药品批准文号的，不得生产精神药品。

精神药品的标签应当印有国务院药品监督管理部门规定的专用标志。

（四）精神药品定点经营制度

国家对精神药品实行定点经营制度。国务院药品监督管理部门应当根据第一类精神药品的需求总量，确定第一类精神药品的定点批发企业布局，并应当根据年度需求总量对布局进行调整、公布。药品经营企业不得经营第一类精神药品原料药。但是，供医疗、科学研究、教学使用的小包装的上述药品可以由国务院药品监督管理部门规定的药品批发企业经营。

第一类精神药品不得零售。经所在地设区的市级药品监督管理部门批准，实行统一进货、统一配送、统一管理的药品零售连锁企业可以从事第二类精神药品零售业务。第二类精神药品零售企业应当凭执业医师出具的处方，按规定剂量销售第二类精神药品，并将处方保存 2 年备查；禁止超剂量或者无处方销售第二类精神药品；不得向未成年人销售第二类精神药品。

（五）医疗机构使用精神药品的规定

医疗机构需要使用第一类精神药品的，应当经所在地设区的市级人民政府卫生主管部门批准，取得《麻醉药品、第一类精神药品购用印鉴卡》。印鉴卡有效期为 3 年。取得印鉴卡应当具备的条件、批准程序和使用的要求，同麻醉药品的管理相同。

医疗机构应当按照国务院卫生主管部门的规定，对本单位执业医师进行有关精神药品使用知识的培训、考核，经考核合格的，授予第一类精神药品处方资格。医疗机构应当对精神药品处方进行专册登记，加强管理。第一类精神药品处方保存期限为 3 年，第二类精神药品处方保存期限为 2 年。县级以上人民政府卫生主管部门应当对执业医师开具精神药品和处方的情况进行监督检查。

三、医疗用毒性药品管理

（一）医疗用毒性药品含义和品种范围

1. 含义 医疗用毒性药品，是指毒性剧烈、治疗剂量与中毒剂量相近，使用不当会致人中毒或死亡的药品。

2. 品种范围 我国毒性药品可以分为毒性西药和毒性中药两类。其中毒性西药品种有 13 种，毒性中药品种有 27 种，合计 40 种。

（二）医疗用毒性药品的生产管理

医疗用毒性药品年度生产、收购、供应和配制计划，由省、自治区、直辖市药品监督管理部门根据医疗需要制订，下达给指定的医疗用毒性药品生产、收购、供应单位，并抄报国务院卫生管理部门、药品监督管理部门和中医药管理部门。生产单位不得擅自改变生产计划，自行销售。

医疗用毒性药品生产企业（含医疗机构制剂室）中必须由医药专业人员负责生产、配制和质量检验，并建立严格的管理制度，严防与其他药品混杂。每次配料，必须经 2 人以上复核无误，并详细记录每次生产所用原料和成品数，经手人要签字备查。所有工具、容器要处理干净，以防污染其他药品。标示量要准确无误，包装容器要有毒药标志。

凡加工炮制毒性中药，必须按照《中国药典》或者省、自治区、直辖市药品监督管理部门制定的《炮制规范》的规定进行。药材符合药用要求的，方可供应、配方和用于中成药生产。生产毒性药品及其制剂，必须严格执行生产工艺操作规程，在本单位药品检验人员的监督下准确投料，并建立完整的生产记录，保存 5 年备查。在生产毒性药品过程中产生的废弃物，必须妥善处理，不得污染环境。

（三）医疗用毒性药品的经营管理

药品经营企业（含医疗机构药房）要严格按照药品经营质量管理规范或相关规定的要求，毒性药品应专柜加锁并由专人保管，做到双人双锁，专账记录。必须建立健全保管、验收、领发、核对等制度，严防收假、发错，严禁与其他药品混杂。

医疗用毒性药品的包装容器上必须印有毒药标志，在运输毒性药品的过程中，应当采取有效措施，防止发生事故。

（四）医疗用毒性药品的使用管理

医疗机构供应和调配毒性药品，凭医生签名的正式处方。药店供应和调配毒性药品，凭盖有医生所在的医疗单位公章的正式处方。每次处方剂量不得超过二日极量。

调配处方时，必须认真负责，计量准确，按医嘱注明要求，并由配方人员及具有药师以上技术职称的复核人员签名盖章后方可发出。对处方未注明“生用”的毒性中药，应当付炮制品。如发现处方有疑问时，须经原处方医生重新审定后再行调配。处方一次有效，取药后处方保存二年备查。

四、放射性药品管理

放射性药品是指用于临床诊断或者治疗的放射性核素制剂或者其标记药物。为了加强放射性药品的管理，1989 年 1 月 13 日，国务院发布了《放射性药品管理办法》，并于 2011 年 1 月 8 日、2017 年 3 月 1 日、2022 年 3 月 29 日进行了修订。凡在中华人民共和国领域内进行放射性药品的研究、生产、经营、运输、使用、检验、监督管理的单位和个人都必须遵守《放射性药品管理办法》。

（一）放射性药品的管理部门

国务院药品监督管理部门负责全国放射性药品监督管理工作。国务院国防科技工业主管部门依据职责负责与放射性药品有关的管理工作。国务院环境保护主管部门负责与放射性药品有关的辐射安全与防护的监督管理工作。

（二）放射性药品的生产和经营

国家根据需要，对放射性药品的生产企业实行合理布局。

开办放射性药品生产、经营企业，必须具备《药品管理法》规定的条件，符合国家有关放射性同位素安全和防护的规定与标准，并履行环境影响评价文件的审批手续；开办放射性药品生产企业，经所在省、自治区、直辖市国防科技工业主管部门审查同意，所在省、自治区、直辖市药品监督管理部门审核批准后，由所在省、自治区、直辖市药品监督管理部门发给《放射性药品生产企业许可证》，开办放射性药品经营企业，经所在省、自治区、直辖市药品监督管理部门审核并征求所在省、自治区、直辖市国防科技工业主管部门意见后批准的，由所在省、自治区、直辖市药品监督管理部门发给《放射性药品经营企业许可证》。无许可证的生产、经营企业，一律不准生产、销售放射性药品。

放射性药品的生产、经营单位和医疗单位凭省、自治区、直辖市药品监督管理部门发给的《放射性药品生产企业许可证》《放射性药品经营企业许可证》，医疗单位凭省、自治区、直辖市药品监督管理部门发给的《放射性药品使用许可证》，开展放射性药品的购销活动。

（三）放射性药品的使用

医疗单位使用放射性药品，必须符合国家有关放射性同位素安全和防护的规定。所在地的省、自治区、直辖市药品监督管理部门，应当根据医疗单位核医疗技术人员的水平、设备条件，核发相应等级的《放射性药品使用许可证》，无许可证的医疗单位不得临床使用放射性药品。医疗单位配制、使用放射性制剂，应当符合《药品管理法》及其实施条例的相关规定。

放射性药品使用后的废物（包括患者排出物），必须按国家有关规定妥善处置。

五、药品类易制毒化学品管理

（一）药品类易制毒化学品的概念

1. 定义 药品类易制毒化学品，是指《易制毒化学品管理条例》中所确定的麦角酸、麻黄碱等物质。

2. 品种与分类 易制毒化学品分为三类。第一类是可以用于制毒的主要原料，第二类、第三类是可以用于制毒的化学配剂。药品类易制毒化学品属于第一类易制毒化学品。

易制毒化学品分类和品种是由国务院批准调整，涉及药品类易制毒化学品的，由国家药品监督管理部门负责及时调整并予公布。

（二）管理部门及职责

国家药品监督管理部门主管全国药品类易制毒化学品生产、经营、购买等方面的监督管理工作。县级以上地方人民政府药品监督管理部门负责本行政区域内的药品类易制毒化学品生产、经营、购买等方面的监督管理工作。

（三）生产和经营管理

由于药品类易制毒化学品具有易制毒的特性，国家对药品类易制毒化学品实施一定的特殊管理。对药品类易制毒化学品实行定点生产、定点经营，对药品类易制毒化学品实行购买许可制度。

1. 生产、经营许可 生产、经营药品类易制毒化学品的企业，应当依照有关规定取得药品类易制毒化学品生产，经营许可。未取得生产许可或经营许可的企业不得生产或经营药品类易制毒化学品。药品类易制毒化学品的生产许可，由企业所在地省级药品监督管理部门审批。药品类易制毒化学品以及含有药品类易制毒化学品的制剂不得委托生产。

药品类易制毒化学品单方制剂和小包装麻黄碱，纳入麻醉药品销售渠道经营，仅能由麻醉药品全国性批发企业和区域性批发企业经销，不得零售。未实行药品批准文号管理的品种，纳入药品类易制毒化学品原料药渠道经营。申请经营药品类易制毒化学品原料药的药品经营企业，应具有麻醉药品和第一类精神药品定点经营资格或者第二类精神药品定点经营资格，否则，药品监督管理部门将不予受理。

2. 购买许可 国家对药品类易制毒化学品实行购买许可制度。购买药品类易制毒化学品的，应当办理《药品类易制毒化学品购用证明》（以下简称《购用证明》）。《购用证明》由国家药品监督管理部门统一印制，有效期为3个月。

《购用证明》申请范围是受限制的，具有药品类易制毒化学品的生产、经营、使用相应资质的单位，方有申请《购用证明》的资格。申请《购用证明》的单位，向所在地省级药品监督管理部门或者省、自治区药品监督管理部门确定并公布的设区的市级药品监督管理部门提出申请，经审查，符合规定的，由省级药品监督管理部门发给《购用证明》。购买药品类易制毒化学品时必须使用《购用证明》原件，不得使用复印件、传真件。《购用证明》只能在有效期内一次使用。《购用证明》不得转借、转让。

（四）安全管理

药品类易制毒化学品生产企业、经营企业、使用药品类易制毒化学品的药品生产企业和教学科研单位，应当配备保障药品类易制毒化学品安全管理的设施，建立层层落实责任制的药品类易制毒化学品管理制度。

药品类易制毒化学品生产企业、经营企业和使用药品类易制毒化学品的药品生产企业，应当设置专库或者在药品仓库中设立独立的专库（柜）储存药品类易制毒化学品。药品类易制毒化学品生产企业、经营企业和使用药品类易制毒化学品的药品生产企业，应当建立药品类易制毒化学品专用账册。专用账册保存期限应当自药品类易制毒化学品有效期期满之日起不少于2年。

第五节　监督管理

一、药品监督的禁止性规定

1. 禁止生产（包括配制，下同）、销售、使用假药、劣药。禁止未取得药品批准证明文件生产、进口药品；禁止使用未按照规定审评、审批的原料药、包装材料和容器生产药品。

2. 地方人民政府及其药品监督管理部门不得以要求实施药品检验、审批等手段限制或者排斥非本地区药品上市许可持有人、药品生产企业生产的药品进入本地区。

3. 药品监督管理部门及其设置或者指定的药品专业技术机构不得参与药品生产经营活动，不得以其名义推荐或者监制、监销药品。药品监督管理部门及其设置或者指定的药品专业技术机构的工作人员不得参与药品生产经营活动。

二、假药、劣药的界定

1. 假药　有下列情形之一的，为假药：

（1）药品所含成份与国家药品标准规定的成份不符；

（2）以非药品冒充药品或者以他种药品冒充此种药品；

（3）变质的药品；

（4）药品所标明的适应证或者功能主治超出规定范围。

2. 劣药　有下列情形之一的，为劣药：

（1）药品成份的含量不符合国家药品标准；

（2）被污染的药品；

（3）未标明或者更改有效期的药品；

（4）未注明或者更改产品批号的药品；

（5）超过有效期的药品；

（6）擅自添加防腐剂、辅料的药品；

（7）其他不符合药品标准的药品。

三、监督检查内容及有关义务

1. 药品监督管理部门的监督检查内容　根据《药品管理法》规定，药品监督管理部门有权对以下事项实施监督检查：

（1）药品研制、生产、经营和药品使用单位使用药品等活动；

（2）为药品研制、生产、经营、使用提供产品或者服务的单位和个人；

（3）对高风险的药品实施重点监督检查。对有证据证明可能存在安全隐患的，药品监督管理部门根据监督检查情况，应当采取告诫、约谈、限期整改以及暂停生产、销售、使用、进口等措施，并及时公布检查处理结果。

（4）对质量管理规范实施状况的检查。药品监督管理部门应当对药品上市许可持有人、药品生产企业、药品经营企业和药物非临床安全性评价研究机构、药物临床试验机构等遵守药品生产质量管理规范、药品经营质量管理规范、药物非临床研究质量管理规范、药物临床试验质量管理规范等情况进行检查，监督其持续符合法定要求。

2. 药品监督管理部门在实施监督检查时的义务

（1）出示证件的义务。药品监督管理部门进行监督检查时，必须向被检查者出示有关证明文件，以表明其行使监督检查权的合法主体资格和执行具体监督检查任务的合法依据。

（2）保密的义务。药品监督管理部门进行监督检查时，对监督检查中知悉的被检查人的技术秘密和业务秘密应当保密。

四、药品质量抽查检验

（一）药品质量抽查检验

药品监督管理部门根据监督检查的需要，可以对药品质量进行抽查检验。抽查检验应当按照规定抽样，并不得收取任何费用；抽样应当购买样品。所需费用按照国务院规定列支。

1. 抽查检验 简称抽检，是国家依法对生产、经营和使用的药品质量进行有目的的调查和检查的过程，是药品监督管理部门通过技术方法对药品质量合格与否做出判断的一种重要手段。

2. 药品质量抽查检验分类 根据监管目的一般可分为监督抽检和评价抽检。监督抽检是指药品监督管理部门根据监管需要对质量可疑药品进行的抽查检验，评价抽检是指药品监督管理部门为评价某类或一定区域药品质量状况而开展的抽查检验。

（二）公告抽查检验结果

国务院和省、自治区、直辖市人民政府的药品监督管理部门应当定期公告药品质量抽查检验的结果；公告不当的，必须在原公告范围内予以更正。

（三）药品检验结果的异议复验制度

当事人对药品检验机构的检验结果有异议的，可以自收到药品检验结果之日起 7 日内向原药品检验机构或者上一级药品监督管理部门设置或者确定的药品检验机构申请复验，也可以直接向国务院药品监督管理部门设置或者确定的药品检验机构申请复验。受理复验的药品检验机构必须在国务院药品监督管理部门规定的时间内做出复验结论。

五、药品安全信息统一公布制度

国家实行药品安全信息统一公布制度。由国务院药品监督管理部门统一公布的信息包括：国家药品安全总体情况、药品安全风险警示信息、重大药品安全事件及其调查处理信息和国务院确定需要统一公布的其他信息。

药品安全风险警示信息和重大药品安全事件及其调查处理信息的影响限于特定区域的，也可以由有关省、自治区、直辖市人民政府药品监督管理部门公布。未经授权不得发布上述信息。公布药品安全信息，应当及时、准确、全面，并进行必要的说明，避免误导。任何单位和个人不得编造、散布虚假药品安全信息。

第六节 法律责任

一、违反有关许可证、药品批准证明文件规定的法律责任

《药品管理法》中规定的许可证、药品批准证明文件包括《药品生产许可证》《药品经营许可证》《医疗机构制剂许可证》、药品批准文号及其他批件等。违反有关许可证、药品批准证明文件的规定，

行为人要承担罚款、吊销许可证、没收违法所得等行政责任；如构成犯罪，还要依法追究刑事责任。

1. 未取得药品生产许可证、药品经营许可证或者医疗机构制剂许可证生产、销售药品的，责令关闭，没收违法生产、销售的药品和违法所得，并处违法生产、销售的药品（包括已售出和未售出的药品，下同）货值金额十五倍以上三十倍以下的罚款；货值金额不足十万元的，按十万元计算。

2. 伪造、变造、出租、出借、非法买卖许可证或者药品批准证明文件的，没收违法所得，并处违法所得一倍以上五倍以下的罚款；情节严重的，并处违法所得五倍以上十五倍以下的罚款，吊销药品生产许可证、药品经营许可证、医疗机构制剂许可证或者药品批准证明文件，对法定代表人、主要负责人、直接负责的主管人员和其他责任人员，处二万元以上二十万元以下的罚款，十年内禁止从事药品生产经营活动，并可以由公安机关处五日以上十五日以下的拘留；违法所得不足十万元的，按十万元计算。

3. 提供虚假的证明、数据、资料、样品或者采取其他手段骗取临床试验许可、药品生产许可、药品经营许可、医疗机构制剂许可或者药品注册等许可的，撤销相关许可，十年内不受理其相应申请，并处五十万元以上五百万元以下的罚款；情节严重的，对法定代表人、主要负责人、直接负责的主管人员和其他责任人员，处二万元以上二十万元以下的罚款，十年内禁止从事药品生产经营活动，并可以由公安机关处五日以上十五日以下的拘留。

4. 违反《药品管理法》规定，药品上市许可持有人、药品生产企业、药品经营企业或者医疗机构未从药品上市许可持有人或者具有药品生产、经营资格的企业购进药品的，责令改正，没收违法购进的药品和违法所得，并处违法购进药品货值金额二倍以上十倍以下的罚款；情节严重的，并处货值金额十倍以上三十倍以下的罚款，吊销药品批准证明文件、药品生产许可证、药品经营许可证或者医疗机构执业许可证；货值金额不足五万元的，按五万元计算。

二、生产、销售、使用假药、劣药的法律责任

生产（包括配制）、销售假药、劣药的，以及知道或应当知道属于假劣药品而为其提供运输、保管、仓储等便利条件的，行为人要承担行政责任，如没收违法所得、罚款、吊销许可证等；构成犯罪，还要依法追究刑事责任。

1. 生产、销售假药的，没收违法生产、销售的药品和违法所得，责令停产停业整顿，吊销药品批准证明文件，并处违法生产、销售的药品货值金额十五倍以上三十倍以下的罚款；货值金额不足十万元的，按十万元计算；情节严重的，吊销药品生产许可证、药品经营许可证或者医疗机构制剂许可证，十年内不受理其相应申请；药品上市许可持有人为境外企业的，十年内禁止其药品进口。

2. 生产、销售劣药的，没收违法生产、销售的药品和违法所得，并处违法生产、销售的药品货值金额十倍以上二十倍以下的罚款；违法生产、批发的药品货值金额不足十万元的，按十万元计算，违法零售的药品货值金额不足一万元的，按一万元计算；情节严重的，责令停产停业整顿直至吊销药品批准证明文件、药品生产许可证、药品经营许可证或者医疗机构制剂许可证。生产、销售的中药饮片不符合药品标准，尚不影响安全性、有效性的，责令限期改正，给予警告；可以处十万元以上五十万元以下的罚款。

3. 生产、销售假药，或者生产、销售劣药且情节严重的，对法定代表人、主要负责人、直接负责的主管人员和其他责任人员，没收违法行为发生期间自本单位所获收入，并处所获收入百分之三十以上三倍以下的罚款，终身禁止从事药品生产经营活动，并可以由公安机关处五日以上十五日以下的拘留。对生产者专门用于生产假药、劣药的原料、辅料、包装材料、生产设备予以没收。

4. 药品使用单位使用假药、劣药的，按照销售假药、零售劣药的规定处罚；情节严重的，法定代

表人、主要负责人、直接负责的主管人员和其他责任人员有医疗卫生人员执业证书的，还应当吊销执业证书。

5. 为假药、劣药其提供储存、运输等便利条件的，没收全部储存、运输收入，并处违法收入一倍以上五倍以下的罚款；情节严重的，并处违法收入五倍以上十五倍以下的罚款；违法收入不足五万元的，按五万元计算。

6. 生产、销售、提供假药罪。根据《中华人民共和国刑法》第 141 条规定：生产、销售假药的，处三年以下有期徒刑或者拘役，并处罚金；对人体健康造成严重危害或者有其他严重情节的，处三年以上十年以下有期徒刑，并处罚金；致人死亡或者有其他特别严重情节的，处十年以上有期徒刑、无期徒刑或者死刑，并处罚金或者没收财产。药品使用单位的人员明知是假药而提供给他人使用的，依照前款的规定处罚。

7. 生产、销售、提供劣药罪。根据《刑法》第 142 条规定：生产、销售劣药，对人体健康造成严重危害的，处三年以上十年以下有期徒刑，并处罚金；后果特别严重的，处十年以上有期徒刑或者无期徒刑，并处罚金或者没收财产。药品使用单位的人员明知是劣药而提供给他人使用的，依照前款的规定处罚。

三、有关单位和个人违反有关规定的法律责任

1. 除《药品管理法》另有规定的情形外，药品上市许可持有人、药品生产企业、药品经营企业、药物非临床安全性评价研究机构、药物临床试验机构等未遵守药品生产质量管理规范、药品经营质量管理规范、药物非临床研究质量管理规范、药物临床试验质量管理规范等的，责令限期改正，给予警告；逾期不改正的，处十万元以上五十万元以下的罚款；情节严重的，处五十万元以上二百万元以下的罚款，责令停产停业整顿直至吊销药品批准证明文件、药品生产许可证、药品经营许可证等，药物非临床安全性评价研究机构、药物临床试验机构等五年内不得开展药物非临床安全性评价研究、药物临床试验，对法定代表人、主要负责人、直接负责的主管人员和其他责任人员，没收违法行为发生期间自本单位所获收入，并处所获收入百分之十以上百分之五十以下的罚款，十年直至终身禁止从事药品生产经营等活动。

2. 进口已获得药品注册证书的药品，未按照规定向允许药品进口的口岸所在地药品监督管理部门备案的，责令限期改正，给予警告；逾期不改正的，吊销药品注册证书。

3. 医疗机构将其配制的制剂在市场上销售的，责令改正，没收违法销售的制剂和违法所得，并处违法销售制剂货值金额二倍以上五倍以下的罚款；情节严重的，并处货值金额五倍以上十五倍以下的罚款；货值金额不足五万元的，按五万元计算。

4. 药品经营企业购销药品未按照规定进行记录，零售药品未正确说明用法、用量等事项，或者未按照规定调配处方的，责令改正，给予警告；情节严重的，吊销药品经营许可证。

5. 除依法应当按照假药、劣药处罚的外，药品包装未按照规定印有、贴有标签或者附有说明书，标签、说明书未按照规定注明相关信息或者印有规定标志的，责令改正，给予警告；情节严重的，吊销药品注册证书。

6. 药品上市许可持有人、药品生产企业、药品经营企业或者医疗机构在药品购销中给予、收受回扣或者其他不正当利益的，药品上市许可持有人、药品生产企业、药品经营企业或者代理人给予使用其药品的医疗机构的负责人、药品采购人员、医师、药师等有关人员财物或者其他不正当利益的，由市场监督管理部门没收违法所得，并处三十万元以上三百万元以下的罚款；情节严重的，吊销药品上市许可持有人、药品生产企业、药品经营企业营业执照，并由药品监督管理部门吊销药品批准证明文件、药品

生产许可证、药品经营许可证。

7. 药品上市许可持有人、药品生产企业、药品经营企业在药品研制、生产、经营中向国家工作人员行贿的，对法定代表人、主要负责人、直接负责的主管人员和其他责任人员终身禁止从事药品生产经营活动。

8. 药品上市许可持有人、药品生产企业、药品经营企业的负责人、采购人员等有关人员在药品购销中收受其他药品上市许可持有人、药品生产企业、药品经营企业或者代理人给予的财物或者其他不正当利益的，没收违法所得，依法给予处罚；情节严重的，五年内禁止从事药品生产经营活动。

9. 医疗机构的负责人、药品采购人员、医师、药师等有关人员收受药品上市许可持有人、药品生产企业、药品经营企业或者代理人给予的财物或者其他不正当利益的，由卫生健康主管部门或者本单位给予处分，没收违法所得；情节严重的，还应当吊销其执业证书。

10. 药品上市许可持有人、药品生产企业、药品经营企业或者医疗机构违反本法规定，给用药者造成损害的，依法承担赔偿责任。

四、药品监督管理部门、药品检验机构违法的法律责任

药品监督管理部门是《药品管理法》的行政执法主体，药品检验机构是法定技术机构，药品监督管理行政部门和技术机构违反《药品管理法》的规定，也要承担相应的法律责任，主要形式是行政处罚和行政处分；构成犯罪的，依法追究刑事责任。

1. 药品检验机构出具虚假检验报告的，责令改正，给予警告，对单位并处二十万元以上一百万元以下的罚款；对直接负责的主管人员和其他直接责任人员依法给予降级、撤职、开除处分，没收违法所得，并处五万元以下的罚款；情节严重的，撤销其检验资格。药品检验机构出具的检验结果不实，造成损失的，应当承担相应的赔偿责任。

2. 药品监督管理部门或者其设置、指定的药品专业技术机构参与药品生产经营活动的，由其上级主管机关责令改正，没收违法收入；情节严重的，对直接负责的主管人员和其他直接责任人员依法给予处分。药品监督管理部门或者其设置、指定的药品专业技术机构的工作人员参与药品生产经营活动的，依法给予处分。

3. 药品监督管理部门或者其设置、指定的药品检验机构在药品监督检验中违法收取检验费用的，由政府有关部门责令退还，对直接负责的主管人员和其他直接责任人员依法给予处分；情节严重的，撤销其检验资格。

4. 县级以上地方人民政府有下列行为之一的，对直接负责的主管人员和其他直接责任人员给予记过或者记大过处分；情节严重的，给予降级、撤职或者开除处分：

（1）瞒报、谎报、缓报、漏报药品安全事件；

（2）未及时消除区域性重大药品安全隐患，造成本行政区域内发生特别重大药品安全事件，或者连续发生重大药品安全事件；

（3）履行职责不力，造成严重不良影响或者重大损失。

5. 药品监督管理等部门有下列行为之一的，对直接负责的主管人员和其他直接责任人员给予记过或者记大过处分；情节较重的，给予降级或者撤职处分；情节严重的，给予开除处分：

（1）瞒报、谎报、缓报、漏报药品安全事件；

（2）对发现的药品安全违法行为未及时查处；

（3）未及时发现药品安全系统性风险，或者未及时消除监督管理区域内药品安全隐患，造成严重影响；

（4）其他不履行药品监督管理职责，造成严重不良影响或者重大损失。

6. 药品监督管理人员滥用职权、徇私舞弊、玩忽职守的，依法给予处分。查处假药、劣药违法行为有失职、渎职行为的，对药品监督管理部门直接负责的主管人员和其他直接责任人员依法从重给予处分。

五、从重处罚的违法行为

有下列行为之一的，在《药品管理法》规定的处罚幅度内从重处罚：

（1）以麻醉药品、精神药品、医疗用毒性药品、放射性药品、药品类易制毒化学品冒充其他药品，或者以其他药品冒充上述药品；

（2）生产、销售以孕产妇、儿童为主要使用对象的假药、劣药；

（3）生产、销售的生物制品属于假药、劣药；

（4）生产、销售假药、劣药，造成人身伤害后果；

（5）生产、销售假药、劣药，经处理后再犯；

（6）拒绝、逃避监督检查，伪造、销毁、隐匿有关证据材料，或者擅自动用查封、扣押物品。

目标检测

一、选择题

（一）单项选择题

1. 下列属于国家药品监督管理局职责的是（　）

A. 负责药品价格的监督管理工作

B. 拟定并完善执业药师资格准入制度，指导监督执业药师注册工作

C. 规范公立医院和基层医疗机构药品采购、合理规定药品采购价格

D. 组织指导食品药品犯罪案件侦查工作

2. 下列关于药品标准的说法，正确的是（　）

A. 药品标准分为法定标准和非法定标准两种，法定标准包括国家药品标准、经国务院药品监督管理部门核准的药品质量标准和企业标准

B. 药品必须符合国家药品标准，经国务院药品监督管理部门核准的药品质量标准高于国家药品标准的，按照经核准的药品质量标准执行

C. 法定标准属于强制性标准，是药品质量的最高标准，拟上市销售的任何药品都必须达到这个标准

D. 国家规定中药饮片和医疗机构制剂标准作为省级地方标准不允许保留

3. 省（区、市）药品监督管理部门负责本行政区域内药品注册相关管理工作，下列不属于省级局事权的是（　）

A. 药品上市后变更的备案、报告事项管理

B. 药物临床试验申请、药品上市许可申请、补充申请和境外生产药品再注册申请等的审评

C. 组织对药物非临床安全性评价研究机构、药物临床试验机构的日常监管及违法行为的查处

D. 境内生产药品再注册申请的受理、审查和审批

4. 根据《药品管理法》的规定，下列关于药品经营方式、经营类别与经营范围的说法，正确的是（ ）

A. 药品经营方式分为药品批发和药品零售，划分依据是药品销售对象，与药品具体销售数量有关

B. 药品经营类别是药品经营企业的《药品经营许可证》载明事项之一

C. 从事药品零售审批时，药品监督管理部门应当先核定经营类别，并在经营范围中予以明确

D. 药品零售企业经营冷藏、冷冻药品或者蛋白同化制剂、肽类激素的，应当在《药品经营许可证》经营范围项下予以明确

5. 下列关于麻醉药品和精神药品购进渠道和销售渠道管理的说法，错误的是（ ）

A. 区域性批发企业从定点生产企业购进麻醉药品和第一类精神药品制剂，须经所在地省（区、市）药品监督管理部门批准

B. 全国性批发企业向取得麻醉药品和第一类精神药品使用资格的医疗机构销售麻醉药品和第一类精神药品，须经国家药品监督管理部门批准

C. 区域性批发企业之间因医疗急需、运输困难等特殊情况需要调剂麻醉药品和第一类精神药品的，应当在调剂后 2 日内将调剂情况分别报所在地省（区、市）药品监督管理部门备案

D. 由于特殊地理位置的原因，区域性批发企业需要就近向其他省份医疗机构销售麻醉药品和第一类精神药品的，应当经企业所在地省（区、市）药品监督管理部门批准

（二）多项选择题

6. 下列关于《医疗机构制剂许可证》管理的说法，正确的有（ ）

A. 由药品监督管理部门核准的许可事项为制剂室负责人、配制地址、配制范围、有效期限

B. 医疗机构需要更换制剂室负责人，应当在发生变更前30日，向原批准机关申请变更登记

C. 医疗机构增加配制范围，应当经省（区、市）药品监督管理部门验收合格后，依照规定办理《医疗机构制剂许可证》变更登记

D. 医疗机构变更法定代表人，应当在有关部门核准变更后30日内，向原发证机关申请《医疗机构制剂许可证》变更登记

7. 根据《药品注册管理办法》，下列关于药品注册事项和药品注册类别的说法，正确的有（ ）

A. 药品注册包括药物临床试验申请、药品上市许可申请、补充申请、再注册申请等许可事项，以及其他备案或者报告事项

B. 药品注册管理，遵循公开、公平、公正原则，以临床价值为导向，优化审评审批流程，提高审评审批效率，鼓励研究和创制新药，积极发展仿制药

C. 药品注册，按照中药、化学药和生物制品等进行分类注册管理；境外生产药品的注册申请，按照药品的细化分类和相应的申报资料要求执行

D. 中药注册按照中药创新药、中药改良型新药、古代经典名方中药复方制剂、同名同方药等进行分类

8. 下列关于药品质量公告的说法，正确的有（ ）

A. 药品质量公告是指由国家和省（区、市）药品监督管理部门向公众发布的有关药品质量抽查检验结果的通告

B. 药品质量抽验是药品监督管理执法的重点，又是确保药品安全的基础；药品质量公告是药品质量抽验结果的反馈

C. 发布药品质量公告，可以指导药品监督管理部门查处不合格药品，对不合格药品起到控制

作用

D. 国家药品质量公告应当根据药品质量状况及时或定期发布；省（区、市）药品质量公告的发布由各省（区、市）药品监督管理部门自行规定

9. 药品上市后管理是不断提高药品质量、保障药品安全的重要环节。下列关于药品上市后风险管理的说法，错误的有（ ）

A. 药品上市许可持有人应当制定药品上市后风险管理计划，主动开展药品上市后研究

B. 药品上市许可持有人发现疑似不良反应的，应当及时向市场监督管理部门报告

C. 已被注销药品注册证书的药品，不得生产或者进口、销售和使用，应当由生产企业监督销毁或者依法采取其他无害化处理等措施

D. 经评价，对疗效不确切、不良反应大或者因其他原因危害人体健康的药品，应当注销药品注册证书

二、思考题

1. 简述《药品管理法》对假药的界定。
2. 简述从事药品生产活动应具备的条件。

（胡善民）

第八章　传染病防治管理法律制度

学习目标

1. 通过本章学习，重点掌握法定传染病的分类；传染病疫情的报告、通报与公布制度；传染病疫情的预防与控制措施；掌握国境卫生检疫传染病的种类、入出境检疫的管理规定。

2. 学会传染病防治管理法律制度的基本内容与要求，学会传染病预防与控制措施，具有疫情控制能力与防治管理能力。

情境导入

情境描述　某高校新生罗某入学一周，在军训期间倦怠、乏力、盗汗，发热。到学校医务室就诊，值班医生认为是天气炎热、军训强度过大导致身体不适，建议其先休息观察。3 天后，发热加重，伴干咳到市人民医院就诊，确诊为结核。学校马上进行排查，1 周内，相继发现罗某的 3 位室友、辅导员教师、军训教官等出现症状，立即被送往传染病医院治疗。学校领导及时报告给当地疾控部门并采取预防措施，此后，再无相关病例发生。

讨论　1. 肺结核属于哪类法定传染病？

2. 法定传染病的报告主体是什么？

3. 地方疾病预防控制中心应采取什么措施？

第一节　概　述

一、传染病的概念

传染病是指由病原微生物引起的，能在人与人、人与动物、动物与动物之间相互传播并造成流行，对人体健康和生命威胁巨大的一类疾病。病原体可以是微生物或寄生虫，包括病毒、立克次体、细菌、真菌、螺旋体、原虫等。传染病的传播和流行需要具备三个环节：传染源、传播途径和易感者。切断其中任何一个环节，就可以防止传染病的传播和流行。

二、传染病防治立法

传染病是威胁人民群众健康的重要疾病。传染病防治立法历来是卫生立法的重点。20 世纪 50 年代初，原卫生部制定了《种痘暂行办法》《交通检疫暂行办法》《民用航空检疫暂行办法》《传染病管理办法》等。1957 年第一届全国人大常委会颁布了《中华人民共和国国境卫生检疫条例》，同年经国务院批准，卫生部发布了《中华人民共和国国境卫生检疫条例实施规则》。改革开放以来，传染病防治立法步伐明显加快。1978 年经国务院批准，卫生部颁布了《中华人民共和国急性传染病管理条例》，确定了法定传染病范围及分类管理原则。1986 年第六届全国人大常委会第十八次会议通过了《中华人民共和国国境卫生检疫法》，1989 年第七届全国人大常委会第六次会议通过了《中华人民共和国传染病防治法》。经国务院批准，卫生部1989年发布了《国境卫生检疫法实施细则》，1991年发布了《中华人民共和国传染病防治法实施办法》。进入21世纪后，我国传染病防治法律体系进一步完善。2004年8月28日，第十届全国人大常委会第十一次会议通过了经修订的《中华人民共和国传染病防治法》（简称《传染病防治法》），自2004年12月1日起施行。2013年6月29日，第十二届全国人大常委会第三次会议对《传染病防治法》进行了修正。2020年10月2日，国家卫生健康委发布《传染病防治法》修订征求意见稿，明确提出甲乙丙三类传染病的特征及分类。国务院颁布了《国内交通卫生检疫条例》（1998年）、《突发公共卫生事件应急条例》（2003年）、《医疗废物管理条例》（2003年）、《病原微生物实验室生物安全管理条例》（2004年）、《疫苗流通和预防接种管理条例》（2005年）、《艾滋病防治条例》（2005年）、《血吸虫病防治条例》（2006年）等。原卫生部发布了《性病防治管理办法》（1991年）、《结核病防治管理办法》（1991年）、《消毒管理办法》（2002年）、《传染性非典型肺炎防治管理办法》（2003年）、《突发公共卫生事件与传染病疫情监测信息报告管理办法》（2003年）、《传染病病人或疑似传染病病人尸体解剖查验规定》（2005年）和《医疗机构传染病预检分诊管理办法》（2005年）等。

三、传染病的法定分类

根据传染病的传播方式、传播速度、流行强度以及对人类危害程度的不同，《中华人民共和国传染病防治法》将列为法定管理的传染病分为甲、乙、丙三类，实行分类管理。

甲类传染病是指对人体健康和生命安全危害特别严重，可能造成重大经济损失和社会影响，需要采取强制管理、强制隔离治疗、强制卫生检疫，控制疫情蔓延的传染病，包括鼠疫、霍乱。

乙类传染病是指对人体健康和生命安全危害严重，可能造成较大经济损失和社会影响，需要采取严格管理，落实各项防控措施，降低发病率，减少危害的传染病，包括传染性非典型肺炎、艾滋病、病毒性肝炎、脊髓灰质炎、人感染高致病性禽流感、麻疹、流行性出血热、狂犬病、流行性乙型脑炎、登革热、炭疽、细菌性和阿米巴性痢疾、肺结核、伤寒和副伤寒、流行性脑脊髓膜炎、百日咳、白喉、新生儿破伤风、猩红热、布鲁氏菌病、淋病、梅毒、钩端螺旋体病、血吸虫病、疟疾、人感染H7N9禽流感、新型冠状病毒肺炎。

丙类传染病是指常见多发、对人体健康和生命安全造成危害，可能造成一定程度的经济损失和社会影响，需要监测管理，关注流行趋势，控制暴发流行的传染病，包括流行性感冒、流行性腮腺炎、风疹、急性出血性结膜炎、麻风病、流行性和地方性斑疹伤寒、黑热病、包虫病、丝虫病，除霍乱、细菌性和阿米巴性痢疾、伤寒和副伤寒以外的感染性腹泻病、手足口病。

国务院卫生行政部门根据传染病暴发、流行情况和危害程度，可以决定增加、减少或者调整乙类、丙类传染病病种并予以公布。省、自治区、直辖市人民政府对本行政区域内常见、多发的其他地方性传染病，可以根据情况决定按照乙类或者丙类传染病管理并予以公布，报国务院卫生行政部门备案。

对乙类传染病中传染性非典型肺炎、炭疽中的肺炭疽和新型冠状病毒肺炎，采取本法所称甲类传染病的预防、控制措施。其他乙类传染病和具备传染病流行特征的不明原因聚集性疾病需要采取本法所称甲类传染病的预防、控制措施的，由国务院卫生健康主管部门及时报经国务院批准后予以公布、实施；需要解除依照前述规定采取的甲类传染病预防、控制措施的，国务院卫生行政部门报经国务院批准后予以公布。

目前，我国共有40种法定传染病，其中甲类2种、乙类27种、丙类11种。

第二节　传染病的预防

一、传染病预防控制预案的制定

传染病预防控制预案是指经过一定程序制定的处置传染病暴发流行的事先方案。《传染病防治法》规定，县级以上地方人民政府应当制定传染病预防、控制预案，报上一级人民政府备案。传染病预防控制预案应当包括以下主要内容：①传染病预防控制指挥部的组成和相关部门的职责；②传染病的监测、信息收集、分析、报告、通报制度；③疾病预防控制机构、医疗机构在发生传染病疫情时的任务与职责；④传染病暴发、流行情况的分级以及相应的应急工作方案；⑤传染病预防、疫点疫区现场控制，应急设施、设备、救治药品和医疗器械以及其他物资和技术的储备与调用。

二、传染病监测

国家建立传染病监测制度。国务院卫生行政部门制定国家传染病监测规划和方案。省、自治区、直辖市人民政府卫生行政部门根据国家传染病监测规划和方案，制定本行政区域的传染病监测计划和工作方案。各级疾病预防控制机构对传染病的发生、流行以及影响其发生、流行的因素，进行监测；对国外发生、国内尚未发生的传染病或者国内新发生的传染病，进行监测。

三、传染病预警

国家建立传染病预警制度。国务院卫生行政部门和省、自治区、直辖市人民政府根据传染病发生、流行趋势的预测，及时发出传染病预警，根据情况予以公布。地方人民政府和疾病预防控制机构接到国务院卫生行政部门或者省、自治区、直辖市人民政府发出的传染病预警后，应当按照传染病预防、控制预案，采取相应的预防、控制措施。

四、传染病菌种、毒种和病原微生物实验室管理

传染病菌种、毒种，是指可能引起《传染病防治法》规定的传染病发生的细菌菌种、病毒毒种。病原微生物是指能够使人或者动物致病的微生物。病原微生物实验室实验活动，是指实验室从事与原微生物菌（毒）种、样本有关的研究、教学、检测、诊断等活动。《传染病防治法》规定，国家建立传染病菌种、毒种库。对传染病菌种、毒种和传染病检测样本的采集、保藏、携带、运输和使用实行分类管理，建立严格的管理制度。为了加强病原微生物实验室生物安全管理，保护实验室工作人员和公众的健康，2004 年 11 月 12 日，国务院发布了《病原微生物实验室生物安全管理条例》，自公布之日起施行。2016 年 2 月 6 日、2018 年 3 月 19 日，国务院对《病原微生物实验室生物安全管理条例》进行了修订。

（一）病原微生物的分类与管理

1. 分类　《病原微生物实验室生物安全管理条例》规定，国家对病原微生物实行分类管理。国家根据病原微生物的传染性、感染后对个体或者群体的危害程度，将病原微生物分为四类：

第一类病原微生物，是指能够引起人类或者动物非常严重疾病的微生物，以及我国尚未发现或者已经宣布消灭的微生物。

第二类病原微生物，是指能够引起人类或者动物严重疾病，比较容易直接或者间接在人与人、动物与人、动物与动物间传播的微生物。

第三类病原微生物，是指能够引起人类或者动物疾病，但一般情况下对人、动物或者环境不构成严

重危害，传播风险有限，实验室感染后很少引起严重疾病，并且具备有效治疗和预防措施的微生物。

第四类病原微生物，是指在通常情况下不会引起人类或者动物疾病的微生物。

第一类、第二类病原微生物统称为高致病性病原微生物。

2. 采集病原微生物样本的条件 ①具有与采集病原微生物样本所需要的生物安全防护水平相适应的设备；②具有掌握相关专业知识和操作技能的工作人员；③具有有效防止病原微生物扩散和感染的措施；④具有保证病原微生物样本质量的技术方法和手段。采集高致病性病原微生物样本的工作人员在采集过程中应当防止病原微生物扩散和感染，并对样本的来源、采集过程和方法等作详细记录。

3. 管理 国务院卫生主管部门或者兽医主管部门指定的菌（毒）种保藏中心或者专业实验室，承担集中储存病原微生物菌（毒）种和样本的任务。对传染病菌种、毒种和传染病检测样本的采集、保藏、携带、运输和使用实行分类管理，建立健全严格的管理制度。对可能导致甲类传染病传播的以及国务院卫生行政部门规定的菌种、毒种和传染病检测样本，确需采集、保藏、携带、运输和使用的，须经省级以上人民政府卫生行政部门批准。

（二）实验室的设立与管理

1. 实验室的设立 国家根据实验室对病原微生物的生物安全防护水平，并依照实验室生物安全国家标准的规定，将实验室分为一级、二级、三级、四级。一级、二级实验室不得从事高致病性病原微生物实验活动。三级、四级实验室从事高致病性病原微生物实验活动，应当具备相应的条件。

2. 管理 实验室负责人对实验室的生物安全负责；实验室要按照国家标准和要求，制定、完善并落实与病原微生物的生物安全管理、实验室生物安全防护以及感染预防控制有关的规章制度、技术规范与操作规程；加强对实验室工作人员的生物安全防护知识以及专业知识和操作技能的培训、考核。

3. 工作人员培训 实验室或者实验室的设立单位应当每年定期对工作人员进行培训，保证其掌握实验室技术规范、操作规程、生物安全防护知识和实际操作技能，并进行考核。工作人员经考核合格的，方可上岗。

（三）工作人员健康监测

从事高致病性病原做生物相关实验活动应当有两名以上的工作人员共同进行。进入从事高致病性病原微生物相关实验活动的实验室工作人员或者其他有关人员，应当经实验室负责人批准。实验室应当为其提供符合防护要求的防护用品并采取其他职业防护措施。从事高致病性病原微生物相关实验活动的实验室，还应当对实验室工作人员进行健康监测，每年组织对其进行体检，并建立健康档案；必要时，应当对实验室工作人员进行预防接种。

五、消毒与灭菌措施

《传染病防治法》规定，对被传染病病原体污染的污水、污物、场所和物品，有关单位和个人必须在疾病预防控制机构的指导下或者按照其提出的卫生要求，进行严格消毒处理；拒绝消毒处理的，由当地卫生行政部门或者疾病预防控制机构进行强制消毒处理。

用于传染病防治的消毒产品、饮用水供水单位供应的饮用水和涉及饮用水卫生安全的产品，应当符合国家卫生标准和卫生规范。生产用于传染病防治的消毒产品的单位和生产用于传染病防治的消毒产品，应当经省级以上人民政府卫生行政部门审批。

六、防止医源性感染和医院感染

《传染病防治法》规定，医疗机构必须严格执行国务院卫生行政部门规定的管理制度、操作规范，防止传染病的医源性感染和医院感染；做好医疗废物处置工作。

（一）医院和医源性感染管理

医院感染是指住院患者在医院内获得的感染，包括在住院期间发生的感染和在医院内获得出院后发生的感染，但不包括入院前已开始或者入院时已处于潜伏期的感染。医院工作人员在医院内获得的感染也属医院感染。医源性感染，是指在医学服务中，因病原体传播引起的感染。为加强医院感染管理，有效预防和控制医院感染，保障医疗安全，提高医疗质量，2006 年 7 月 6 日卫生部发布了《医院感染管理办法》。

各级各类医疗机构应当建立医院感染管理责任制，制定并落实医院感染管理的规章制度和工作规范，严格执行有关技术操作规范和工作标准，有效预防和控制医院感染，防止传染病病原体、耐药菌、条件致病菌及其他病原微生物的传播。

医疗机构应当按照有关医院感染管理的规章制度和技术规范，加强医院感染的预防与控制工作。医疗机构应当按照《消毒管理办法》，严格执行医疗器械、器具的消毒工作技术规范，并达到以下要求：①进入人体组织、无菌器官的医疗器械、器具和物品必须达到灭菌水平；②接触皮肤、黏膜的医疗器械、器具和物品必须达到消毒水平；③各种用于注射、穿刺、采血等有创操作的医疗器具必须一用一灭菌。医疗机构使用的消毒药械、一次性医疗器械和器具应当符合国家有关规定。一次性使用的医疗器械、器具不得重复使用。

医疗机构应当按照医院感染诊断标准及时诊断医院感染病例，建立有效的医院感染监测制度，分析医院感染的危险因素，并针对导致医院感染的危险因素，实施预防与控制措施；制定对本机构工作人员的培训计划，对全体工作人员进行医院感染相关法律法规、医院感染管理相关工作规范和标准、专业技术知识的培训。

采供血机构、生物制品生产单位必须严格执行国家有关规定，保证血液、血液制品的质量。禁止非法采集血液或者组织他人出卖血液。疾病预防控制机构、医疗机构使用血液和血液制品，必须遵守国家有关规定，防止因输入血液、使用血液制品引起经血液传播疾病的发生。

（二）医疗废物管理

医疗废物是指医疗卫生机构在医疗、预防、保健以及其他相关活动中产生的具有直接或者间接感染性、毒性以及其他危害性的废物。医疗废物包括大量的一般性废物和少量的危险性废物。为了加强医疗废物的安全管理，防止疾病传播，保护环境，保障人体健康，2003 年 6 月 16 日，国务院颁布了《医疗废物管理条例》，自公布之日起施行。2011 年 1 月 8 日，国务院对《医疗废物管理条例》进行了修订。2003 年 10 月 15 日，原卫生部发布了《医疗卫生机构医疗废物管理办法》。

1. 医疗废物管理的一般规定　①医疗卫生机构应当建立、健全医疗废物管理管理责任制，其法定代表人为第一责任人；②制定与医疗废物安全处置有关的规章制度和在发生意外事故时的应急方案，设置监控部门或者专（兼）职人员；③对本单位从事医疗废物收集、运送、贮存、处置等工作的人员和管理人员，进行相关法律和专业技术、安全防护以及紧急处理等知识的培训，采取有效的职业卫生防护措施；④执行危险废物转移联单和登记管理制度，对医疗废物进行登记，采取有效措施，防止医疗废物流失、泄漏、扩散；⑤禁止任何单位和个人转让、买卖医疗废物，禁止在运送过程中丢弃医疗废物，禁止在非贮存地点倾倒、堆放医疗废物或者将医疗废物混入其他废物和生活垃圾，禁止邮寄医疗废物，禁止通过铁路、航空运输医疗废物，禁止将医疗废物与旅客在同一运输工具上载运，在饮用水源保护区的水体上运输医疗废物。

2. 医疗卫生机构的医疗废物管理　①应当及时收集本单位产生的医疗废物，并按照类别分置于防渗漏、防锐器穿透的专用包装物或者密闭的容器内，并有明显的警示标识和警示说明。②应当建立医疗废物的暂时贮存设施、设备，不得露天存放医疗废物；医疗废物暂时贮存的时间不得超过2天。医疗废物的暂时贮存设施、设备，应当远离医疗区、食品加工区和人员活动区以及生活垃圾存放场所，并设置明显的警示标识和防渗漏、防鼠、防蚊蝇、防蟑螂、防盗以及预防儿童接触等安全措施。医疗废物的暂时贮存设施、设备应当定期消毒和清洁。③应当使用防渗漏、防遗撒的专用运送工具，按照本单位确定的内部医疗废物运送时间、路线，将医疗废物收集、运送至暂时贮存地点，运送工具使用后应当在医疗卫生机构内指定的地点及时消毒和清洁。④应当根据就近集中处置的原则，及时将医疗废物交由医疗废物集中处置单位处置。⑤产生的污水、传染病患者或者疑似传染病患者的排泄物，应当按照国家规定严格消毒并达到国家规定的排放标准后，方可排入污水处理系统。

3. 自行处置医疗废物的基本要求 《医疗废物管理条例》规定，不具备集中处置医疗废物条件的农村，医疗卫生机构应当按照县级人民政府卫生行政主管部门、环境保护行政主管部门的要求，自行就地处置其产生的医疗废物。自行处置医疗废物的，应当符合下列基本要求：①使用后的一次性医疗器具和容易致人损伤的医疗废物，应当消毒并作毁形处理；②能够焚烧的，应当及时焚烧；③不能焚烧的，消毒后集中填埋。

4. 医疗废物集中处置单位 从事医疗废物集中处置活动的单位，应当向县级以上人民政府环境保护行政主管部门申请领取经营许可证；未取得经营许可证的单位，不得从事有关医疗废物集中处置的活动。

七、自然疫源地大型建设项目卫生调查

自然疫源地是指某些传染病的病原体在自然界的野生动物中长期保存并造成动物间流行的地区。而在自然界中具有自然疫源性疾病存在的传染源和传播媒介，但尚未查明的地区则可能是自然疫源地。

《传染病防治法》规定，在国家确认的自然疫源地计划兴建水利、交通、旅游、能源等大型建设项目的，应当事先由省级以上疾病预防控制机构对施工环境进行卫生调查。建设单位应当根据疾病预防控制机构的意见，采取必要的传染病预防、控制措施。施工期间，建设单位应当设专人负责工地上的卫生防疫工作。工程竣工后，疾病预防控制机构应当对可能发生的传染病进行监测。

八、传染病患者、病原携带者和疑似传染病患者合法权益保护

传染病患者、疑似传染病患者是指根据国务院卫生行政部门发布的《中华人民共和国传染病防治法规定管理的传染病诊断标准》，符合传染病患者和疑似传染病患者诊断标准的人。病原携带者是指感染病原体无临床症状但能排出病原体的人。

《传染病防治法》规定，国家和社会应关心帮助传染病患者、病原携带者和疑似传染病患者，使其得到及时救治。任何单位和个人不得歧视传染病患者、病原携带者和疑似传染病患者。疾病预防控制机构、医疗机构不得泄露涉及个人隐私的有关信息、资料。

同时，为保护其他公民个人权利与维护社会公共利益的健康权益，《传染病防治法》规定，传染病患者、病原携带者和疑似传染病患者，在治愈前或者在排除传染病嫌疑前，不得从事法律、行政法规和国务院卫生行政部门规定禁止从事的易使该传染病扩散的工作。诸如：①饮用水的生产、管理、供应；②饮食服务行业的经营、服务；③托幼机构的保育、教育；④食品行业的生产、加工、销售、运输及保管；⑤美容、整容等。

第三节 传染病疫情报告、通报和公布

一、传染病疫情的报告

（一）疫情报告人

任何单位和个人在发现传染病患者或者疑似传染病患者时，应当及时向附近的疾病预防控制机构或者医疗机构报告；疾病预防控制机构、医疗机构和采供血机构及其执行职务的人员发现本法规定的传染病疫情或者发现其他传染病暴发、流行以及突发原因不明的传染病时，应当遵循疫情报告属地管理原则，按照国务院规定的或者国务院卫生行政部门规定的内容、程序、方式和时限报告。

军队医疗机构向社会公众提供医疗服务，发现传染病疫情时，应当按照国务院卫生行政部门的规定报告；港口、机场、铁路疾病预防控制机构以及国境卫生检疫机关发现甲类传染病患者、病原携带者、疑似传染病患者时，应当按照国家有关规定立即向国境口岸所在地的疾病预防控制机构或者所在地县级以上地方人民政府卫生行政部门报告并互相通报。

（二）疫情信息的收集与分析

疾病预防控制机构应当设立或者指定专门的部门、人员负责传染病疫情信息管理工作，主动收集、分析、调查、核实传染病疫情信息；接到甲类、乙类传染病疫情报告或者发现传染病暴发、流行时，应当按照规定的程序进行报告。

（三）传染病疫情的报告时限

根据2015年版《传染病信息报告管理规范》，责任报告单位和责任疫情报告人发现甲类传染病和乙类传染病中的肺炭疽、传染性非典型肺炎等按照甲类管理的传染患者或疑似患者时，或发现其他传染病和不明原因疾病暴发时，应于2小时内将传染病报告卡通过网络报告。对其他乙、丙类传染病患者、疑似患者和规定报告的传染病病原携带者在诊断后，应于24小时内进行网络报告。不具备网络直报条件的医疗机构及时向属地乡镇卫生院、城市社区卫生服务中心或县级疾病预防控制机构报告，并于24小时内寄送出传染病报告卡至代报单位。

二、传染病疫情的通报

国务院卫生行政部门应当及时向国务院其他有关部门和各省级人民政府卫生行政部门通报全国传染病疫情以及监测、预警的相关信息。毗邻的以及相关的地方人民政府卫生行政部门，应当及时互相通报本行政区域的传染病疫情以及监测、预警的相关信息；县级以上地方人民政府卫生行政部门应当及时向本行政区域内的疾病预防控制机构和医疗机构通报传染病疫情以及监测、预警的相关信息；接到通报的疾病预防控制机构和医疗机构应当及时告知本单位的有关人员；县级以上人民政府有关部门发现传染病疫情时，应当及时向同级人民政府卫生行政部门通报；中国人民解放军卫生主管部门发现传染病疫情时，应当向国务院卫生行政部门通报。

动物防疫机构和疾病预防控制机构，应当及时互相通报动物间和人间发生的人畜共患传染病疫情以及相关信息。

三、传染病疫情的公布

《传染病防治法》规定，国家建立传染病疫情信息公布制度，国务院卫生行政部门定期公布全国传染病疫情信息，省级人民政府卫生行政部门定期公布本行政区域的传染病疫情信息。传染病暴发、流行时，国务院卫生行政部门负责向社会公布传染病疫情信息，并可以授权省级人民政府卫生行政部门向社会公布本行政区域的传染病疫情信息。

第四节　传染病疫情的控制

一、一般控制措施

（一）医疗机构采取的措施

医疗机构发现甲类传染病时，应当及时采取下列措施：①对患者、病原携带者予以隔离治疗，隔离期限根据医学检查结果确定；②对疑似患者，确诊前在指定场所单独隔离治疗；③对医疗机构内的患者、病原携带者、疑似患者的密切接触者，在指定场所进行医学观察和采取其他必要的预防措施。对于拒绝隔离治疗或者隔离期未满擅自脱离隔离治疗的，可以由公安机关协助医疗机构采取强制隔离治疗措施。

医疗机构发现乙类或者丙类传染病患者，应当根据病情采取必要的治疗和控制传播措施。医疗机构对本单位内被传染病病原体污染的场所、物品以及医疗废物，必须依照法律、法规的规定实施消毒和无害化处置。

（二）疾病预防控制机构采取的措施

疾病预防控制机构发现传染病疫情或者接到传染病疫情报告时，应当及时采取下列措施。①对传染病疫情进行流行病学调查，根据调查情况提出划定疫点、疫区的建议，对被污染的场所进行卫生处理。对密切接触者，在指定场所进行医学观察和采取其他必要的预防措施，并向卫生行政部门提出疫情控制方案。②传染病暴发、流行时，对疫点、疫区进行卫生处理，向卫生行政部门提出疫情控制方案，并按照卫生行政部门的要求采取措施。③指导下级疾病预防控制机构实施传染病预防、控制措施，组织、指导有关单位对传染病疫情的处理。

二、紧急控制措施

当传染病暴发、流行时，县级以上地方人民政府应当立即组织力量，按照预防、控制预案进行防治，切断传染病的传播途径。必要时报经上一级人民政府决定，可以采取下列紧急措施并予以公告：①限制或者停止集市、影剧院演出或者其他人群聚集的活动；②停工、停业、停课；③封闭或者封存传染病病原体污染的公共饮用水源、食品以及相关物品；④控制或者扑杀染疫野生动物、家禽家畜；⑤封闭可能造成传染病扩散的场所。上级人民政府接到下级人民政府关于采取上述紧急措施的报告时，应当及时作出决定。当疫情得到控制，需要解除紧急措施的，由原决定机关决定并宣布。

三、特殊控制措施

（一）疫区封锁

甲类、乙类传染病暴发、流行时，县级以上地方人民政府报经上一级人民政府决定，可以宣布本行政区域部分或者全部为疫区；国务院可以决定并宣布省、自治区、直辖市的疫区。县级以上地方人民政府可以在疫区内采取相应的紧急措施，并可以对出入疫区的人员、物资和交通工具实施卫生检疫。

省、自治区、直辖市人民政府可以决定对本行政区域内的甲类传染病疫区实施封锁；但是，封锁大、中城市的疫区或者封锁跨省、自治区、直辖市的疫区，以及封锁疫区导致中断干线交通或者封锁国境的，由国务院决定。疫区封锁的解除，由原决定机关决定并宣布。

（二）交通卫生检疫

发生甲类传染病时，为了防止该传染病通过交通工具及其乘运的人员、物资传播，可以实施交通卫生检疫。1998 年 11 月 28 日国务院发布的《国内交通卫生检疫条例》规定，列车、船舶、航空器和其他车辆出入检疫传染病疫区和在非检疫传染病疫区的交通工具上发现检疫传染病疫情时，对交通工具及其乘运的人员、物资实施交通卫生检疫。

1. 出入检疫传染病疫区的交通卫生检疫 县级以上地方人民政府卫生行政部门或者铁路、交通、民用航空行政主管部门的卫生主管机构根据各自的职责，对出入检疫传染病疫区的交通工具及其乘运的人员、物资，有权采取下列相应的交通卫生检疫措施：①对出入检疫传染病疫区的人员、交通工具及其承运的物资进行查验；②对检疫传染病患者、病原携带者、疑似检疫传染病患者和与其密切接触者，实施临时隔离、医学检查及其他应急医学措施；③对被检疫传染病病原体污染或者可能被污染的物品，实施控制和卫生处理；④对通过该疫区的交通工具及其停靠场所，实施紧急卫生处理；⑤需要采取的其他卫生检疫措施。

2. 非检疫传染病疫区的交通卫生检疫 在非检疫传染病疫区的交通工具上发现下列情形之一时，县级以上地方人民政府卫生行政部门或者铁路、交通、民用航空行政主管部门的卫生主管机构根据各自的职责，有权对交通工具及其乘运的人员、物资实施交通卫生检疫：①发现有感染鼠疫的啮齿类动物或者啮齿类动物反常死亡，并且死因不明；②发现鼠疫、霍乱患者，病原携带者和疑似鼠疫、霍乱患者；③发现国务院确定并公布的需要实施国内交通卫生检疫的其他传染病。

在非检疫传染病疫区的交通工具上，发现检疫传染病患者、病原携带者、疑似检疫传染病患者时，交通工具负责人应当组织有关人员采取下列监测措施：①以最快的方式通知前方停靠点，并向交通工具营运单位的主管部门报告；②对检疫传染病患者、病原携带者、疑似检疫传染病患者和与其密切接触者实施隔离；③封锁已经污染或者可能污染的区域，采取禁止向外排放污物等卫生处理措施；④在指定的停靠点将检疫传染病患者、病原携带者、疑似检疫传染病患者和与其密切接触者以及其他需要跟踪观察的旅客名单，移交当地县级以上地方人民政府卫生行政部门；⑤对承运过检疫传染病患者、病原携带者、疑似检疫传染病患者的交通工具和可能被污染的环境实施卫生处理。

（三）紧急调集人员

传染病暴发、流行时，根据传染病疫情控制的需要，国务院有权在全国范围或者跨省、自治区、直辖市范围内，县级以上地方人民政府有权在本行政区城内紧急调集人员。紧急调集人员的，应当按照规定给予合理报酬。

（四）临时征用

传染病暴发、流行时，根据传染病疫情控制的需要，国务院有权在全国范围或者跨省、自治区、直辖市范围内，县级以上地方人民政府有权在本行政区域内调用储备物资，临时征用房屋、交通工具以及相关设施、设备。临时征用房屋、交通工具以及相关设施、设备的，应当依法给予补偿；能返还的，应当及时返还。

（五）尸体卫生处理

对于患甲类传染病、炭疽死亡的，应当将尸体立即进行卫生处理，就近火化。患其他传染病死亡的，必要时，应当将尸体进行卫生处理后火化或者按照规定深埋。为了查找传染病病因，医疗机构在必要时可以按照国务院卫生行政部门的规定，对传染病患者尸体或者疑似传染病患者尸体进行解剖查验，并应当告知死者家属。

（六）优先运送

传染病暴发、流行时，药品和医疗器械生产、供应单位应当及时生产、供应防治传染病的药品和医疗器械。铁路、交通、民用航空经营单位必须优先运送处理传染病疫情的人员以及防治传染病的药品和医疗器械。县级以上人民政府有关部门应当做好组织协调工作。

素质提升

矗立在死神和患者之间

"步履蹒跚与时间赛跑，只想为患者多赢一秒。身患绝症与新冠周旋，顾不上亲人已经沦陷。这一战，你矗立在死神和患者之间。那一晚，歌声飘荡在城市上空，我们用血肉筑成新的长城。"身患绝症坚守抗疫一线的"人民英雄"张定宇入选"感动中国2020年度人物"。

2018年，张定宇被确诊患上了渐冻症，这种罕见病目前无药可救。患者通常会因为肌肉萎缩而逐渐失去行动能力，就像被慢慢冻住一样，最后呼吸衰竭而失去生命。迈着病痛的双腿，身为武汉市金银潭医院院长的张定宇曾经日夜奋战在抗击疫情的最前线。

"还有几百个患者等着你，你不能说我不行，不需要取舍。"就在张天宇夜以继日带领全院医护人员救治患者的同时，在另外一家医院疫情防控一线工作的妻子却感染了新冠病毒，入院接受治疗。张定宇分身乏术，妻子住院期间只去探望过一次，病愈出院后也不能常在身边照料。在抗击新冠疫情的战役中，张定宇率领的金银潭医院医疗团队为患者建起了一道生命屏障。

第五节　传染病的医疗救治和保障措施

一、传染病的医疗救治

（一）传染病医疗救治体系的建设

县级以上人民政府应当加强和完善传染病医疗救治服务网络的建设，指定具备传染病救治条件和能力的医疗机构承担传染病救治任务，或者根据传染病救治需要设置传染病医院；医疗机构的基本标准、建筑设计和服务流程，应当符合预防传染病医院感染的要求；医疗机构应当按照国务院卫生行政部门规定的传染病诊断标准和治疗要求，采取相应措施，提高传染病医疗救治能力。

（二）医疗机构的职责

医疗机构应当对传染病患者或者疑似传染病患者提供医疗救护现场救援和接诊治疗，书写病历记录以及其他有关资料，并妥善保管；医疗机构应当实行传染病预检、分诊制度；对传染病患者、疑似传染病患者，应当引导至相对隔离的分诊点进行初诊。医疗机构不具备相应救治能力的，应当将患者及其病历记录复印件一并转至具备相应救治能力的医疗机构。

二、传染病防治的保障措施

（一）经费保障

国家将传染病防治工作纳入国民经济和社会发展计划，县级以上地方人民政府将传染病防治工作纳入本行政区域的国民经济和社会发展计划。

县级以上地方人民政府按照本级政府职责负责本行政区域内传染病预防、控制、监督工作的日常经费；国务院卫生行政部门会同国务院有关部门，根据传染病流行趋势，确定全国传染病预防、控制、救治、监测、预测、预警、监督检查等项目；中央财政对困难地区实施重大传染病防治项目给予补助；省级人民政府根据本行政区域内传染病流行趋势，在国务院卫生行政部门确定的项目范围内，确定传染病预防、控制、监督等项目，并保障项目的实施经费；国家加强基层传染病防治体系建设，扶持贫困地区和少数民族地区的传染病防治工作；地方各级人民政府应当保障城市社区、农村基层传染病预防工作的经费；国家对患有特定传染病的困难人群实行医疗救助，减免医疗费用。

（二）物资储备

县级以上人民政府负责储备防治传染病的药品、医疗器械和其他物资，以备调用。

（三）人员的防护及补贴

对从事传染病预防、医疗、科研、教学、现场处理疫情的人员，以及在生产、工作中接触传染病病原体的其他人员，有关单位应当按照国家规定，采取有效的卫生防护措施和医疗保健措施，并给予适当的津贴。

第六节 传染病监督管理的法律规定

《传染病防治法》规定了传染病防治监督管理工作的执法主体及其职责，既有利于国家对传染病管理的统一领导及执法的统一性，又有利于发挥各个方面在传染病防治中的作用。

一、传染病防治监督管理的执法主体及其职责

省级以上人民政府卫生行政部门负责组织对传染病防治重大事项的处理；县级以上人民政府卫生行政部门具体负责对传染病防治工作的监督管理。

县级以上人民政府卫生行政部门在对传染病防治工作进行监督检查时，要履行以下职责：①对下级人民政府卫生行政部门履行本法规定的传染病防治职责进行监督检查；②对疾病预防控制机构、医疗机构的传染病防治工作进行监督检查；③对采供血机构的采供血活动进行监督检查；④对用于传染病防治的消毒产品及其生产单位进行监督检查，并对饮用水供水单位从事生产或者供应活动以及涉及饮用水卫生安全的产品进行监督检查；⑤对传染病菌种毒种和传染病检测样本的采集、保藏、携带、运输、使用进行监督检查；⑥对公共场所和有关单位的卫生条件和传染病预防、控制措施进行监督检查。

二、卫生行政部门及其工作人员的职责

卫生行政部门及其工作人员在传染病防治执法过程中要求做到：①县级以上人民政府卫生行政主管部门发现传染病疫情时，可以对有可能被传染病病原体污染的场所、生活饮用水源、食品和物品实施临时性行政控制措施；②县级以上人民政府卫生行政主管部门在履行监督检查责任时，有权进入被检查单位和传染病疫情发生现场调查取证，查阅或者复制与违反本法行为有关的资料和采集样本；③卫生行政部门工作人员依法执行职务时，应当不少于两人，并出示执法证件，填写卫生执法文书；卫生执法文书经核对无误后，应当由卫生执法人员和当事人签名；当事人拒绝签名的，卫生执法人员应当注明情况；④卫生行政部门及其工作人员履行职责，应当自觉接受社会和公民的监督。

第七节　常见传染病防治的法律规定

一、结核病防治

结核病是经呼吸道传播的慢性传染病，主要发生在肺部。结核病在全球广泛流行，已成为重大的公共卫生问题和社会问题。为进一步做好结核病防治工作，有效预防、控制结核病的传播和流行，保障人体健康和公共卫生安全，1991 年卫生部发布了《结核病防治管理办法》；2013 年 2 月 20 日，卫生部发布了经过修订的《结核病防治管理办法》，自 2013 年 3 月 24 日起施行。结核病防治坚持预防为主、防治结合的方针，建立政府组织领导、部门各负其责、全社会共同参与的结核病防治机制。加强宣传教育，实行以及时发现患者、规范治疗管理和关怀救助为重点的防治策略，每年的 3 月 24 日是世界防治结核病日。

（一）结核病防治机构与职责

1. 疾病预防控制机构　在结核病防治工作中履行以下职责：①协助卫生行政部门开展规划管理及评估工作；②收集、分析信息，监测肺结核疫情；及时准确报告、通报疫情及相关信息；开展流行病学调查、疫情处置等工作；③组织落实肺结核患者治疗期间的规范管理；④组织开展肺结核或者疑似肺结核患者及密切接触者的追踪工作；⑤组织开展结核病高发和重点行业人群的防治工作；⑥开展结核病实验室检测，对辖区内的结核病实验室进行质量控制；⑦组织开展结核病防治培训，提供防治技术指导；⑧组织开展结核病防治健康教育工作；⑨开展结核病防治应用性研究。

2. 结核病定点医疗机构　在结核病防治工作中履行以下职责：①负责肺结核患者诊断治疗，落实治疗期间的随访检查；②负责肺结核患者报告、登记和相关信息的录入工作；③对传染性肺结核患者的密切接触者进行检查；④对患者及其家属进行健康教育。

3. 基层医疗卫生机构　在结核病防治工作中履行以下职责：①负责肺结核患者居家治疗期间的督导管理；②负责转诊、追踪肺结核或者疑似肺结核患者及有可疑症状的密切接触者；③对辖区内居民开展结核病防治知识宣传。

（二）结核病预防

1. 结核病防治宣传教育　各级各类医疗卫生机构应当开展结核病防治的宣传教育，对就诊的肺结核患者及家属进行健康教育，宣传结核病防治政策和知识。疾病预防控制机构对易患结核病重点人群和重点场所进行有针对性的健康教育和宣传工作。根据国家免疫规划对适龄儿童开展卡介苗预防接种工作。

2. 肺结核筛查　医疗卫生机构在组织开展健康体检和预防性健康检查时，应当重点做好以下人群的肺结核筛查工作：①从事结核病防治的医疗卫生人员；②食品、药品、化妆品从业人员；③《公共场所卫生管理条例》中规定的从业人员；④各级各类学校、托幼机构的教职员工及学校入学新生；⑤接触粉尘或者有害气体的人员；⑥乳牛饲养业从业人员；⑦其他易使肺结核扩散的人员。

3. 防止医源性感染和传播　医疗卫生机构要制订结核病感染预防与控制计划，健全规章制度和工作规范，开展结核病感染预防与控制相关工作，落实各项结核病感染防控措施，防止医源性感染和传播。结核病定点医疗机构应当重点采取以下感染预防与控制措施：①结核病门诊、病房设置应当符合国家有关规定；②严格执行环境卫生及消毒隔离制度，注意环境通风；③对于被结核分枝杆菌污染的痰液等排泄物和污物、污水以及医疗废物，应当按照医疗废物管理的相关规定进行分类收集、暂存及处置；

④为肺结核可疑症状者或者肺结核患者采取必要的防护措施，避免交叉感染发生。

医务人员在工作中严格遵守个人防护的基本原则，接触传染性肺结核患者或者疑似肺结核患者时，应当采取必要的防护措施。

（三）肺结核患者发现、报告与登记

各级各类医疗机构应当对肺结核可疑症状者及时进行检查，对发现的确诊和疑似肺结核患者应当按照有关规定进行疫情报告，并将其转诊到患者居住地或者就诊医疗机构所在地的结核病定点医疗机构结核病定点医疗机构对肺结核患者进行管理登记。登记内容包括患者诊断、治疗及管理等相关信息。

（四）肺结核患者治疗与管理

《结核病防治管理办法》规定，对发现的肺结核患者进行规范化治疗和督导管理。

结核病定点医疗机构应当为肺结核患者制定合理的治疗方案，提供规范化的治疗服务。设区的市级以上结核病定点医疗机构严格按照实验室检测结果，为耐多药肺结核患者制订治疗方案，并规范提供治疗。

各级各类医疗机构对危、急、重症肺结核患者负有救治的责任，应当及时对患者进行医学处置，不得以任何理由推诿，不得因就诊的患者是结核病患者拒绝对其其他疾病进行治疗。

疾病预防控制机构应当及时掌握肺结核患者的相关信息，督促辖区内医疗卫生机构落实肺结核患者的治疗和管理工作。基层医疗卫生机构应当对居家治疗的肺结核患者进行定期访视、督导服药等管理。

卫生行政部门指定的医疗机构应当按照有关工作规范对结核菌、艾滋病病毒双重感染患者进行抗结核和抗艾滋病病毒治疗、随访复查和管理。

医疗卫生机构对流动人口肺结核患者实行属地化管理，提供与当地居民同等的服务。

二、艾滋病防治

艾滋病是指人类免疫缺陷病毒（又称艾滋病病毒）引起的获得性免疫缺陷综合征。自 1981 年美国发现第一例艾滋病至今，艾滋病已成为全球性疾病。为了预防、控制艾滋病的流行，保障人体健康，1988 年经国务院批准，卫生部等部委联合发布了《艾滋病监测管理的若干规定》；1999 年卫生部颁布了《关于对艾滋病病毒感染者和艾滋病病人的管理意见》。2006 年 1 月 29 日，国务院颁布了《艾滋病防治条例》，自 2006 年 3 月 1 日起施行。2019 年 3 月 2 日，国务院颁布并实施第 709 号国务院令，修改《艾滋病防治条例》，增加脐带血等造血干细胞应用价值，每年的 12 月 1 日是世界艾滋病日。

（一）艾滋病防治方针

《艾滋病防治条例》规定，艾滋病防治工作坚持预防为主、防治结合的方针，建立政府组织领导、部门各负其责、全社会共同参与的机制，加强宣传教育，采取行为干预和关怀救助等措施，实行综合防治。

（二）防治艾滋病的宣传教育

地方各级人民政府和政府有关部门应当组织开展艾滋病防治以及关怀和不歧视艾滋病病毒感染者、艾滋病患者及其家属的宣传教育，提倡健康文明的生活方式。

（三）预防与控制

国家建立健全艾滋病监测网络，实行艾滋病自愿咨询和自愿检测制度。县级以上地方人民政府和政府有关部门应当依照规定，根据本行政区域艾滋病的流行情况，制定措施，鼓励和支持居民委员会、村民委员会以及其他有关组织和个人推广预防艾滋病的行为干预措施，帮助有易感染艾滋病病毒危险行为的人群改变行为。

血站、单采血浆站应当对采集的人体血液、血浆进行艾滋病检测；不得向医疗机构和血液制品生产单位供应未经艾滋病检测或者艾滋病检测阳性的人体血液、血浆。医疗机构应当对因应急用血而临时采集的血液进行艾滋病检测，对临床用血艾滋病检测结果进行核查；对未经艾滋病检测、核查或者艾滋病检测阳性的血液，不得采集或者使用。

（四）治疗与救助

1. 治疗 医疗机构应当为艾滋病病毒感染者和艾滋病患者提供艾滋病防治咨询、诊断和治疗服务。医疗机构不得因就诊的患者是艾滋病病毒感染者或者艾滋病患者，推诿或者拒绝对其其他疾病进行治疗。

对确诊的艾滋病病毒感染者和艾滋病患者，医疗卫生机构的工作人员应当将其感染或者发病的事实告知本人；本人为无行为能力人或者限制行为能力人的，应当告知其监护人。

医疗卫生机构应当按照国务院卫生主管部门制定的《预防艾滋病母婴传播技术指导方案》的规定，对孕产妇提供艾滋病防治咨询和检测，对感染艾滋病病毒的孕产妇及其婴儿，提供预防艾滋病母婴传播的咨询、产前指导、阻断、治疗、产后访视、婴儿随访和检测等服务。

2. 救助 《艾滋病防治条例》规定，县级以上人民政府应当采取下列艾滋病防治关怀、救助措施：①向农村艾滋病患者和城镇经济困难的艾滋病患者免费提供抗艾滋病病毒治疗药品；②对农村和城镇经济困难的艾滋病病毒感染者、艾滋病患者适当减免抗机会性感染治疗药品的费用；③向接受艾滋病咨询、检测的人员免费提供咨询和初筛检测；④向感染艾滋病病毒的孕产妇免费提供预防艾滋病母婴传播的治疗和咨询；⑤生活困难的艾滋病患者遗留的孤儿和感染艾滋病病毒的未成年人接受义务教育的，应当免收杂费、书本费；接受学前教育和高中阶段教育的，应当减免学费等相关费用。县级以上地方人民政府应当对生活困难并符合社会救助条件的艾滋病病毒感染者、艾滋病患者及其家属给予生活救助。县级以上地方人民政府有关部门应当创造条件，扶持有劳动能力的艾滋病病毒感染者和艾滋病患者，从事力所能及的生产和工作。

（五）艾滋病患者和艾滋病病毒感染者的权利和义务

1. 权益保护 任何单位和个人不得歧视艾滋病病毒感染者、艾滋病患者及其家属。艾滋病病毒感染者、艾滋病患者及其家属享有的婚姻、就业、就医、入学等合法权益受法律保护。未经本人或者其监护人同意，任何单位或者个人不得公开艾滋病病毒感染者、艾滋病患者及其家属的姓名、住址、工作单位、肖像、病史资料以及其他可能推断出其具体身份的信息。

2. 义务 艾滋病病毒感染者和艾滋病患者应当履行下列义务：①接受疾病预防控制机构或者出入境检验检疫机构的流行病学调查和指导；②将感染或者发病的事实及时告知与其有性关系者；③就医时，将感染或者发病的事实如实告知接诊医生；④采取必要的防护措施，防止感染他人。艾滋病病毒感染者和艾滋病患者不得以任何方式故意传播艾滋病。

三、人感染高致病性禽流感防治

禽流感是禽流行性感冒的简称，是由 A 型禽流行性感冒病毒引起的一种禽类（家禽和野禽）传染病。根据禽流感致病性的不同，可以将禽流感分为高致病性禽流感、低致病性禽流感和无致病性禽流感。国内外由 H5N1 血清型引起的禽流感称高致病性禽流感，发病率和死亡率都很高，危害巨大。

为了做好人感染高致病性禽流感（简称“人禽流感”）防控工作，提高人禽流感的防治水平和应对能力，做到早发现、早报告、早隔离、早治疗人禽流感病例，及时、有效地采取各项防控措施，控制疫情的传播、蔓延，保障广大人民群众的身体健康和生命安全，2006 年 7 月，卫生部发布了《人感染高致病性禽流感应急预案》，对人禽流感防治应对准备及应急处置工作做了明确规定。

（一）组织管理

1. 组织机构　各级卫生行政部门在本级政府统一领导下，统一指挥、协调系统内的人禽流感防控工作；县级及以上卫生行政部门成立由临床、流行病学和实验室检验等相关专业人员组成的人禽流感防控技术专家组；县级及以上医疗卫生机构成立人禽流感疫情应急处置小组，负责开展本单位或本地区的人禽流感疫情应急处置工作。

2. 职责分工

（1）卫生行政部门职责　卫生行政部门主要负责人禽流感疫情防控管理和协调工作、应急处置的政策、技术规范和专项预案、开展督导检查和社会动员及宣教活动等方面的工作。

（2）疾病预防控制机构职责　疾病预防控制机构主要负责人禽流感防控工作的技术指导及技术方案的制订，组织、评估和督导疫情监测工作，疫情资料的汇总分析、反馈及上报，开展专业人员技术培训和健康教育。

（3）医疗机构职责　县级及以上医疗机构负责不明原因肺炎病例和人禽流感医学观察病例的筛查与报告，负责患者的诊断、转运、隔离治疗、医院内感染控制，配合疾病预防控制机构开展流行病学调查及标本采集工作，负责本机构内有关人员的培训工作。

（4）卫生监督机构职责　负责对本辖区医疗卫生机构的预检分诊、消毒、疫情报告及预防控制等工作的卫生监督和执法稽查。

（二）病例诊断和疫情发布

1. 病例诊断　各省（自治区、直辖市）年度首例人禽流感病例由卫生部组织人禽流感专家组诊断，此后发生的病例由省（自治区、直辖市）卫生行政部门组织专家组诊断，同时报卫生部备案。省级卫生行政部门在接到辖区内人禽流感预警病例报告后，应在12小时内派出专家组进行调查和会诊，并向卫生部报告。省级专家组根据病例的流行病学史、临床表现、实验室检查结果，按照《人禽流感诊疗方案（2005版修订版）》进行诊断或排除。

2. 疫情公布与通报　卫生部负责向有关部门、国际组织、有关国家、港澳台地区通报并向社会发布人禽流感疫情信息。省级卫生行政部门经国家卫生行政部门授权后，负责向社会发布本行政区域内人禽流感疫情信息。

（三）应急处置

各地应根据以下不同情况采取相应的应对措施。

1. 本地尚未发现动物和人禽流感疫情　本地区内尚未发现动物及人禽流感疫情时，应做好疫情预测预警，做好各项技术及物资准备，医疗机构开展不明原因肺炎的筛查工作，开展人禽流感知识的健康教育，提高公众防控人禽流感知识水平。

2. 本地有动物禽流感疫情，但尚未发现人禽流感疫情　本地区内发生了动物禽流感疫情，但尚未发现人禽流感病例时，与农业部门紧密协作，立即开展现场流行病学调查、密切接触者追踪和样品采集工作，启动人禽流感应急监测方案，做好密切按触者的医学观察，做好疫点内人居住和聚集场所的消毒处理工作，医疗机构要做好接诊、救治、医院内感染控制等准备工作。

3. 本地出现散发或聚集性人禽流感病例，属重大突发公共卫生事件（II级）　本地区发现散发或聚集性人禽流感病例，但局限在一定的范围，没有出现扩散现象时，启动人禽流感应急监测，实行人禽流感病例零报告制度；按照人禽流感病例流行病学调查方案迅速开展流行病学调查工作，查明病例之间的相互关联，判定是否发生人传人现象；按照密切接触者判定标准和处理原则，确定密切接触者，并做好医学观察；做好疫点内人居住和聚集场所的消毒处理工作；医疗机构要做好人禽流感病例隔离、救治和医院内感染控制工作，并协助疾病预防控制机构开展流行病学调查和病例的主动搜索、标本采集等工作；及时向本地区有关部门和邻近省（自治区、直辖市）人民政府卫生行政部门通报有关情况；进一步加强健康教育，提高公众卫生意识和个人防护意识，减少发生人禽流感的危险性，做好公众心理疏导工作，避免出现社会恐慌；如经调查证实发现人传人病例，要根据疫情控制的需要，划定疫点和疫区范围，报请当地人民政府批准，采取学校停课、部分行业停业等防控措施。

4. 证实人间传播病例并出现疫情扩散状态，属特别重大突发公共卫生事件（I 级） 证实人禽流感疫情出现人间传播病例并有扩散趋势，按照《卫生部应对流感大流行准备计划与应急预案（试行）》采取相应的措施。

（四）保障措施

1. 加强技术培训，提高应对能力 加强对疾病预防控制人员的技术培训，提高流行病学调查、监测、消毒处理和实验室检验的能力；加强对医务人员禽流感防治知识的培训，要求每一位接诊医务人员都要掌握人禽流感诊疗、预防控制和流行病学调查的相关知识，提高基层医务人员早期发现患者的意识、能力和诊疗水平。

2. 完善检测网络，提高检测能力 各级疾病预防控制建立人禽流感检测实验室，选择技术水平高、责任心强的技术人员承担检测工作，进行人禽流感疫情检测。

3. 加强生物安全管理，确保实验室生物安全 各级疾病预防控制机构、科研机构和开展人禽流感病毒检测工作的实验室，要完善有关生物安全规章制度，配备必要的人员，健全实验室安全管理制度，使生物安全管理做到科学化、规范化、制度化。

4. 加强监督检查，确保措施落实 各级卫生行政部门要认真开展对防控措施落实情况的督导检查和指导，特别加强对重点地区的督导和检查，督查应急预案制定、业务培训、技术演练、疾病监测、疫情报告、传染病预检分诊及疫情现场控制等措施落实情况。

5. 做好物质储备，保障经费支持 各级卫生行政部门合理安排疾病预防控制和卫生应急工作经费，做好各类应急物资储备，包括防护用品、应急预防性药物、抗病毒治疗和对症治疗药品、消杀药械、检测试剂等物资。

第八节　法律责任

为了保障传染病防治工作的顺利进行，《传染病防治法》规定对违反传染病防治管理法律法规的行为，将予以处罚，追究其法律责任。

一、地方各级人民政府违反传染病防治法的法律责任

地方各级人民政府未依照本法的规定履行报告职责，或者隐瞒、谎报、缓报传染病疫情，或者在传染病暴发、流行时，未及时组织救治、采取控制措施的，由上级人民政府责令改正，通报批评；造成传染病传播、流行或者其他严重后果的，对负有责任的主管人员，依法给予行政处分；构成犯罪的，依法追究刑事责任。

二、县级以上人民政府卫生行政部门违反传染病防治法的法律责任

县级以上人民政府卫生行政部门违反本法规定，有下列情形之一的，由本级人民政府或者上级人民政府卫生行政部门责令改正，通报批评；造成传染病传播、流行或者其他严重后果的，对负有责任的主管人员和其他直接责任人员，依法给予行政处分；构成犯罪的，依法追究刑事责任。情形包括：①未依

法履行传染病疫情通报、报告或者公布职责，或者隐瞒、谎报、缓报传染病疫情；②发生或者可能发生传染病传播时未及时采取预防、控制措施的；③未依法履行监督检查职责，或者发现违法行为不及时查处的；④未及时调查、处理单位和个人对下级卫生行政部门不履行传染病防治职责的举报的；⑤违反本法的其他失职、渎职行为。

三、县级以上人民政府有关部门违反传染病防治法的法律责任

县级以上人民政府有关部门未依照本法的规定履行传染病防治和保障职责的，由本级人民政府或者上级人民政府有关部门责令改正，通报批评；造成传染病传播、流行或者其他严重后果的，对负有责任的主管人员和其他直接责任人员，依法给予行政处分；构成犯罪的，依法追究刑事责任。

四、疾病预防控制机构违反传染病防治法的法律责任

疾病预防控制机构违反本法规定，有下列情形之一的，由县级以上人民政府卫生行政部门责令限期改正，通报批评，给予警告；对负有责任的主管人员和其他直接责任人员，依法给予降级、撤职、开除的处分，并可以依法吊销有关责任人员的执业证书；构成犯罪的，依法追究刑事责任。情形包括：①未依法履行传染病监测职责的；②未依法履行传染病疫情报告、通报职责，或者隐瞒、谎报、缓报传染病疫情的；③未主动收集传染病疫情信息，或者对传染病疫情信息和疫情报告未及时进行分析、调查、核实的；④发现传染病疫情时，未依据职责及时采取本法规定的措施的；⑤故意泄露传染病患者、病原携带者、疑似传染病患者、密切接触者涉及个人隐私的有关信息、资料的。

五、医疗机构违反传染病防治法的法律责任

医疗机构违反本法规定，有下列情形之一的，由县级以上人民政府卫生行政部门责令改正，通报批评，给予警告；造成传染病传播、流行或者其他严重后果的，对负有责任的主管人员和其他直接责任人员，依法给予降级、撤职、开除的处分，并可以依法吊销有关责任人员的执业证书；构成犯罪的，依法追究刑事责任：①未按照规定承担本单位的传染病预防、控制工作、医院感染控制任务和责任区域内的传染病预防工作的；②未按照规定报告传染病疫情，或者隐瞒、谎报、缓报传染病疫情的；③发现传染病疫情时，未按照规定对传染病患者、疑似传染病患者提供医疗救护、现场救援、接诊、转诊的，或者拒绝接受转诊的；④未按照规定对本单位内被传染病病原体污染的场所、物品以及医疗废物实施消毒或者无害化处置的；⑤未按照规定对医疗器械进行消毒，或者对按照规定一次使用的医疗器具未予销毁，再次使用的；⑥在医疗救治过程中未按照规定保管医学记录资料的；⑦故意泄露传染病患者、病原携带者、疑似传染病患者、密切接触者涉及个人隐私的有关信息、资料的。

六、采供血机构违反传染病防治法的法律责任

采供血机构未按照规定报告传染病疫情，或者隐瞒、谎报、缓报传染病疫情，或者未执行国家有关规定，导致因输入血液引起经血液传播疾病发生的，由县级以上人民政府卫生行政部门责令改正，通报批评，给予警告；造成传染病传播、流行或者其他严重后果的，对负有责任的主管人员和其他直接责任人员，依法给予降级、撤职、开除的处分，并可以依法吊销采供血机构的执业许可证；构成犯罪的，依法追究刑事责任。

七、国境卫生检疫机关、动物防疫机构违反传染病防治法的法律责任

国境卫生检疫机关、动物防疫机构未依法履行传染病疫情通报职责的，由有关部门在各自职责范围

内责令改正，通报批评；造成传染病传播、流行或者其他严重后果的，对负有责任的主管人员和其他直接责任人员，依法给予降级、撤职、开除的处分；构成犯罪的，依法追究刑事责任。

八、铁路、交通、民用航空经营单位违反传染病防治法的法律责任

铁路、交通、民用航空经营单位未依照本法的规定优先运送处理传染病疫情的人员以及防治传染病的药品和医疗器械的，由有关部门责令限期改正，给予警告；造成严重后果的，对负有责任的主管人员和其他直接责任人员，依法给予降级、撤职、开除的处分。

九、其他单位与部门的责任

其他单位与部门如饮用水供水单位、生物制品生产单位和个人违反本法规定导致传染病传播、流行，给他人人身、财产造成损害的，应当依法承担相应的法律责任。

目标检测

一、选择题

（一）单项选择题

1. 生产用于传染病防治的消毒产品的单位和生产用于传染病防治的消毒产品，应当经（　）审批

A. 地区人民政府卫生行政部门　B. 县级人民政府卫生行政部门
C. 市级人民政府卫生行政部门　D. 市级工商部门
E. 省级以上人民政府卫生行政部门

2. 医疗卫生机构应当建立医疗废物的暂时贮存设施、设备，不得露天存放医疗废物；医疗废物暂时贮存的时间不得超过（　）

A. 24 小时　B. 2 天　C. 3 天
D. 7 天　E. 14 天

3. 下列乙类传染病中，《传染病防治法》规定按甲类传染病管理的是（　）

A. 艾滋病　B. 病毒性肝炎　C. 肺结核
D. 传染性非典型肺炎　E. 新生儿破伤风

4. 发现乙类传染病和不明原因疾病暴发时，应于（　）内将传染病报告卡通过网络报告

A. 2 小时　B. 6 小时　C. 12 小时
D. 24 小时　E. 48 小时

5. 在传染病的预防工作中，国家实行的制度不包括（　）

A. 预案制定　B. 监测与预警　C. 预防接种
D. 疫区封锁　E. 防止医源性感染

6. 国家根据实验室对病原微生物的生物安全防护水平，并依照实验室生物安全国家标准的规定，将实验室分（　）

A. 一级　B. 二级　C. 三级
D. 四级　E. 五级

（二）多项选择题

7.《传染病防治法》规定，按照甲类传染病管理的乙类传染病有（　）

A. 传染性非典型肺炎
B. 人感染高致病性禽流感
C. 肺炭疽
D. 艾滋病
E. 肺结核

8. 医疗废物的暂时贮存设施、设备，应当远离的区域有（　）
A. 医疗区
B. 食品加工区
C. 人员活动区
D. 生活垃圾存放场所
E. 医疗废物指定区

9. 下列关于尸体卫生处理措施正确的是（　）
A. 对于患霍乱死亡的，应当将尸体立即进行卫生处理，就近火化
B. 对于患炭疽死亡的，应当立即通知家属将其就近火化
C. 患其他传染病死亡的，必要时，应当将尸体进行卫生处理后火化或者按照规定深埋
D. 为了查找传染病病因，医疗机构在必要时可以按照国务院卫生行政部门的规定，对传染病患者尸体或者疑似传染病患者尸体进行解剖查验，并应当告知死者家属
E. 为了防止疾病传播，医疗机构不得对甲类传染病患者尸体或者疑似传染病患者尸体进行解剖查验

10. 医疗卫生机构在组织开展健康体检和预防性健康检查时，应当重点做好肺结核筛查工作的人群包括（　）
A. 从事结核病防治的医疗卫生人员
B. 食品、药品、化妆品从业人员
C.《公共场所卫生管理条例》中规定的从业人员
D. 各级各类学校、托幼机构的教职员工及学校入学新生
E. 接触粉尘或者有害气体的人员

11. 艾滋病病毒感染者和艾滋病患者应当履行的义务包括（　）
A. 接受疾病预防控制机构或者出入境检验检疫机构的流行病学调查和指导
B. 将感染或者发病的事实及时告知与其有性关系者
C. 将感染或者发病的事实如实告知接诊医生
D. 采取必要的防护措施，防止感染他人
E. 艾滋病病毒感染者和艾滋病患者不得以任何方式故意传播艾滋病

12. 为了做好人感染高致病性禽流感防控工作，提高防治水平和应对能力，应做到（　）
A. 早发现
B. 早报告
C. 早隔离
D. 早诊断
E. 早治疗

二、思考题

1. 传染病疫情的报告时限的具体要求是什么？

2. 如果你是疾病预防控制中心负责人，当发现传染病疫情或者接到传染病疫情报告时可以采取哪些措施？

（吴敏泉　唐艳）

第九章　突发公共卫生事件应急条例

学习目标

1. 通过本章学习，重点掌握突发公共卫生事件的概念、分级、信息报告制度、通报制度与信息发布制度；掌握突发公共卫生事件应急处理原则、应急储备制度的概念及具体内容。

2. 学会突发公共卫生事件应急处理预案的基本内容与要求、应急处理原则，学会各部门在突发公共卫生事件应急处理中的职责，具有突发公共卫生事件应急处理的能力。

为了有效预防、及时控制和消除突发公共卫生事件的危害，保障公众身体健康与生命安全，维护社会的正常秩序，国务院依照《中华人民共和国传染病防治法》和其他相关法律规定，于 2003 年 5 月 9 日颁布了《突发公共卫生事件应急条例》（以下简称《条例》），2011 年 1 月 8 日，《国务院关于废止和修改部分行政法规的决定》对第 51 条进行了修订。《条例》的实施，标志着我国突发公共卫生事件应急处理工作走上了法制化管理轨道，也标志着突发公共卫生事件应急处理机制的建立和进一步完善。

情境导入

情境描述　2015 年 5 月，某医院的呼吸内科门诊来了一位患者，经询问，是韩国 MERS 病例的密切接触者。临床表现：干咳、乏力 2 天，发热 1 天，体温 39.2℃。

讨论　1. 如果怀疑他是 MERS 患者，首诊医生该如何处理？

2. 该医院应采取什么措施加以控制？

第一节　概　述

依法建立突发公共卫生事件（以下简称突发事件）应急处理指挥机构，根据突发事件的类型和级别，按照统一领导、分级负责、反应及时、措施果断、依靠科学、加强合作的原则处理突发事件，有助于突发事件的控制与消除。

一、突发公共卫生事件的概念

突发公共卫生事件是指突然发生，造成或者可能造成社会公众健康严重损害的重大传染病疫情、群体性不明原因疾病、重大食物和职业中毒以及其他严重影响公众健康的事件。

根据事件发生的性质和原因，突发事件可分为四类。

1. 重大传染病疫情　指传染病的暴发和流行，具体讲是指某种传染病在短时间内发生、波及范围广泛，出现大量的病人或死亡病例，其发病率远远超过常年的发病率水平。这里所指传染病主要是指《传染病防治法》规定的或依法增加的传染病。

2. 群体性不明原因疾病　指在短时间内，某个相对集中的区域内同时或者相继出现具有相同临床表现的患者，且病例不断增加，范围不断扩大，又暂时不能明确诊断的疾病。这种疾病可能是某种传染病或非传染性疾病，可能是群体性癔症，也可能是某种中毒等。

3. 重大食物中毒和职业中毒　指由于食品污染和职业危害的原因造成的人数众多或者伤亡较重的中毒事件。

4. 其他严重影响公众健康事件　指针对不特定的社会群体，造成或者可能造成社会公众健康严重损害，影响正常社会秩序的重大事件。

二、突发公共卫生事件的特征

1. 突发性　突发公共卫生事件的发生比较突然，没有特别的发生方式，突如其来，带有很大的偶然性，不易预测，使人们难以及时预防。

2. 特定性　突发公共卫生事件是发生在公共卫生领域的突发事件，具有公共卫生的属性，它不针对特定的人群发生，也不是局限于某一个固定的领域或区域。

3. 复杂性　表现为成因复杂、种类复杂和影响复杂。

4. 危害性　突发公共卫生事件后果往往较为严重，对公众健康的损害和影响达到一定的程度。

三、突发公共卫生事件的分级

突发事件实行分级管理。根据突发事件的性质、危害程度、涉及范围，突发事件划分为一般（Ⅳ级）、较大（Ⅲ级）、重大（Ⅱ级）和特别重大（Ⅰ级）四级，依次用蓝色、黄色、橙色和红色进行预警。

一般突发事件是指在局部地区发生，尚未引起大范围扩散或传播，还没有达到规定的较大突发事件标准的事件；较大突发事件是指突发事件在较大范围内发生，出现疫情扩散，尚未达到规定的重大突发事件标准的事件；重大突发事件是指疫情影响较大、波及范围较广，尚未达到规定的特别重大突发事件标准的事件；特别重大突发事件是指影响大、波及范围广、涉及人数多，出现大量患者或多例死亡，危害严重的突发事件。

四、突发公共卫生事件应急处理机构及职责

为了便于对突发事件的应急处理进行统一领导、统一指挥，及时采取相应的应急措施和有效地应对突发事件，需要建立统一、高效、有权威的应急处理机制。为此，《条例》做了建立应急处理机构的规定，设立国家、省级、地市级和县级四级应急处理指挥机构。

（一）全国突发公共卫生事件应急处理指挥部

特别重大突发事件发生后，国务院设立全国突发事件应急处理指挥部，由国务院有关部门和军队有关部门组成，国务院主管领导人担任总指挥，负责对全国突发事件应急处理的统一领导、统一指挥。国务院卫生行政主管部门和其他有关部门，在各自的职责范围内做好突发事件的应急处理的有关工作。

（二）省级突发公共卫生事件应急处理指挥部

特别重大或重大突发事件发生后，省级人民政府成立省级突发事件应急处理指挥部，由省级人民政府有关部门组成，省级人民政府主要领导人担任总指挥，负责领导、指挥本行政区域内突发事件应急处理工作。

（三）地市级和县级突发公共卫生事件应急处理指挥部

地市级和县级人民政府按照国家和省级突发事件应急预案的要求，成立地方突发事件应急处理指挥部，负责本地区突发事件的协调和指挥，决定采取本行政区域内处理突发事件的必要措施。

五、突发公共卫生事件的应急处理原则

突发事件应急处理工作，应贯彻统一领导、分级负责、反应及时、措施果断、依靠科学、加强合作的原则。

《条例》规定，突发事件应急处理实行中央和省、自治区、直辖市两级负责，各有关部门要在突发事件应急处理指挥部的统一领导和指挥下，按照应急预案规定的职责开展工作。由于突发事件具有突发性、公共性、危害性和复杂性的特点，所以在突发事件预防与应急处理工作中，“反应及时、措施果断”是控制突发事件扩散蔓延的关键。各级卫生行政主管部门和各级各类医疗卫生机构要按照相关法律、法规和规章的规定，对突发事件和可能的突发事件做出快速反应，及时、有效开展监测、报告和处理工作。“依靠科学、加强合作”是指要积极开展突发事件防范和处理的相关科学研究工作，为突发事件应急处理提供先进的、完备的、科学的技术保障，同时要加强国际间的科研合作和交流，引进国际应对突发事件的先进技术和方法。

第二节　突发公共卫生事件的预防与应急准备

应急机制是为了有效处理突发事件而建立起的反应灵敏、信息畅通、运转高效、指挥有力、责任与义务明确的机制。应急机制的实施有利于应对突发事件，确保公众的健康安全，将危害控制到最低程度。

一、突发公共卫生事件应急预案的制定和主要内容

突发公共卫生事件应急预案是经过一定程序制定的处理突发事件的事先方案，其内容包括与应急处理突发事件相关的问题。

（一）突发公共卫生事件应急预案的制定

根据《条例》规定，突发公共卫生事件应急预案分为全国突发事件应急预案和省、自治区、直辖市突发事件应急预案。国务院卫生行政主管部门按照分类指导、快速反应的要求，制定全国突发事件应急预案，报请国务院批准；省、自治区、直辖市人民政府根据全国突发事件应急预案，结合本地实际情况，制定本行政区域的突发事件应急预案。

（二）突发公共卫生事件应急预案的内容

根据《条例》规定，突发事件应急预案的内容主要包括：①突发事件应急处理指挥部的组成和相关部门的职责；②突发事件的监测与预警；③突发事件信息的收集、分析、报告、通报制度；④突发事件应急处理技术和监测机构及其任务；⑤突发事件的分级和应急处理工作方案；⑥突发事件预防、现场控制，应急设施、设备、救治药品和医疗器械以及其他物资和技术的储备与调度；⑦突发事件应急处理专业队伍的建设和培训。

由于突发事件的发生和发展难以预测，变化往往超出人们事先的设想，这就需要审时度势，根据突发事件的变化和实施中发现的问题及时修订、补充应急预案，使应急预案更好地适应新的形势和需要，指导应急工作。

二、突发公共卫生事件预防控制体系

（一）宣传教育，增强应急意识

《条例》要求，地方各级人民政府应当依照法律、行政法规的规定，做好传染病预防和其他公共卫

生工作，防范突发事件的发生。县级以上各级人民政府卫生行政主管部门和其他有关部门，应当对公众开展突发事件应急知识的专门教育，增强全社会对突发事件的防范意识和应对能力。

（二）监测和预警

预防为主、常备不懈是突发事件应急工作的基本方针，建立和完善统一的突发事件预防控制体系是对这一工作方针的具体落实。《条例》规定，国家建立全国统一的突发事件预防控制体系；县级以上地方人民政府应当建立和完善突发事件监测与预警系统，开展突发事件的日常监测，确保监测与预警系统的正常运行。

突发事件的监测和预警机制是指在日常工作中，对可能发生的突发事件进行监测，并及时发出预警；突发事件发生后，对突发事件进行跟踪监测，掌握其变化情况，对可能出现的趋势和问题及时进行预警。在监测和预警机制的建立中，要根据突发事件的类别，制定监测计划、预警等级、报告程序和时限，确保监测与预警系统的正常运行。

监测工作的具体要求主要包括：①根据重大传染病疫情、群体性不明原因疾病、重大食物和职业中毒等突发事件的类别进行；②监测计划的制定要根据突发事件的特点，有的放矢；③运用监测数据，进行科学分析，综合评估；④及时发现潜在的隐患；⑤按规定程序和时限报告。

（三）应急储备制度

突发事件应急储备制度是指国务院有关部门和县级以上地方各级人民政府及其有关部门，应当根据突发事件应急预案的要求，保证与突发事件相关工作有关物资、设备、设施、技术与人才资源储备，保证应急设施、设备、救治药品和医疗器械等物资储备。发生突发公共卫生事件时，应根据应急处理工作需要调用储备物资。卫生应急储备物资使用后要及时补充。

（四）应急演练

《突发事件应急预案管理办法》规定，应急预案编制单位应当建立应急演练制度，根据实际情况采取实战演练、桌面推演等方式，组织开展人员广泛参与、处置联动性强、形式多样、节约高效的应急演练。专项应急预案、部门应急预案至少每 3 年进行一次应急演练。

（五）经费储备

组织好应急储备工作是各级政府的职责，提供必要的经费支持是其重要方面。《条例》规定，储备经费的支出要列入本级政府财政预算，国家对边远贫困地区突发事件应急工作给予财政支持。国务院有关部门和地方各级人民政府应积极通过国际、国内等多渠道筹集资金，用于突发公共卫生事件应急处理工作。

三、急救医疗服务网络建设

突发事件发生后，往往会在短时间内造成大量人员伤亡，严重危害公众的健康和生命安全。所以，必须建立健全急救医疗服务网络，建立一支反应快速、专业性较强、能应对复杂局面的医疗救治队伍。急救医疗服务网络的建立主要以省、地（市）两级为单位，按合理布局科学决策，中西医结合、优势互补、科学建设、坚持标准，整体规划、分步实施的原则进行，主要包括医疗救治信息系统、医疗救治队伍和医疗救治机构三个方面。

传染病专科医院是急救医疗服务网络的重要组成部分。《条例》规定设区的市级以上地方人民政府应当设置与传染病防治工作需要相适应的传染病专科医院，或者指定具备传染病防治条件和能力的医疗机构承担传染病防治任务，以满足重大传染病疫情应急反应的需要。

第三节　突发公共卫生事件的报告与信息发布

按照《条例》规定，国务院卫生行政主管部门要建立健全重大、紧急疫情信息报告系统，各地要建立健全从省到村的疫情信息网络，严格执行疫情报告制度和信息发布制度。

一、突发公共卫生事件应急报告

突发事件应急报告制度是指对突然发生的、直接关系到公众健康和社会安全的公共卫生事件，按规定程序和时限向各级人民政府及其有关部门进行报告的制度。突发事件的应急报告是有关决策机关掌握突发事件发生、发展信息的重要渠道，保证突发事件信息报告的准确和通畅，是及时、正确处理突发事件的关键。任何单位和个人对突发事件，不得隐瞒、缓报、谎报或者授意他人隐瞒、缓报、谎报。

（一）报告主体

从严格意义上讲，任何单位和个人均是突发事件应急报告的主体，任何单位和个人发现突发事件的发生，均有义务向有关部门报告。为进一步明确报告人的职责，《条例》规定了责任报告单位和责任报告人。

1. 责任报告单位

（1）县级以上各级人民政府卫生行政主管部门指定的突发事件监测机构。

（2）各级各类医疗卫生机构。

（3）卫生行政部门。

（4）县级以上地方人民政府。

（5）有关单位主要包括突发事件发生单位、与群众健康和卫生保健工作有密切关系的机构，如检验检疫机构、环境保护监测机构和药品监督检验机构等。

2. 责任报告人　指执行职务的医疗卫生机构的医务人员、检疫人员、疾病预防控制人员、乡村医生和个体开业医生等。

（二）应急报告的内容

根据《条例》第 19 条的要求，有下列情形之一的，应急报告主体应按规定向有关部门报告：①发生或者可能发生传染病暴发、流行的；②发生或者发现不明原因的群体性疾病的；③发生传染病菌种、毒种丢失的；④发生或者可能发生重大食物和职业中毒事件的。

首次报告未经调查确认的突发事件或隐患的相关信息，应说明信息来源、危害范围、事件性质的初步判定和拟采取的主要措施。

经调查确认的突发事件报告应包括事件性质、波及范围、危害程度、流行病学分布、势态评估、控制措施等内容。

（三）应急报告的时限和程序

突发事件监测机构、医疗卫生机构和有关单位发现需要报告的突发事件，应当在 2 小时内向所在地县级人民政府卫生行政主管部门报告。接到突发事件信息报告的卫生行政主管部门应当在 2 小时内向本级人民政府报告，并同时向上级人民政府卫生行政主管部门和国务院卫生行政主管部门报告。各级地方人民政府应当在接到报告后 2 小时内向上一级人民政府报告。

对可能造成重大社会影响的突发事件，省以下地方人民政府卫生行政主管部门可直接上报国务院卫生行政主管部门。

接到报告的地方人民政府、卫生行政主管部门依照《条例》规定报告的同时，应当立即组织力量对报告事项调查核实、确证，采取必要的控制措施，并及时报告调查情况。

对举报突发公共卫生事件有功的单位或个人，县级以上各级人民政府及其有关部门应予以奖励。

二、突发公共卫生事件通报

对突发事件的处理往往需要在许多相关部门的配合和努力下共同完成，所以，《条例》规定了突发事件通报制度，并要求各相关部门在接到突发事件的信息通报后，应当根据各自的职责范围采取相应的控制措施，做好相应的工作。

国务院卫生行政主管部门应当根据发生突发事件的情况，及时向国务院有关部门和各省、自治区、直辖市人民政府卫生行政主管部门以及军队有关部门通报。当突发事件只涉及个别部门或者个别地区时，国务院卫生行政主管部门可以根据突发事件应急预案的规定，向可能涉及的部门和地区通报情况。突发事件发生地的省级人民政府卫生行政主管部门，应当及时向毗邻和可能波及的省级人民政府卫生行政主管部门通报突发事件的情况。接到国务院卫生行政主管部门通报的省级人民政府卫生行政主管部门，应当采取相应的防范措施，必要时应当及时通知本行政区域内的医疗卫生机构，组织做好应急处理所需的人员与物资准备。

针对已经发生的突发事件或者发现可能引起突发事件的情形时，县级以上地方人民政府有关部门应当及时向同级人民政府卫生行政主管部门通报。

三、突发公共卫生事件信息发布

以实事求是、科学的态度发布突发事件的信息，是政府对社会负责任的体现；及时、准确、全面地发布突发事件信息是有效控制突发事件的一项积极主动的措施。因此，《条例》规定，国家建立突发事件的信息发布制度，国务院卫生行政主管部门负责向社会发布突发事件的信息。必要时，经国务院卫生行政主管部门的授权，省级人民政府卫生行政主管部门可以向社会发布本行政区域内突发事件的信息。

第四节　突发公共卫生事件应急处理

一、突发公共卫生事件应急预案的启动

（一）应急预案的启动

突发事件发生后，卫生行政主管部门应当组织专家对突发事件进行综合评估，初步判断突发事件的类型，提出是否启动突发事件应急预案的建议。

在全国范围内或者跨省、自治区、直辖市范围内启动全国突发事件应急预案，由国务院卫生行政主管部门报国务院批准后实施。省、自治区、直辖市启动突发事件应急预案，由省、自治区、直辖市人民政府决定，并向国务院报告。

（二）应急预案启动的准备

应急预案启动前，县级以上各级人民政府有关部门应当根据突发事件的实际情况，做好应急处理准备，采取必要的应急措施。应急预案启动后，突发事件发生地人民政府有关部门，应当根据预案规定的职责要求，服从突发事件应急处理指挥部的统一指挥，立即到达规定岗位，采取有效控制措施，控制疫情。医疗卫生机构、监测机构和科学研究机构，应当服从突发事件应急处理指挥部的统一指挥，相互配

合、协作，集中力量开展好相关的科学研究工作。

二、突发公共卫生事件应急处理措施

（一）法定传染病的宣布

国务院卫生行政主管部门对新发现的突发传染病，根据危害程度、流行强度，依据《传染病防治法》的规定，及时宣布为法定传染病；宣布为甲类传染病的，由国务院决定。

（二）调查评价

省级以上人民政府卫生行政主管部门或者其他有关部门有权指定突发事件应急处理专业技术机构，负责突发事件的技术调查、确证、处置、控制和评价工作。

（三）应急物资、人员、交通工具的调集

突发事件发生后，国务院有关部门和县级以上地方人民政府及其有关部门，应当保证突发事件应急处理所需的医疗救护设备、救治药品、医疗器械等物资的生产、供应；铁路交通、民用航空行政主管部门应当保证及时运送。根据应急处理需要，应急处理指挥部有权紧急调集人员、储备物资、交通工具以及相应的设施、设备参加应急处理工作。

（四）疫区控制

突发事件应急处理指挥部根据突发事件应急处理的需要，可以对食物和水源采取控制措施。县级以上地方人民政府卫生行政主管部门应当对突发事件现场等采取控制措施，宣传突发事件防治知识，及时对易感人群和其他易受损害的人群采取应急接种、预防性投药、群体防护等措施。

三、各部门职责

1. 国务院卫生行政主管部门的职责 对新发现的突发传染病、不明原因的群体性疾病、重大食物和职业中毒事件，国务院卫生行政主管部门应当尽快组织力量制定相关的技术标准、规范和控制措施。国务院卫生行政主管部门或者其他有关部门指定的专业技术机构，有权进入突发事件现场进行调查、采样、技术分析和检验，对地方突发事件的应急处理工作进行技术指导，有关单位和个人应当予以配合。

2. 各地方人民政府的职责 突发事件发生地的县级以上地方人民政府，应当对传染病暴发、流行区域内流动人口做好预防工作，落实有关卫生控制措施；对传染病病人和疑似传染病患者，应当采取就地隔离、就地观察、就地治疗的措施。

3. 基层村民组织的职责 传染病暴发、流行时，街道、乡镇以及居民委员会、村民委员会应当组织力量，团结协作，群防群控，协助卫生行政主管部门和其他有关部门、医疗卫生机构做好疫情信息的收集和报告、人员的分散隔离、公共卫生措施落实，向居民、村民宣传传染病防治的相关知识。

4. 医疗卫生机构的职责 医疗卫生机构应当对因突发事件致病的人员提供医疗救护和现场救援，对就诊患者必须接诊治疗，并书写详细、完整的病历记录；对需要转送的患者，应当按照规定将患者及其病历记录的复印件转送至接诊的或者指定的医疗机构。医疗卫生机构内应当采取卫生防护措施，防止交叉感染和污染；医疗卫生机构应当对传染病患者密切接触者采取医学观察措施；医疗机构收治传染病患者、疑似传染病患者，应当依法报告所在地的疾病预防控制机构。预防控制机构接到报告的疾病，应当立即对可能受到危害的人员进行调查，根据需要采取必要的控制措施。

5. 交通运输部门的职责 交通工具上发现国务院卫生行政主管部门规定的需要采取应急控制措施的传染病患者，疑似传染病患者，其负责人应当以最快的方式通知前方停靠点，并向交通工具营运单位报告。

交通工具的前方停靠点和营运单位应当立即向交通工具营运单位行政主管部门和县级以上地方人民政府卫生行政主管部门报告。卫生行政主管部门接到报告后，应当立即组织有关人员采取相应的医学处置措施。

交通工具上的传染病患者密切接触者，由交通工具停靠点的县级以上人民政府卫生行政主管部门或者铁路、交通、民用航空行政主管部门，根据各自的职责，依照传染病防治法律、行政法规的规定，采取控制措施。

涉及国境口岸和入出境的人员、交通工具、货物、集装箱、行李、邮包等需要采取传染病应急控制措施的，按照国境卫生检疫法律、行政法规的规定依法办理。

6. 公安部门的职责　在突发事件中需要接受隔离治疗、医学观察措施的患者、疑似患者和传染病患者密切接触者在卫生行政主管部门或者有关机构采取医学措施时应当予以配合；拒绝配合的，可由公安机关依法协助强制执行。

素质提升

最美逆行者——吴安华

2020年1月21日接到国家卫健委通知，中南大学湘雅医院感染控制中心主任吴安华不顾自己年近6旬、曾经心肌梗死装有3个支架的身体状况，紧急奔赴武汉作为国家卫健委新冠肺炎医疗救治组专家指导疫情防控，为湖南支援湖北武汉抗疫第一人。到达后连夜制订医疗机构新冠病毒感染防控技术指南，第一时间为做好援鄂医疗队员防护提出医疗队配置感控专职人员和岗前培训建议并被采纳。

在短时间内牵头起草4项疫情防控指南，多次深入病区培训医务人员100余场次，15000余人，为实现全国4.26万名援鄂医疗队员零感染新冠肺炎作出重大贡献。2020年3月荣获“全国卫生健康系统新冠肺炎疫情防控工作先进个人”称号。2020年5月获全国创新争先奖奖状。2020年9月被中共中央授予“全国优秀共产党员”，被中共中央、国务院和中央军委授予“全国抗击新冠肺炎疫情先进个人”。

第五节　应急状态的终结和善后处理

一、应急状态的终结

突发事件的终结需符合以下条件：突发事件隐患或相关危险因素消除后，或末例传染病病例发生后经过最长潜伏期无新的病例出现。

一般突发事件由县级人民政府卫生行政主管部门组织专家进行分析论证，提出终结建议，报请县级人民政府或县级突发事件应急处理指挥部批准后实施，并向上一级人民政府卫生行政主管部门报告。

较大突发事件由地市级人民政府卫生行政主管部门组织专家进行分析论证，提出终结建议，报地市级人民政府或地市级突发事件应急处理指挥部批准后实施，并向上一级人民政府卫生行政主管部门报告。

重大突发事件由省级人民政府卫生行政主管部门组织专家进行分析论证，提出终结建议，报省级人民政府或省级突发事件应急处理指挥部批准后实施，并向国务院卫生主管部门报告。

特别重大突发事件由国务院卫生行政主管部门组织国家有关专家进行分析论证，提出终结建议，报国务院或全国突发事件应急处理指挥部批准后实施。

二、善后处理

（一）评估

突发事件结束后，各级卫生行政主管部门应在本级政府的领导下，组织有关人员对突发事件的处理情况进行评估，评估内容主要包括事件概况、现场调查处理概况、患者救治情况、所采取措施的效果评价、应急处理过程中存在的问题和取得的经验，评估报告上报本级政府和上一级政府卫生行政主管部门。

（二）奖励

县级以上人民政府人事部门和卫生行政部门对参加突发公共卫生事件应急处理作出贡献的先进集体和个人进行联合表彰；民政部门对在突发公共卫生事件应急处理工作中英勇献身的人员，按有关规定追认为烈士。

（三）责任追究

对在突发公共卫生事件的预防、报告、调查、控制和处理过程中，有玩忽职守、失职、渎职等行为的，依据《突发公共卫生事件应急条例》及有关法律法规追究当事人的责任。

（四）抚恤和补助

地方各级人民政府要组织有关部门对因参与应急处理工作致病、致残、死亡的人员，按照国家有关规定，给予相应的补助和抚恤；对参加应急处理一线工作的专业技术人员应根据工作需要制订合理的补助标准，给予补助。

（五）征用物资、劳务的补偿

突发公共卫生事件应急工作结束后，地方各级人民政府应组织有关部门对应急处理期间紧急调集、征用有关单位、企业、个人的物资和劳务进行合理评估，给予补偿。

第六节　法律责任

一、未按规定履行报告职责的法律责任

（一）县级以上地方人民政府及其卫生行政部门的法律责任

县级以上地方人民政府及其卫生行政部门未依照《突发公共卫生事件应急条例》的规定履行报告职责，对突发事件隐瞒、缓报、慌报或者授意他人隐瞒、缓报、谎报的，对政府主要领导人及其卫生行政部门主要负责人，依法给予降级或者撤职的行政处分；造成传染病传播、流行或者对社会公众健康造成其他严重危害后果的，依法给予开除的行政处分；构成犯罪的，依法追究刑事责任。

（二）医疗卫生机构隐瞒、缓报、谎报的法律责任

医疗卫生机构隐瞒、缓报、谎报的，由卫生行政部门责令改正、通报批评、给予警告；情节严重的，吊销《医疗机构执业许可证》；对主要负责人、负有责任的主管人员和其他直接责任人员依法给予降级或者撤职的纪律处分；造成传染病传播、流行或者对社会公众健康造成其他严重危害后果，构成犯罪的，依法追究刑事责任。

（三）有关单位和个人未依照规定履行报告职责的法律责任

在突发事件应急处理工作中，有关单位和个人未依照规定履行报告职责，隐瞒、缓报或者谎报的，对有关责任人员依法给予行政处分或者纪律处分；触犯治安管理法律法规，构成违反治安管理行为的，由公安机关依法予以处罚；构成犯罪的，依法追究刑事责任。

二、未按规定完成应急物资的生产、供应、运输和储备的法律责任

国务院有关部门、县级以上地方人民政府及其有关部门未依照规定完成突发事件应急处理所需要的设施、设备、药品和医疗器械等物资的生产、供应、运输和储备的，对政府主要领导人和政府部门主要负责人依法给予降级或者撤职的行政处分；造成传染病传播、流行或者对社会公众健康造成其他严重危害后果的，依法给予开除的行政处分；构成犯罪的，依法追究刑事责任。

三、不配合调查或者阻碍、干涉调查的法律责任

突发事件发生后，县级以上地方人民政府及其有关部门对上级人民政府及有关部门的调查不予配合，或者采取其他方式阻碍、干涉调查的，对政府主要领导人和政府部门主要负责人依法给予降级或者撤职的行政处分；构成犯罪的，依法追究刑事责任。

在突发事件应急处理工作中，有关单位和个人阻碍突发事件应急处理工作人员执行职务，拒绝国务院卫生行政部门或者其他有关部门指定的专业技术机构进入突发事件现场，或者不配合调查采样、技术分析和检验的，对有关责任人员依法给予行政处分或者纪律处分；触犯治安管理法律法规，构成违反治安管理行为的，由公安机关依法予以处罚；构成犯罪的，依法追究刑事责任。

四、玩忽职守、失职、渎职的法律责任

县级以上各级人民政府卫生行政部和其他有关部门在突发公共卫生事件调查、控制、医疗救治工作中玩忽职守、失职、渎职的，由本级人民政府或者上级人民政府有关部门责令改正、通报批评给予警告；对主要负责人、负有责任的主管人员和其他责任人员依法给予降级、撤职的行政处分；造成传染病传播、流行或者对社会公众健康造成其他严重危害后果的，依法给予开除的行政处分；构成犯罪的，依法追究刑事责任。

五、拒不履行应急处理职责的法律责任

县级以上各级人民政府有关部门拒不履行应急处理职责的，由同级人民政府或者上级人民政府有关部门责令改正、通报批评、给予警告；对主要负责人、负有责任的主管人员和其他责任人员依法给予降级、撤职的行政处分；造成传染病传播、流行或者对社会公众健康造成其他严重危害后果的，依法给予开除的行政处分；构成犯罪的，依法追究刑事责任。

六、医疗卫生机构违反规定职责的法律责任

医疗卫生机构未依照规定及时采取控制措施的、未履行突发公共卫生事件监测职责的、拒绝接诊患者的、拒不服从突发公共卫生事件应急处理指挥部调度的，由卫生行政部门责令改正、通报批评、给予警告；情节严重的，吊销《医疗机构执业许可证》。对主要负责人、负有责任的主管人员和其他直按责任人员依法给予降级或者撤职的纪律处分；造成传染病传播、流行或者对社会公众健康造成其他严重危害后果，构成犯罪的，依法追究刑事责任。

目标检测

一、选择题

（一）单项选择题

1.《突发公共卫生事件应急条例》布实施的时间是（　）

A. 2002 年 5 月 1 日　B. 2003 年 5 月 9 日　C. 2003 年 5 月 12 日
D. 2003 年 11 月 7 日　E. 2004 年 12 月 1 日

2. 突发公共卫生事件分为（　）

A. 三级　B. 四级　C. 五级
D. 六级　E. 八级

3. 突发事件应急工作应当遵循的方针是（　）

A. 预防为主，常备不懈　B. 统一领导，分级负责　C. 反应及时，措施果断
D. 依靠科学，加强合作　E. 统一指挥，高效权威

4. 突发事件监测机构、医疗卫生机构和有关单位发现需要报告的突发事件，应当在（　）内向所在地县级人民政府卫生行政主管部门报告

A. 2 小时　B. 6 小时　C. 12 小时
D. 24 小时　E. 48 小时

5. 在突发公共卫生事件应急处理工作中，有关单位和个人不配合有关主业技术人员调查、采样、技术分析和检验的，对有关责任人给予（　）

A. 警告　B. 吊销执照　C. 降级或者撤职的纪律处分
D. 行政处分或者纪律处分　E. 追究刑事责任

（二）多项选择题

6.《突发公共卫生事件应急条例》规定，对下列哪些事件，国务院卫生行政主管部门应当尽快组织力量制定相关的技术标准、规范和控制措施（　）

A. 严重影响公众健康事件　B. 不明原因的群体性疾病　C. 重大食物中毒事件
D. 重大职业中毒事件　E. 法定传染病

7.《突发公共卫生事件应急条例》对突发公共卫生事件信息发布的要求是（　）

A. 及时　B. 准确　C. 全面
D. 主动　E. 制造影响

8.《突发公共卫生事件应急条例》规定，对传染病患者和疑似传染病患者，应当采取的措施是（　）

A. 就地隔离　B. 就地观察　C. 就地治疗
D. 尽快转诊　E. 及时报告

9. 突发公共卫生事件预防控制体系包括（　）

A. 宣传教育　B. 监测和预警　C. 应急储备制度
D. 应急演练　E. 经费储备

二、思考题

1. 如果你是应急报告责任报告人，应急报告一般包括哪些内容？
2. 突发公共卫生事件的应急处理措施有哪些？
3. 运用本章所学知识，你觉得在以后医疗工作过程中应该如何加强警惕，提高应急能力？

（吴敏泉　唐　艳）

第十章　血液管理法律制度

学习目标

1. 通过本章学习，重点掌握献血、采血、供血、血站、血液制品的内涵及监管制度。

2. 学会采供血机构、医疗临床用血机构、血液制品生产与经营机构的管理及执业许可要求，具有执行与管理的能力；学会献血法律制度的适用及其立法意义，具有分析违反献血法律制度所必须承担的法律责任的能力。

血液由血浆和血液细胞构成，是心脏和血管腔内循环流动的重要组织，是生命的源泉，输血已成为重要的临床诊疗手段之一。现阶段所研究出的人造血液与人体内的血液相比，在输送养分、免疫外界感染等方面存在缺点而不能被广泛使用。因此，医疗临床用血只能依靠公民献血来解决。血液在采集、储存、运输、使用过程中，如果缺乏严格的管理、检测等制度，不仅输血安全难以保障，甚至会给人类带来灾难。所以，贯彻实施血液管理法律制度，依法采血管血用血，促进我国医疗血液事业健康有序发展显得至关重要。

情境导入

情境描述　2019 年 11 月 19 日，某市卫生监督局在对某公司（单采血浆站）进行监督检查时发现：

1. 在放射科 2019 年 6、7 月份的《X 光机（DR）拍片情况记录》“阳性情况说明”一栏记录有：蓝某，2019 -6 -17，男，肺 TB。蓝某的 DR 检查报告单意见为“考虑浸润型肺结核，建议进一步检查”；

2. 在体检科 2019 年 6 月 17 日的《献血浆者健康征询、体格检查及献浆综合评价表》中蓝某体检结论为合格。在血源科使用的某软件系统上查见蓝某 2019 年 6 月 17 日的体检结论为合格。2019 年 6 月 17 日至 11 月 18 日，其共有 12 次采浆记录。经查实，从 2019 年 6 月 17 日至 2019 年 11 月 18 日，某公司有采集健康检查不合格者蓝某血浆的事实。

讨论　1. 案例中的公司（单采血浆站）在对蓝某的体检报告审查时存在什么问题？

2. 对该单采血浆站的违法行为应给予什么处罚？

第一节　概　述

一、概念与立法意义

（一）概念

献血法是指调整保证临床用血需要和安全，保障献血者和用血者身体健康活动中产生的各种社会关系的法律规范的总称。我国的献血法律制度既包括 1997 年 12 月 29 日第八届全国人大常委会第 29 次会议通过、自 1998 年 10 月 1 日起施行的《中华人民共和国献血法》（以下简称《献血法》），也包括国务院1996年12月3日颁布、2016年2月6日修订的《血液制品管理条例》，还包括卫生部制定的《血站管理办法》《医疗机构临床用血管理办法》《临床输血技术规范》及有关血液管理的地方性法规和规章。

《献血法》的目的是为保证医疗临床用血需要和安全，保障献血者和用血者身体健康，发扬人道主义精神，促进社会主义物质文明和精神文明建设。2004年，红十字会和红新月会国际联合会、世界卫生组织、献血者国际联合会以及国际输血协会联合发起，把每年的6月14日定为“世界献血者日”。实行无偿献血是社会文明和进步的具体体现，是一种为社会和他人无私奉献大爱的人道主义精神，更是一种“我为人人，人人为我”的社会共济行为；有助于弘扬中华民族团结、友爱、互助的千年传承美德，更是建设社会精神文明的具体表现。因此，每个公民都有义务和责任，积极参与无偿献血的社会公益事业之中。

（二）立法意义

《献血法》及其配套法规的颁布与实施，确立了我国实行无偿献血制度，规范了采供血机构的设置、执业、注册和管理，使献血的数量、质量均有明显提高，标志着我国血液工作开始进入全面依法管理的新阶段。《献血法》的实施，对于提高血液质量，预防和控制经血液传播的疾病，保障献血者和用血者的身体健康，保证医疗用血需要，促进临床合理、科学用血和血液事业的发展具有重要意义。《献血法》实施以来，我国无偿献血事业取得了明显成效。

二、无偿献血法律制度

（一）献血法的适用

献血法律制度适用于中华人民共和国境内的各级人民政府、各级卫生行政部门、所有采供血机构、血液制品生产与经营机构及18～55周岁的全体公民。

（二）无偿献血的含义

《献血法》规定，我国实行无偿献血制度。无偿献血是指达到一定年龄的健康公民向血站自愿地提供自身的血液或某种血液成分用于临床，而不索取任何报酬的制度。目前我国无偿献血包括单位计划无偿献血和公民自愿无偿献血。

1991年，在布达佩斯召开的红十字会和红新月会国际联合会第8届大会通过的第34号决议，将自愿无偿献血定义为：“出于自愿提供自身的血液、血浆或其他血液成分而不索取任何报酬的人被称为自愿无偿献血者。无论是金钱或礼品都可视为金钱的替代，包括休假和旅游等，而小型纪念品和茶点，以及支付交通费则是合理的。”

（三）无偿献血的主体

《献血法》规定，国家提倡18～55周岁的健康公民自愿献血。既往无献血反应、符合健康检查要求的多次献血者主动要求再次献血的，年龄可延长至60周岁。

（四）无偿献血的用途

无偿献血的最终目的是将血液用于挽救生命、维护健康。《献血法》规定，无偿献血的血液必须用于临床，不得买卖。血站、医疗机构不得出售血液给单采血浆站或血液制品生产单位。

（五）无偿献血的管理

1. 组织与协调　国家机关、军队、社会团体、企业事业组织、居民委员会、村民委员会，应当动员和组织本单位或者本居住区的适龄公民参加献血。对献血者，发给国务院卫生行政部门制作的无偿献血证书，有关单位可以给予适当补贴。“适当补贴”原则上是指少量的、必要的交通费等费用。

鼓励国家工作人员、现役军人和高等学校在校学生率先献血，为树立社会新风尚做表率。各级人民政府和红十字会对积极参加献血和在献血工作中做出显著成绩的单位和个人，给予表彰、奖励。无偿献血者及其配偶、直系亲属临床需要用血时，可以享受用血费用减免等优惠待遇。

2. 动员与宣传 无偿献血关系到全体公民，涉及面广。做好无偿献血工作不仅是各级卫生行政部门的职责，还需要在各级政府统一规划、组织、协调下，加强教育、宣传工作。居民委员会和村民委员会等也要在宣传、动员和组织方面做许多具体工作。因此，献血法规定，各级人民政府领导本行政区域内的献血工作，县级以上各级卫生行政部门监督管理献血工作，各级红十字会依法参与、推动献血工作。同时还规定，各级人民政府采取措施广泛宣传献血的意义，普及献血的科学知识，开展预防和控制经血液途径传播的疾病的教育。广播、电视、报刊等大众传播媒体应当积极开展献血的社会公益性宣传，增强公民自愿献血的意识。

医疗卫生教育机构应当利用各种形式和宣传工具进行健康教育。无偿献血制度的推行，也需要新闻媒体加大宣传力度，树立无偿献血的社会责任感。无偿献血的宣传要注重社会效益，不能以谋取利益为目的。

素质提升

传递生命温情，16 年坚持无偿献血 74 次

长沙市中心医院血液净化中心刘立毅，除了是一名普通护士外，还是无偿献血爱心人士，是2018—2019 年度全国无偿献血奉献奖金奖获得者。刘立毅表示他对血液救人的概念是进入大学正式学医后有了深入认知，大学已经完成 6 次无偿献血，至今已有 16 年。16 年里，他献血 74 次，全血献血总量高达 7500ml，成分献血总量 56 次治疗量。这是一个怎样的概念呢？一个体重 60kg 的成年男性，全身血液量约 4000ml，相当于他把自己全身的血液近乎献了两遍。

作为一名医务工作者，刘立毅更能体会血液的重要性。他不仅自己定期到血站献血，还积极动员身边同事和朋友一起加入到献血的队伍中来。涓涓细流汇成大海，爱心人士纷纷集结起来，组成了一个 100 多人的“遂宁单采血小板志愿者群”。

刘立毅对我国无偿献血事业不断支持与无私奉献，用实际行动为“白衣天使”群体描上了温暖的底色。让我们为刘立毅点赞，为千千万万个无私奉献、不计回报的无偿献血者点赞。

第二节　采血与供血

血站是指不以营利为目的的采集、制备、储存血液，并向临床提供血液的公益性卫生机构。它具有很强的专业性和责任性，必须在地方各级政府的支持和管理下依法做好采集、提供临床用血工作，并以全部精力为公民用血安全服务。

一、采供血机构及其管理

（一）血站的设置与审批

《血站管理办法》规定，各省、自治区、直辖市人民政府卫生行政部门根据本行政区域人口、医疗资源、临床用血需要等实际情况和当地区域卫生发展规划，制定本行政区域血站设置规划，报同级人民政府批准，并报卫生部备案。血站分为一般血站和特殊血站。

1. 一般血站的设置和审批

（1）血液中心的设置　在省、自治区人民政府所在地的城市和直辖市，应规划设置一所相应规模的血液中心

（2）中心血站的设置　在设区的市级人民政府所在地的城市，可规划设置一所相应规模的中心血站。中心血站供血半径应大于100km。距血液中心150km范围内（或在3小时车程内）的设区的市，原则上不单独设立中心血站；与已经设立中心血站距离不足100 km的相近（邻）设区的市原则上不单独设立中心血站。

（3）中心血库的设置　在血液中心或中心血站3个小时车程内不能提供血液的县（市），可根据实际需要在县级医疗机构内设置一所中心血库，其任务是完成本区域的采供血任务，供血半径应在60km左右。距血液中心或中心血站3小时车程内的县（市）原则上不予设置。

根据《采供血机构设置规划指导原则》，一个城市内不得重复设置血液中心、中心血站。血液中心和中心血站可根据服务区域实际需要，设立非独立的分支机构、固定采血点、储血点。固定采血点、储血点不得进行血液检测。

2. 特殊血站的设置和审批　特殊血站包括脐带血造血干细胞库和国务院卫生行政部门根据医学发展需要批准、设置的其他类型血库。

脐带血造血干细胞库，是指以人体造血干细胞移植为目的，具有采集，处理、保存和提供造血干细胞的能力，并具有相当研究实力的特殊血站。

根据《脐带血造血干细胞库管理办法（试行）》，国家对脐带血造血干细胞库实行全国统一规划，统一布局，统一标准，统一规范和统一管理制度。符合现划的省级行政区域范围内，只能设置一个脐带血造血干细胞库。脐带血造血干细胞库不得在批准设置地以外的省、自治区、直辖市设置分支机构或采血点。

国家不批准设置以营利为目的的脐带血造血干细胞库等特殊血站。任何单位和个人不得以营利为目的进行脐带血采供活动。

申请设置脐带血造血干细胞库等特殊血站的，应当按照国务院卫生行政部门规定的条件向所在地省级人民政府卫生行政部门申请。省级人民政府卫生行政部门组织初审后报国务院卫生行政部门。国务院卫生行政部门对脐带血造血干细胞库等特殊血站的设置审批按照申请的先后顺序进行。脐带血造血干细胞库等特殊血站执业，应当向所在地省级人民政府卫生行政能门申请办理执业登记。

（二）血站的职责

1. 血液中心的职责　血液中心应当具有较高综合质量评价的技术能力。其主要职责是：①按照省级人民政府卫生行政部门的要求，在规定范围内开展无偿献血者的招募、血液的采集与制备、临床用血供应以及医疗用血的业务指导等工作；②承担所在省、自治区、直辖市血站的质量控制与评价；③承担所在省、自治区、直辖市血站的业务培训与技术指导；④承担所在省、自治区、直辖市血液的集中化检测任务；⑤开展血液相关的科研工作；⑥承担卫生行政部门交办的任务。

2. 中心血站的职责　中心血站的主要职责是：①按照省级人民政府卫生行政部门的要求，在规定范围内开展无偿献血者的招募、血液的采集与制备、临床用血供应以及医疗用血的业务指导等工作；②承担供血区城范围内血波储存的质量控制；③对所在行政区域内的中心血库进行质量控制；④承担卫生行政部门交办的任务。

3. 中心血库的职责　中心血库的主要职责是：按照省级人民政府卫生行政部门的要求，在规定范围内开展无偿献血者的招募、血液的采集与制备、临床用血供应以及医疗用血业务指导等工作。

（三）血站执业登记

《献血法》规定，设立血站向公民采集血液，必须经国务院卫生行政部门或者省、自治区、直辖市人民政府卫生行政部门批准。《血站管理办法》规定，血站开展采供血活动，应当向所在省、自治区、直辖市人民政府卫生行政部门申请办理执业登记，取得《血站执业许可证》。没有取得《血站执业许可证》的，不得开展采供血活动。《血站执业许可证》有效期为3年。

《血站管理办法》规定，有下列情形之一的，不予执业登记：①《血站质量管理规范》技术审查不合格的；②《血站实验室质量管理规范》技术审查不合格的；③血液质量检测结果不合格的。执业登记机关对审核不合格、不予执业登记的，将结果和理由以书面形式通知申请人。

《血站执业许可证》有效期满前3个月，血站应当办理再次执业登记，并提交《血站再次执业登记申请书》及《血站执业许可证》。省级人民政府卫生行政部门应当根据血站业务开展和监督检查情况进行审核，审核合格的，予以继续执业。未通过审核的，责令其限期整改；经整改仍审核不合格的，注销其《血站执业许可证》。未办理再次执业登记手续或者被注销《血站执业许可证》的血站，不得继续执业。

（四）特殊血站执业

《血站管理办法》规定，脐带血造血干细胞库等特殊站执业除应当遵守一般血站的执业要求外，还应当遵守以下规定：①按照国务院卫生行政部门规定的脐带血造血干细胞库等特殊血站的基本标准、技术规范等执业；②脐带血等特殊血液成分的采集必须符合医学伦理的有关要求，并遵循自愿和知情同意的原则，脐带血造血干细胞库必须与捐献者签署经执业登记机关审核的知情同意书；③脐带血造血干细胞库等特殊血站只能向有造血干细胞移植经验和基础，并装备有造血干细胞移植所需的无菌病房和其他必须设施的医疗机构提供脐带血造血干细胞；④出于人道主义、救死扶伤的目的，必须向境外医疗机构提供脐带血造血干细胞等特殊血液成分的，应当严格按照国家有关人类遗传资源管理规定办理手续；⑤脐带血等特殊血液成分必须用于临床。

二、采血管理与供血管理

（一）采血管理

采集血液是指以采血器材与人体发生直接接触的活动。

1. 基本要求 《血站管理办法》规定，血站应当根据医疗机构临床用血需求，制定血液采集、制备、供应计划，保障临床用血安全、及时、有效，并为献血者提供安全、卫生、便利的条件和良好的服务，血站应当建立献血者的信息和保密制度，为献血者保密。

2. 健康检查 为了保障献血者和用血者身体健康，血站应当按照国家有关规定对献血者进行健康检查和血液采集。

（1）健康检查 血站在每次采血前必须免费对献血者进行必要的身体健康检查。身体状况不符合献血条件的，血站应向其说明情况并不得采集血液。

（2）身份核对 血站采血前应当对献血者身份进行核对并进行登记。严禁采集冒名项替者的血液。

（3）知情同意 血站采集血液应当遵循自愿和知情同意的原则，对献血者履行规定的告知义务，并取得献血者签字的知情同意书。

根据《献血者健康检查要求》（GB 18467—2011）。告知内容主要如下。①献血动机：无偿献血是出于利他主义的动机，目的是帮助需要输血的患者。②安全献血者的重要性：不安全的血液会危害患者的生命与健康，具有高危行为的献血者不应献血，如静脉药瘾史、男男性行为或具有经血传播疾病（艾滋病、丙型肝炎、乙型肝炎、梅毒等）风险的。③具有高危行为者故意献血的责任。④实名制献血：冒用他人身份献血的，应按照相关法律规定承担责任。⑤献血者献血后回告：献血者如果认为已捐献的血液可能存在安全隐患，应当尽快告知血站。⑥献血反应。⑦应该如实填写健康状况征询表。⑧血液检测。⑨疫情报告：血站将向当地疾病预防控制中心报告艾滋病病毒感染等检测阳性的结果及其个人资料。

3. 质量管理 血站开展采供血业务应当实行全面质量管理，严格遵守《中国输血技术操作规程》《血站质量管理规范》和《血站实验室质量管理规范》等技术规范和标准。血站应当建立对有易感染经血液传播疾病危险行为的献血者献血后的报告工作程序、献血屏蔽和淘汰制度；建立人员岗位责任制度和采供血管理相关工作制度，并定期检查、考核各项规章制度和各级各类人员岗位责任制的执行和落实情况。《献血法》规定，采血必须由具有采血资格的医务人员进行。根据《血站管理办法》，血站工作人员应当符合岗位执业资格的规定，并接受血液安全和业务岗位培训与考核，领取岗位培训合格证书后方可上岗，血站工作人员每人每年应当接受不少于75学时的岗位继续教育。

4. 采血量和献血间隔 《献血法》规定，血站对献血者每次采集血液量一般为200ml。最高不得超过400ml；献血间隔不得少于6个月。严格禁止血站违反规定对献血者超量、频繁采集血液。

（1）献血量 全血献血者每次可献全血400ml，或者300ml、或者200ml。单采血小板献血者：每次可献1~2个治疗单位，或者1个治疗单位及不超过200ml血浆，全年血小板和血浆采集总量不超过10L。上述献血量均不包括血液检测留样的血量和保养液或抗凝剂的量。

（2）献血间隔 全血献血间隔：不少于6个月。单采血小板献血间隔：不少于2周，不大于24次/年。因特殊配型需要，由医生批准，最短间隔时间不少于1周、单采血小板后与全血献血间隔，不少于4周。全血献血后与单采血小板献血间隔，不少于3个月。

5. 采血器材的使用 血站采集血液必须使用有生产单位名称和批准文号的一次性采血器材，不得使用可重复使用的采血器材和无生产单位名称和批准文号的一次性采血器材；同时，一次性采血器材一次使用后必须销毁，不得再次使用。

6. 血液检测 血站对采集的血液必须根据国务院卫生行政部门制定的献血者血液检验标准规定的项目进行检测；未经检测或者检测不合格的血液，不得向医疗机构提供。《血站管理办法》规定，血站应当保证所采集的血液由具有血液检测实验室资格的实验室进行检测。对检测不合格或者报废的血液，血站应当严格按照有关规定处理。

（二）供血管理

血液的供应由血站负责。

1. 发血 血站应当保证发出的血液质量符合国家有关标准，其品种、规格、数量、活性、血型无差错；未经检测或者检测不合格的血液，不得向医疗机构提供．。

2. 血液包装、储存和运输 血站向医疗机构提供的血液，其包装、储存和运输应当符合《血站质量管理规范》的要求。

（1）血液的包装 对于临床用血，血站和医疗机构应当使用符合国家规定的卫生标准和要求的包装袋进行包装，以确保血液的质量；血液包装袋上应当标明：①血站的名称及其许可证号；②献血编号或者条形码；③血型；④血液品种；⑤采血日期及时间或制备日期及时间；⑥有效日期及时间；⑦储存条件。

（2）血液的储存 血站应当加强对其所设储血点的质量监督，确保储存条件，保证血液储存质量按照临床需要进行血液储存和调换。

（3）血液的运输 血站和医疗机构应当使用符合卫生标准的运输工具进行血液的运输，以确保血液不受污染。

第三节　临床用血的管理

临床用血是医疗过程中必不可少的环节。无偿献血的最终目的是将血液应用于临床，以挽救伤病者的生命，维护其健康。因此，加强临床用血管理是十分必要的。

一、临床用血的原则

为了最大限度地发挥血液的功效，根据国际上惯用的做法，《献血法》对医疗机构合理、科学用血提出了具体指导原则，即采用成分输血，也就是首先将采集的血液进行分离，分别储存，然后针对不同患者的不同需要输入血液的不同成分，这样就使血液能得以充分的利用，减少浪费。成分血的广泛使用，将会剩余大量的血浆，剩余的血浆也不得浪费，要充分利用。为了能更加合理、科学地利用血液，国家鼓励临床用血新技术的研究和推广。

二、临床用血的管理内容

医疗机构应当使用卫生行政部门指定血站提供的血液，加强临床用血管理，建立并完善管理制度和工作规范，并保证落实。

（一）预警机制

医疗机构应当配合血站建立血液库存动态预警机制，保障临床用血需求和正常医疗秩序；应当对血液预订、接收、入库、储存、出库及库存预警等进行管理，保证血液储存、运送符合国家有关标准和要求。

（二）临床用血核查

《献血法》规定，临床用血的包装、储存、运输，必须符合国家规定的卫生标准和要求；医疗机构对临床用血必须进行核查。医疗机构不得将不符合国家规定标准的血液用于临床。

1. 接收血液核对　医疗机构接收血站发送的血液后，应当对血袋标签进行核对。符合国家有关标准和要求的血液入库，做好登记；并按不同品种、血型和采血日期（或有效期），分别有序存放于专用储藏设施内。血袋标签核对的主要内容是：①血站的名称；②献血编号或者条形码、血型；③血液品种；④采血日期及时间或制备日期及时间；⑤有效期及时间；⑥储存条件。禁止将血袋标签不合格的血液入库。

2. 血液发放和输血核对　医疗机构在血液发放和输血时应当进行核对，并指定医务人员负责血液的收领、发放工作。

根据《临床输血技术规范》的要求，取血与发血的双方必须共同查对患者姓名、性别、病案号、门急诊（病室）、床号、血型、血液有效期及配血试验结果，以及保存血的外观等，准确无误时，双方共同签字后方可发出。凡血袋有下列情形之一的，一律不得发出：①标签破损、字迹不清；②血袋有破损、漏血；③血液中有明显凝块；④血浆呈乳糜状或暗灰色；⑤血浆中有明显气泡、絮状物或粗大颗粒；⑥未摇动时血浆层与红细胞的界面不清或交界面上出现溶血；⑦红细胞层呈紫红色；⑧过期或其他须查证的情况。

血液发出后，受血者和供血者的血样保存于2～6℃冰箱，至少7天，以便对输血不良反应追查原因。血液发出后不得退回。

（三）储血设施

医疗机构储血设施应当保证运行有效，全血、红细胞的储藏温度应当控制在2～6℃，血小板的储藏温度应当控制在20～24℃。储血保管人员应当做好血液储藏温度的24小时监测记录。储血环境应当符合卫生标准和要求。

（四）输血治疗方案

《临床输血技术规范》要求，医务人员应当认真执行临床输血技术规范，严格掌握临床输血适应证，根据患者病情和实验室检测指标，对输血指征进行综合评估，制订输血治疗方案。

（五）临床用血申请

医疗机构应当建立临床用血申请管理制度：①同一患者一天申请备血量少于800ml的，由具有中级以上专业技术职务任职资格的医师提出申请，上级医师核准签发后，方可备血；②同一患者一天中申请备血量在800～1600ml的，由具有中级以上专业技术职务任职资格的医师提出申请，经上级医师审核，科室主任核准签发后，方可备血；③同一患者一天申请备血量达到或超过1600ml的，由具有中级以上专业技术职务任职资格的医师提出申请，科室主任核准签发后，报医务部门批准，方可备血。以上规定内容不适用于急救用血。

（六）知情同意

《医疗机构临床用血管理办法》规定，在输血治疗前，医师应当向患者或者其近亲属说明输血目的、方式和风险，并签署临床输血治疗知情同意书。因抢救生命垂危的患者需要紧急输血，且不能取得患者或者其近亲属意见的，经医疗机构负责人或者授权的负责人批准后，可以立即实施输血治疗。

（七）临床用血不良事件监测报告

医疗机构应当根据国家有关法律法规和规范建立临床用血不良事件监测报告制度。临床发现输血不良反应后，应当积极救治患者，及时向有关部门报告，并做好观察和记录。

（八）临床用血医学文书管理

医疗机构应当建立临床用血医学文书管理制度，确保临床用血信息客观、真实、完整、可追溯。医师应当将患者输血适应证的评估、输血过程和输血后疗效评价情况记入病历；临床输血治疗知情同意书、输血记录单等随病历保存。

（九）培训考核

医疗机构应当建立培训制度，加强对医务人员临床用血和无偿献血知识的培训，将临床用血相关知识培训纳入继续教育内容。新上岗医务人员应当接受岗前临床用血相关知识培训及考核。建立科室和医师临床用血评价及公示制度。将临床用血情况纳入科室和医务人员工作考核指标体系。禁止将用血量和经济收入作为输血科或者血库工作的考核指标。

第四节　血液制品的管理

血液制品质量的优劣对使用者的安全和健康将产生重大影响。因此，从单采血浆站的设置到原料血浆的采集，从血液制品生产经营机构的设置到生产经营活动的实施，都必须符合国家规定的条件和标准。只有加强血液制品的管理，才能预防和控制经血液传播疾病事件的发生。

一、血液制品的概念

血液制品是特指各种人血浆蛋白制品。为了加强血液制品管理，预防和控制经血液途径传播的疾病，保证血液制品的质量，国务院发布了《血液制品管理条例》。该条例规定，国务院卫生行政部门对全国的原料血浆的采集、供应和血液制品的生产、经营活动实施监督管理。县级以上地方人民政府卫生行政部门对本行政区域内的原料血浆的采集、供应和血液制品的生产、经营活动实施监督管理。

二、原料血浆的管理

原料血浆是指由单采血浆站采集的专用于血液制品生产原料的血浆。国家实行单采血浆站统一规划、设置的制度。

（一）单采血浆站的设置

国务院卫生行政部门根据核准的全国生产用原料血浆的需求，对单采血浆站的布局、数量和规模制定总体规划。省、自治区、直辖市人民政府卫生行政部门根据总体规划制定本行政区域内单采血浆站设置规划和采集血浆的区域规划，并报国务院卫生行政部门备案。

单采血浆站由血液制品生产单位设置或者由县级人民政府卫生行政部门设置，专门从事单采血浆活动，具有独立法人资格。其他任何单位和个人不得从事单采血浆活动。在一个采血浆区域内，只能设置一个单采血浆站。严禁单采血浆站采集非规定区域内的供血浆者和其他人员的血浆。

设置单采血浆站，必须具备下列条件：①符合单采血浆站布局、数量、规模的规划；②具有与所采集原料血浆相适应的卫生专业技术人员；③具有与所采集原料血浆相适应的场所与卫生环境；④具有识别供血浆者的身份识别系统；⑤具有与所采集原料血浆相适应的单采血浆机械及其他设施；⑥具有对所采集原料血浆进行质量检验的技术人员及必要的仪器设备。

（二）原料血浆的采集

1. 健康检查　单采血浆站必须对供血浆者进行健康检查和血液化验。对检查、化验合格的，由县级人民政府卫生行政部门核发《供血浆证》。单采血浆站在采集血浆前，必须对供血浆者进行身份识别并核实其《供血浆证》，确认无误的，方可按照规定程序进行健康检查和血液化验。对检查、化验合格的，按有关技术操作标准及程序采集血浆，并建立供血浆者健康检查及供血记录档案；对检查、化验不合格的，由单采血浆站收缴《供血浆证》，并由所在地县级人民政府卫生行政部门监督销毁。严禁采集无《供血浆证》者的血浆。

2. 血浆采集　单采血浆站必须使用单采血浆机采集血浆，严禁手工操作采集血浆。采集的血浆必须按单人份冰冻保存，不得混浆。单采血浆站必须使用有产品批准文号并经国家药品、生物制品检定机构逐批检定合格的体外诊断试剂以及合格的一次性采血浆器材。采集血浆器材等一次性消耗品使用后，必须按照国家有关规定予以销毁，并做好记录。

3. 血浆供应　单采血浆站采集的原料血浆必须按照国家规定的卫生标准和要求进行包装、储存、运输，且只能向一个与其签订质量责任书的血液制品生产单位供应原料血浆，严禁向其他任何单位供应原料血浆。严禁单采血浆站采集血液或者将其所采集的原料血浆用于临床。国家禁止出口原料血浆。

三、血液制品生产经营单位的管理

血液制品生产经营机构必须具备国家规定的条件，才能生产经营血液制品，并在血液制品的生产经营过程中严格遵守《血液制品管理条例》的有关规定。

（一）血液制品生产经营机构的设置

新建、改建或者扩建血液制品生产单位，经国务院卫生行政部门根据总体规划进行立项审查同意后，由省、自治区、直辖市人民政府卫生行政部门审核批准。

血液制品生产单位必须具备《药品生产企业许可证》并达到国务院药品监督管理部门制定的《药

品生产质量管理规范》的标准，经国务院卫生行政部门审查合格，并依法向工商行政管理部门申请营业执照后，方可从事血液制品的生产活动。

严禁血液制品经营单位出让、出租、出借以及与他人共用《药品生产企业许可证》和产品批准文号。

开办血液制品经营单位，由省、自治区、直辖市人民政府卫生行政部门审核批准。血液制品经营单位应当具备与所经营的产品相适应的冷藏条件和熟悉所经营品种的业务人员。

（二）血液制品的生产经营管理

血液制品生产单位生产国内已经生产的品种，必须向国务院卫生行政部门申请产品批准文号。国内尚未生产的品种，必须按照国家有关新药审批的程序和要求申报。

血液制品生产单位不得向无《单采血浆许可证》的单采血浆站或者未签订质量责任书的单采血浆站及其他任何单位收集原料血浆，也不得向其他任何单位供应原料血浆。

血液制品生产单位在原料血浆生产前，必须对每一份血浆进行全面复检，并做检测记录。复检不合格的，不得投入生产。发现有经血液途径传播的疾病的，必须通知供应血浆的单采血浆站，并及时上报所在省、自治区、直辖市人民政府卫生行政部门。

血液制品出厂前，必须经过质量检验经检验不符合国家标准的，严禁出厂。

血液制品生产经营单位生产、包装、储存、运输、经营血液制品，应当符合国家规定的卫生标准和要求。

县级以上地方各级人民政府卫生行政部门负责本行政区域内的单采血浆站、供血浆者、原料血浆的采集及血液制品生产经营单位的监督管理。

第五节　法律责任

无偿献血是一种高尚的行为，应当得到社会的肯定和褒扬，所以献血法规定对无偿献血者发给国务院卫生行政部门制作的无偿献血证，并可给予适当奖励。同时，对违反血液法律制度的，视情节轻重，承担相应法律责任。

一、非法采集、出售、出卖血液的法律责任

《献血法》规定，有下列行为之一的，由县级以上地方人民政府予以取缔，没收违法所得，可以并处10万元以下的罚款；构成犯罪的，依法追究刑事责任：①非法采集血液的；②血站、医疗机构出售无偿献血的血液的；③非法组织他人出卖血液的。

《刑法》第334条第1款规定，非法采集、供应血液或者制作、供应血液制品，不符合国家规定的标准，足以危害人体健康的，处5年以下有期徒刑或者拘役，并处罚金；对人体健康造成严重危害的，处5年以上10年以下有期徒刑，并处罚金；造成特别严重后果的，处10年以上有期徒刑或者无期徒刑，并处罚金或者没收财产。

《刑法》第333条规定，非法组织他人出卖血液的，处5年以下有期徒刑，并处罚金；以暴力、威胁方法强迫他人出卖血液的，处5年以上10年以下有期徒刑，并处罚金。有上述行为对他人造成伤害的，依照《刑法》第234条定罪处罚。

《刑法》第234条规定，故意伤害他人身体的，处3年以下有期徒刑、拘役或者管制；致人重伤的，处3年以上10年以下有期徒刑；致人死亡或者以特别残忍手段致人重伤造成严重残疾的，处10年以上有期徒刑、无期徒刑或者死刑。刑法另有规定的，依照规定。

二、违规采集血液的法律责任

《传染病防治法》规定，采供血机构未执行国家有关规定，导致因输入血液引起经血液传播疾病发生的，由县级以上人民政府卫生行政部门责令改正，通报批评，给予警告；造成传染病传播、流行或者其他严重后果的，对负有责任的主管人员和其他直接责任人员，依法给予降级、撤职、开除的处分，并可以依法吊销采供血机构的执业许可证。

《献血法》规定，血站违反有关操作规程和制度采集血液，由县级以上地方人民政府卫生行政部门责令改正，给献血者健康造成损害的，应当依法赔偿，对直接负责的主管人员和其他直接责任人员，依法给予行政处分；构成犯罪的，依法追究刑事责任。

《医疗机构临床用血管理办法》规定，医疗机构违反关于应急用血规定的，由县级以上人民政府卫生行政部门责令限期改正，给与警告；情节严重或者造成严重后果的，处 3 万元以下罚款，对负有责任的主管人员和其他直接责任人员依法给予处分。

《刑法》第 334 条第 2 款规定，经国家主管部门批准采集、供应血液或者制作、供应血液制品的部门，不依照规定进行检测或者违背其他操作规定，造成危害他人身体健康后果的，对单位判处罚金，并对其直接负责的主管人员和其他直接责任人员，处 5 年以下有期徒刑或者拘役。

三、违反临床用血管理规定的法律责任

《医疗机构临床用血管理办法》规定，医疗机构有以下情形之一的，由县级以上人民政府卫生行政部门责令限期改正；逾期不改的，进行通报批评，并予以警告；情节严重或者造成严重后果的，可处 3 万元以下罚款，对负有责任的主管人员和其他直接责任人员依法给予处分：①未设立临床用血管理委员会或者工作组的；②未拟定临床用血计划或者一年内未对计划实施情况进行评估和考核的；③未建立血液发放和输血核对制度的；④未建立临床用血申请管理制度的；⑤未建立医务人员临床用血和无偿献血知识培训制度的；⑥未建立科室和医师临床用血评价及公示制度的；⑦将经济收入作为对输血科或者血库工作的考核指标的；⑧违反《医疗机构临床用血管理办法》的其他行为。

医疗机构使用未经卫生行政部门指定的血站供应的血液的，由县级以上地方人民政府卫生行政部门给予警告，并处 3 万元以下罚款；情节严重或者造成严重后果的，对负有责任的主管人员和其他直接责任人员依法给予处分。

四、临床用血的包装、储存、运输不符合规定的法律责任

《献血法》规定，临床用血的包装、储存、运输，不符合国家规定的卫生标准和要求的，责令改正，给予警告，可以并处 1 万以下的罚款。

五、提供不符合国家规定标准血液的法律责任

《献血法》规定，血站违反规定向医疗机构提供不符合国家规定标准的血液的，由县级以上人民政府卫生行政部门责令改正；情节严重，造成经血液途径传播的疾病传播或者有传播严重危险的，限期整顿，对直接负责的主管人员和其他直接责任人员，依法给予行政处分；构成犯罪的，依法追究刑事责任。

六、将不符合标准的血液用于患者的法律责任

《献血法》规定，医疗机构的医务人员违反规定，将不符合国家规定标准的血液用于患者的，由县

级以上地方人民政府卫生行政部门责令改正；给患者健康造成损害的，应当依法赔偿，对直接负责的主管人员和其他直接责任人员，依法给予行政处分；构成犯罪的，依法追究刑事责任。

《中华人民共和国民法典》第1223条规定，因输入不合格的血液造成患者损害的，患者可以向血液提供机构请求赔偿，也可以向医疗机构请求赔偿。患者向医疗机构请求赔偿的，医疗机构赔偿后，有权向负有责任的血液提供机构追偿。

《刑法》第335条规定，医务人员由于严重不负责任，造成就诊人死亡或者严重损害就诊人身体健康的，处3年以下有期徒刑或者拘役。

七、卫生行政部门及其工作人员玩忽职守的法律责任

《献血法》规定，卫生行政部门及其工作人员在献血、用血的监督管理工作中，玩忽职守，造成严重后果，构成犯罪的，依法追究刑事责任；尚不构成犯罪的，依法给予行政处分。

《医疗机构临床用血管理办法》规定，县级上地方卫生行政部门未按照规定履行监管职责，造成严重后果的，对直接负责的主管人员和其他直接责任人人员依法给予记大过、降级、撤职、开除等行政处罚。

目标检测

一、选择题

（一）单项选择题

1.《中华人民共和国献血法》是经第八届全国人大常委会第29次会议通过的，通过的时间是（　）

A. 1996年12月29日　B. 1997年12月29日　C. 1997年10月1日

D. 1998年12月29日　E. 1998年10月1日

2. 我国在《献血法》实施以后实行的献血制度是（　）

A. 个体供血制度日　B. 义务献血制度　C. 无偿献血制度

D. 自愿献血制度　E. 有偿献血制度

3. 健康公民自愿献血的年龄段（即最低年龄至终止年龄）是（　）

A. 18周岁至55周岁　B. 18周岁至60周岁　C. 18周岁至65周岁

D. 16周岁至55周岁　E. 16周岁至60周岁

4. 对无偿献血者要发给无偿献血证书，负责制作无偿献血证书的部门是（　）

A. 各省、自治区、直辖市卫生厅（局）　B. 血液中心

C. 中国输血协会　D. 各省输血协会

E. 国务院卫生行政部门

5. 血液发出后，受血者和供血者的血样保存于2～6℃冰箱至少（　）天，以便对输血不良反应追查原因

A. 1　B. 3　C. 5

D. 7　E. 14

6. 关于临床用血申请，做法正确的是（　）

A. 同一患者一天申请备血不需要上级医师批准

B. 同一患者一天申请备血量少于1000ml的，需由上级医师核准签发后，方可备血

C. 同一患者一天中申请备血量在1000ml以上的，由具有中级资格医师提出申请，经上级医师审核，科室主任核准签发后，方可备血

D. 同一患者一天中申请备血量600ml的，由具有中级资格医师提出申请，经上级医师审核，科室主任核准签发后，方可备血

E. 同一患者一天申请备血量达到或超过1600ml的，提出申请后，由科室主任核准签发并报医务部门批准，方可备血

（二）多选题

7. 为树立社会表率，国家鼓励部分公民率先献血。他们是（　）

A. 国家工作人员　B. 高等学校在校的学生　C. 青年人

D. 现役军人　E. 中共党员

8. 血站一般包括（　）

A. 血液中心　B. 脐带血造血干细胞库　C. 中心血站

D. 基层血站　E. 中心血库

9. 献血法律法规要求必须保存10年的原始记录包括（　）

A. 血源　B. 采血记录　C. 供血记录

D. 检测记录　E. 血清标本

10. 根据《临床输血技术规范》的要求，凡血袋有下列情形之一的，一律不得发出，包括（　）

A. 标签破损、字迹不清，血袋有破损、漏血

B. 血液中有明显凝块，血浆呈乳糜状或暗灰色

C. 血浆中有明显气泡、絮状物或粗大颗粒

D. 未摇动时血浆层与红细胞的界面不清或交界面上出现溶血

E. 红细胞层呈紫红色

二、思考题

1. 请根据本章所学知识，做一份无偿献血公益事业宣传海报。

2. 根据本章所学知识，请讲述将不符合标准的血液用于患者后需要承担的法律责任有哪些？

（唐　艳）

第十一章　母婴保健法律制度

学习目标

1. 通过本章学习，重点掌握母婴保健法的概念、调整对象及立法意义。

2. 学会母婴保健法的适用范围和母婴保健技术服务法律规定及要求，具有执行与管理的能力；学会分析违反母婴保健法律制度所必须承担的法律责任的能力。

母婴保健是为母亲和婴儿提供医疗保健服务，以保障母亲和婴儿的健康、提高出生人口素质的活动。母婴保健法律制度包括婚前保健、孕产期保健、产前诊断、禁止非医学需要的胎儿性别鉴定等内容，为国家发展母婴保健事业、使母亲和婴儿获得医疗保健服务提供法律保障。

情境导入

情境描述　李某怀孕后一直在某县妇幼保健院接受定期的产前检查，并在该院完成分娩产下一名男婴，孩子出生后发现左前臂不健全。李某认为妇幼保健院医生未告知她孕后20周时应做一次B超检查，从而未及时发现胎儿左前臂存在的缺陷。因医生失职而导致她生下肢体不健全的婴儿。李某遂将该妇幼保健院告到法院，要求赔偿。

讨论　1. 本案中医生是否有违规行为？为什么？

2. 结合本案，分析母婴保健工作人员如何依法提出医学意见并进行医学指导？

第一节　概　述

一、母婴保健立法

母婴保健工作以保健为中心，以保障生殖健康为目的，实行保健和临床相结合、面向基层和预防为主的方针。母婴保健法是我国母婴保健工作的基本法，它规定了政府为母婴提供保健服务的责任，界定了母婴保健服务的内容、对象与管理方式，其目的在于保障妇女儿童健康，提高人口出生素质。

在我国，保障妇女儿童的合法权益，保护妇女儿童的身心健康，一直受到党和政府的高度重视。我国在《宪法》《婚姻法》《妇女权益保障法》中均规定了保护妇女儿童的专门条款。为进一步保障母亲和婴儿健康，提高出生人口素质，根据宪法制定了《中华人民共和国母婴保健法》（简称《母婴保健法》），经中华人民共和国第八届全国人民代表大会常务委员会第十次会议于1994年10月27日通过，自1995年6月1日起施行。2017年11月4日，第十二届全国人民代表大会常务委员会第三十次会议通过第二次修正。《中华人民共和国母婴保健法实施办法》是根据《中华人民共和国母婴保健法》制定，由国务院于2001年6月20日发布并实施。2022年，国务院决定对《中华人民共和国母婴保健法实施办法》的部分条款予以修改，自2022年5月1日起施行。

国务院卫生行政部门先后颁布了《产前诊断技术管理办法》（2019年2月28日修订）、《新生儿疾病筛查管理办法》《禁止非医学需要的胎儿性别鉴定和选择性别的人工终止妊娠的规定》（国家卫生和计划生育委员会令第9号，2016年5月1日施行）等规章和《婚前保健工作规范》《孕前保健服务工作规范（试行）》《孕产期保健工作管理办法》《孕产期保健工作规范》《母婴保健医学技术鉴定管理办法》等规范性文件。这些法律、法规和规章构成了我国母婴保健法律体系。

二、《母婴保健法》的调整对象

《母婴保健法》的调整对象既包括从事母婴保健服务的机构及其工作人员，又包括母婴保健服务的对象和当事人。《母婴保健法》规定了各级人民政府及其相关部门领导和管理母婴保健事业的职责，明确了对医疗保健机构以及母婴保健技术人员的要求，同时也赋予了母婴保健对象和当事人一定的权利和义务。

三、《母婴保健法》的立法意义

《母婴保健法》是我国建国以来第一部保护妇女儿童健康的法律，是宪法对妇女、儿童保护原则规定的具体化，是我国妇幼卫生史上的一个里程碑。

《母婴保健法》的颁布和实施，充分显示了党和政府对广大妇女儿童身心健康的重视和关怀，它对于加强政府对母婴保健工作的领导，发展母婴保健事业，保障妇女儿童健康，提高人口出生素质，促进家庭幸福、民族兴旺和社会进步均具有重要意义。

四、《母婴保健法》的适用范围

1. 受《母婴保健法》保护的育龄妇女、孕产妇和新生儿 主要是引导她们主动按医疗保健人员的建议自觉地接受婚前保健、孕产妇保健服务。

2. 医疗保健机构及其工作人员 这是法律适用范围的主体部分，《母婴保健法》规定了医务人员的任务、职责、职能及应承担的法律责任。

3. 地方各级人民政府和卫生行政部门 《母婴保健法》明确规定各级人民政府在母婴保健工作中的领导职责，确立了各级卫生行政部门是执法的管理机构。

五、母婴保健技术服务范围

《母婴保健法实施办法》规定，母婴保健技术服务主要包括下列事项：①有关母婴保健的科普宣传、教育和咨询；②婚前医学检查；③产前诊断和遗传病诊断；④助产技术；⑤实施医学上需要的节育手术；⑥新生儿疾病筛查；⑦有关生育、节育、不育的其他生殖保健服务。

第二节 婚前保健

婚前保健是妇幼保健工作的重要内容之一。通过婚前保健服务，一方面对准备结婚的男女双方进行婚前卫生指导，提供婚前卫生咨询；另一方面通过婚前医学检查及时发现可能影响结婚和生育的疾病，并及时采取相应措施，预防和减少先天性病残儿的出生。

一、婚前保健服务内容

（一）婚前卫生指导

婚前卫生指导是指关于性卫生知识、生育知识和遗传病知识的教育。主要内容包括：①有关性卫生的保健和教育；②新婚避孕知识及计划生育指导；③受孕前的准备、环境和疾病对后代影响等孕前保健知识；④遗传病的基本知识；⑤影响婚育的有关疾病的基本知识；⑥其他生殖健康知识。

（二）婚前卫生咨询

婚前卫生咨询是指对有关婚配、生育保健等问题提供医学意见。受过专业培训的医师和服务对象面对面地交谈，针对服务对象提出的具体问题进行解答，提供科学的信息，对可能产生的后果进行指导，并提出适当建议。

（三）婚前医学检查

婚前医学检查是指医疗保健机构对准备结婚的男女双方可能患有影响结婚和生育的疾病进行医学检查。婚前医学检查包括询问病史、体格及相关检查。主要包括对下列疾病的检查：①严重遗传性疾病，指由于遗传因素先天形成，患者全部或者部分散失自主生活能力，后代再现风险高，医学上认为不宜生育的遗传性疾病；②指定传染病，包括《传染病防治法》中规定的艾滋病、淋病、梅毒、麻风病以及医学上认为影响结婚和生育的其他传染病；③有关精神病，包括精神分裂症、躁狂抑郁型精神病以及其他重型精神病。

《母婴保健法实施办法》规定，婚前医学检查应当遵守婚前保健工作规范并按照婚前医学检查项目进行。经婚前医学检查，医疗、保健机构应当向接受婚前医学检查的当事人出具婚前医学检查证明，并应当列明是否发现下列疾病：①在传染期内的指定传染病；②在发病期内的有关精神病；③不宜生育的严重遗传性疾病；④医学上认为不宜结婚的其他疾病。

二、婚前医学检查意见

经婚前医学检查，对诊断患医学上认为不宜生育的严重遗传性疾病的，医师应当向男女双方说明情况，提出“建议不宜生育”的医学意见；经男女双方同意，采取长效避孕措施或者施行结扎手术后不生育的，可以结婚。但《中华人民共和国婚姻法》规定禁止结婚的除外。

经婚前医学检查，对患指定传染病在传染期内或者有关精神病在发病期内的，医师应当提出“暂缓结婚”的医学意见。

《母婴保健法》规定，男女双方在结婚登记时，应当持有婚前医学检查证明或者医学鉴定证明。接受婚前医学检查的人员对检查结果持有异议的，可以申请医学技术鉴定，取得医学鉴定证明。

素质提升

“婚检”的重要性

2003 年国务院颁布实施的《婚姻登记条例》对婚前医学检查未做规定，结婚登记时不再要求婚前医学检查证明，婚检与否，成了不影响结婚登记的纯粹个人私事，这是社会越来越尊重个人权利和自由的表现。但是，《婚姻登记条例》取消的只是“强制”而不是“婚检”本身，婚前医学检查对促进婚姻美满、家庭幸福，预防和减少严重先天性病残儿的出生具有重要意义。因此，为了自己、配偶和下一代的幸福和健康，还是婚检为好。

第三节　孕产期保健

孕产期保健是指医疗保健机构为准备妊娠至产后 42 天内的妇女及胎儿、婴儿提供全程医疗保健服务。《母婴保健法》第 14 条规定，医疗保健机构应当为育龄妇女和孕产妇提供孕产期保健服务。孕产期保健应当以保障母婴安全为目的，遵循保健与临床相结合的工作方针。

一、孕产期保健内容

（一）母婴保健指导

对孕育健康后代以及严重遗传性疾病和碘缺乏病等地方病的发病原因、治疗和预防方法提供医学意见。

（二）孕妇、产妇保健

为孕妇、产妇提供卫生、营养、心理等方面的咨询和指导以及产前定期检查等医疗保健服务。具体内容包括：①为孕产妇建立保健手册（卡），定期进行产前检查；②为孕产妇提供卫生、营养、心理等方面的医学指导与咨询；③对高危孕妇进行重点监护、随访和医疗保健服务；④为孕产妇提供安全分娩技术服务；⑤定期进行产后访视，指导产妇科学喂养婴儿；⑥提供避孕咨询指导和技术服务；⑦对产妇及其家属进行生殖健康教育和科学育儿知识教育；⑧其他孕产期保健服务。

（三）胎儿保健

为胎儿生长发育进行监护，提供咨询和医学指导。

（四）新生儿保健

为新生儿生长发育、哺乳和护理提供医疗保健服务。具体内容包括：①疾病筛查，医疗、保健机构应当按照国家有关规定开展新生儿先天性、遗传性代谢病筛查、诊断、治疗和监测；②健康检查，医疗、保健机构应当按照规定进行新生儿访视，建立儿童保健手册（卡），定期对其进行健康检查，提供有关预防疾病、合理膳食、促进智力发育等科学知识，做好婴儿多发病、常见病防治等医疗保健服务；③预防接种，医疗、保健机构应当按照规定的程序和项目对婴儿进行预防接种，婴儿的监护人应当保证婴儿及时接受预防接种；④国家推行母乳喂养，医疗、保健机构应当为实施母乳喂养提供技术指导，为住院分娩的产妇提供必要的母乳喂养条件，医疗、保健机构不得向孕产妇和婴儿家庭宣传、推荐母乳代用品。

（五）医学指导与医学意见

1. 医学指导 医疗、保健机构发现孕妇患有下列严重疾病或者接触物理、化学、生物等有毒、有害因素，可能危及孕妇生命安全或者可能严重影响孕妇健康和胎儿正常发育的，应当对孕妇进行医学指导和下列必要的医学检查：①严重的妊娠合并症或者并发症；②严重的精神性疾病；③国务院卫生行政部门规定的严重影响生育的其他疾病。

2. 医学意见

（1）医师发现或者怀疑患严重遗传性疾病的育龄夫妻，应当提出医学意见。限于现有医疗技术无法确诊的，应当向当事人说明情况。育龄夫妻可以采取避孕、节育等相应的医学措施。

（2）生育过严重遗传性疾病或者严重缺陷患儿的，再次妊娠前，夫妻双方应当按照国家有关规定到医疗、保健机构进行医学检查。医疗、保健机构应当向当事人介绍有关遗传性疾病的知识，给予咨询、指导。对诊断患有医学上认为不宜生育的严重遗传性疾病者，医师应当向其说明情况，并提出医学意见。

二、产前诊断

（一）产前诊断概述

产前诊断是指对胎儿进行先天性缺陷和遗传性疾病的诊断。产前诊断技术项目包括遗传咨询、医学影像、生化免疫、细胞遗传和分子遗传等。《母婴保健法实施办法》规定，经产前检查，医师发现或者怀疑胎儿异常的，应当对孕妇进行产前诊断，包括以下情形：①羊水过多或者过少的；②胎儿发育异常或者胎儿有可疑畸形的；③孕早期接触过可能导致胎儿先天缺陷的物质的；④有遗传病家族史或者曾经分娩过先天性严重缺陷婴儿的；⑤年龄超过35周岁的。

（二）产前诊断实施

1. 实施机构 《产前诊断技术管理办法》规定，申请开展产前诊断技术的医疗保健机构，必须明确提出拟开展的产前诊断具体技术项目，并符合下列所有条件：①设有妇产科诊疗科目；②具有与所开展技术相适应的卫生技术专业人员；③具有所开展技术相适应的技术条件和设备；④设有医学伦理委员会；⑤符合《开展产前诊断技术医疗保健机构的基本条件》及相关技术规范。

2. 实施人员 从事产前诊断的卫生技术专业人员应符合以下所有条件：①从事临床工作的，应取得执业医师资格；②从事医技和辅助工作的，应取得相应卫生专业技术职称；③符合《从事产前诊断卫生专业技术人员的基本条件》；④经省级卫生行政部门批准，取得从事产前诊断的《母婴保健技术考核合格证书》。从事产前诊断的人员不得在未许可开展产前诊断技术的医疗保健机构中从事相关工作。

3. 实施过程

（1）知情选择 《产前诊断技术管理办法》规定，对一般孕妇实施产前筛查以及应用产前诊断技术坚持知情选择。孕妇自行提出进行产前诊断的，经治医师可根据其情况提供医学咨询，由孕妇决定是否实施产前诊断技术。

（2）告知义务 经治医师应本着科学、负责的态度，向孕妇或家属告知产前诊断技术及诊断结果技术的安全性、有效性和风险性，使孕妇或家属理解技术可能存在的风险和结果的不确定性。在发现胎儿异常的情况下，经治医师必须将继续妊娠和终止妊娠可能出现的结果以及进一步处理意见，以书面形式明确告知孕妇，由孕妇夫妻双方自行选择处理方案，并签署知情同意书。若孕妇缺乏认知能力，由其近亲属代为选择。涉及伦理问题的，应当交医学伦理委员会讨论。

（3）产前诊断报告 医疗保健机构出具的产前诊断报告，应当由2名以上经资格认定的执业医师签发。

（4）健全技术档案 开展产前诊断技术的医疗保健机构应当建立健全技术档案管理和追踪观察制度。

三、终止妊娠

经产前诊断，有下列情形之一的，医师应当向夫妻双方说明情况，并提出终止妊娠的医学意见：①胎儿患严重遗传性疾病的；②胎儿有严重缺陷的；③因患严重疾病，继续妊娠可能危及孕妇生命安全或者严重危害孕妇健康的。

依照《母婴保健法》规定施行终止妊娠或者结扎手术，应当经本人同意，并签署意见。本人无行为能力的，应当经其监护人同意，并签署意见。依照母婴保健法规定施行终止妊娠或者结扎手术的，接受免费服务。

四、新生儿出生医学证明

《母婴保健法》规定，医疗保健机构和从事家庭接生的人员按照国务院卫生行政部门的规定，出具统一制发的新生儿出生医学证明；有产妇和婴儿死亡以及新生儿出生缺陷情况的，应当向卫生行政部门报告。

《母婴保健法》实施后，从1996年1月1日起，国家卫生部统一制发的《出生医学证明》由各级妇幼保健院或乡卫生院以上医疗机构出具，要求在新生儿出生后30天以内领取，并以其作为申报户口的依据。

五、严禁非医学需要的胎儿性别鉴定

《母婴保健法》规定，严禁采用技术手段对胎儿进行性别鉴定。对怀疑胎儿可能为伴性遗传病，需要进行性别鉴定的，由省级卫生行政部门指定的医疗保健机构按照国务院卫生行政部门的规定进行鉴定。

2016年3月28日国家卫生计生委发布、5月1日施行的《禁止非医学需要的胎儿性别鉴定和选择性别的人工终止妊娠的规定》指出，禁止任何单位或者个人实施非医学需要的胎儿性别鉴定和选择性别人工终止妊娠。禁止任何单位或者个人介绍、组织孕妇实施非医学需要的胎儿性别鉴定和选择性别人工终止妊娠。

各级卫生计生行政部门和食品药品监管部门应当建立查处非医学需要的胎儿性别鉴定和选择性别人工终止妊娠违法行为的协作机制和联动执法机制，共同实施监督管理。卫生计生行政部门和食品药品监管部门应当按照各自职责，制定胎儿性别鉴定、人工终止妊娠以及相关药品和医疗器械等管理制度。

从事母婴保健工作的人员违反有关规定，进行胎儿性别鉴定的，由医疗保健机构或者卫生行政部门根据情节给予行政处分；情节严重的，依法取消执业资格；构成犯罪的，依法追究刑事责任。

（一）实施选择性别人工终止妊娠的情形

根据《禁止非医学需要的胎儿性别鉴定和选择性别的人工终止妊娠的规定》，符合法定生育条件，除下列情形外，不得实施选择性别人工终止妊娠：①胎儿患严重遗传性疾病的；②胎儿有严重缺陷的；③因患严重疾病，继续妊娠可能危及孕妇生命安全或者严重危害孕妇健康的；④法律法规规定的或医学上认为确有必要终止妊娠的其他情形。

（二）胎儿性别鉴定的实施

医学需要的胎儿性别鉴定，由省、自治区、直辖市卫生行政部门批准设立的医疗卫生机构按照国家有关规定实施。实施医学需要的胎儿性别鉴定，应当由医疗卫生机构组织3名以上具有临床经验和医学遗传学知识，并具有副主任医师以上的专业技术职称的专家集体审核。经诊断，确需人工终止妊娠的，应当出具医学诊断报告，并由医疗卫生机构通报当地县级卫生行政部门。

（三）查验身份和情况通报

实施人工终止妊娠手术的机构应当在手术前登记、查验受术者身份证明信息，并及时将手术实施情况通报当地县级卫生行政部门。

（四）遵守管理制度

医疗卫生机构应当在工作场所设置禁止非医学需要的胎儿性别鉴定和选择性别人工终止妊娠的醒目标志；医务人员应当严格遵守有关法律法规和超声诊断、染色体检测、人工终止妊娠手术管理等相关制度。

六、医学技术鉴定

医学技术鉴定是指接受母婴保健服务的公民或提供母婴保健服务的医疗保健机构，对婚前医学检查、遗传病诊断和产前诊断结果或医学技术鉴定结论持有异议时所进行的技术鉴定。母婴保健医学技术鉴定工作必须坚持实事求是、尊重科学、公正鉴定、保守秘密的原则。

（一）医学技术鉴定组织

县级以上地方人民政府可以设立医学技术鉴定组织，即母婴保健医学技术鉴定委员会，负责对婚前医学检查、遗传病诊断和产前诊断结果有异议的进行医学技术鉴定。母婴保健医学技术鉴定委员会分为省、市、县三级。省级母婴保健医学技术鉴定委员会的鉴定为最终鉴定结论。

（二）医学技术鉴定程序

当事人对婚前医学检查、遗传病诊断、产前诊断结果有异议，需要进一步确诊的，可以自接到检查或者诊断结果之日起15日内向所在地县级或者设区的市级母婴保健医学技术鉴定委员会提出书面鉴定申请。母婴保健医学技术鉴定委员会应当自接到鉴定申请之日起30日内作出医学技术鉴定意见，并及时通知当事人。

当事人对鉴定意见有异议的，可以自接到鉴定意见通知书之日起15日内向上一级母婴保健医学技术鉴定委员会申请再鉴定。

母婴保健医学技术鉴定委员会进行医学鉴定时须有5名以上相关专业医学技术鉴定委员会成员参加。鉴定委员会成员应当在鉴定结论上署名不同意见应当如实记录。鉴定委员会根据鉴定结论向当事人出具鉴定意见书。

当事人对鉴定结论有异议的，可在接到《母婴保健医学技术鉴定证明》之日起15日内向上一级医学技术鉴定委员会申请重新鉴定。省级医学技术鉴定委员会的医学技术鉴定结论，为最终鉴定结论。

第四节　法律责任

母婴保健法律制度将母婴保健的基础性、经常性工作法制化，这就要求医疗保健机构和母婴保健人员必须依法行医，如果违法，应视情节轻重承担相应的法律责任。

一、擅自从事母婴保健技术服务的法律责任

《母婴保健法》第35条规定，未取得国家颁发的有关合格证书，有下列行为之一，县级以上地方人民政府卫生行政部门应当予以制止，并可根据情节给予警告或者处以罚款：①从事婚前医学检查、遗传病诊断或者医学技术鉴定的；②施行终止妊娠手术的；③出具法律规定的有关医学证明的。同时，违法出具的医学证明视为无效。

《母婴保健法实施办法》第40条规定，医疗、保健机构或者人员未取得母婴保健技术许可，擅自从事婚前医学检查、遗传病诊断、产前诊断、终止妊娠手术和医学技术鉴定或者出具有关医学证明的，由卫生行政部门给予警告，责令停止违法行为，没收违法所得；违法所得5000元以上的，并处违法所得3倍以上5倍以下的罚款；没有违法所得或者违法所得不足5000元的，并处5000元以上2万元以下的罚款。

《母婴保健法》第36条规定，未取得国家颁发的有关合格证书，施行终止妊娠手术或者采取其他方法中止妊娠，致人死亡、残疾、丧失或者基本丧失劳动能力的，依照刑法有关规定追究刑事责任。《刑法》第336条规定，未取得医生执业资格擅自为他人进行节育复通手术、假节育手术、终止妊娠手术或者摘取宫内节育器，情节严重的，处3年以下有期徒刑、拘役或者管制，并处或者单处罚金；严重损害就诊人身体健康的，处3年以上10年以下有期徒刑，并处罚金；造成就诊人死亡的，处10年以上有期徒刑，并处罚金。

二、出具虚假医学证明文件的法律责任

《母婴保健法》第37条规定，从事母婴保健技术服务的人员违反规定，出具虚假医学证明文件的，由医疗保健机构或者卫生行政部门根据情节给予行政处分；情节严重的，依法取消执业资格。

《母婴保健法实施办法》第41条规定，从事母婴保健技术服务的人员出具虚假医学证明文件的，依法给予行政处分，有下列情形之一的，由原发证部门撤销相应的母婴保健技术执业资格或者医师执业证书：①因延误诊治，造成严重后果的；②给当事人身心健康造成严重后果的；③造成其他严重后果的。

三、违反规定进行胎儿性别鉴定的法律责任

《母婴保健法实施办法》第42条规定规定，违反规定进行胎儿性别鉴定的，由卫生行政部门给予警告，责令停止违法行为；对医疗、保健机构直接负责的主管人员和其他直接责任人员，依法给予行政处分。进行胎儿性别鉴定2次以上的或者以营利为目的进行胎儿性别鉴定的，并由原发证机关撤销相应的母婴保健技术执业资格或者医师执业证书。

目标检测

一、选择题

（一）单项选择题

1. 医疗保健机构提供的母婴保健指导的内容包括（　）
   A. 对孕妇提供营养方面的指导
   B. 对指定传染病的发病、治疗和预防方法提供医学意见
   C. 对碘缺乏症等地方病的发病原因，治疗和预防提供医学意见
   D. 对孕育健康后代以及严重遗传性疾病和碘缺乏病等地方病的发病原因、治疗和预防方法提供医学意见
   E. 对遗传性疾病的发病、治疗和预防方法提供医学意见
2. 接受婚前医学检查的人员对检查结果持有异议的，可以申请（　）
   A. 行政复议　　B. 仲裁　　C. 再次鉴定
   D. 行政裁决　　E. 转诊
3. 某县从事母婴保健工作的赵医生，向服务对象出具了一份虚假医学证明且情节严重。该县卫生局应依法给予赵某的处理是（　）
   A. 罚款　　B. 警告　　C. 取消执业资格
   D. 降职　　E. 降薪
4. 按照《母婴保健法》规定，必须经本人同意并签字，本人无行为能力的，应当经其监护人同意并签字的手术或治疗项目是（　）
   A. 产前检查、产前诊断　　B. 产前检查、终止妊娠　　C. 终止妊娠、结扎
   D. 产前诊断、终止妊娠　　E. 产前诊断、结扎
5. 某男青年婚前医学检查时发现患有淋病。按照《母婴保健法》的规定，该青年（　）
   A. 应当暂缓结婚　　B. 不能结婚　　C. 可以结婚，但不能生育
   D. 可以结婚，也可以生育　　E. 可以结婚，治愈后可生育

6. 经产前检查，医师发现或者怀疑胎儿异常的，应当对孕妇进行（ ）

A. 终止妊娠　　B. 产前诊断　　C. 结扎

D. 输血　　E. 医学指导

（二）多项选择题

7.《母婴保健法》规定，婚前医学检查的疾病包括（ ）

A. 遗传性疾病　　B. 严重遗传性疾病　　C. 有关精神病

D. 血吸虫病　　E. 指定传染病

8. 婚前保健服务包括（ ）

A. 婚前卫生指导　　B. 新生儿保健　　C. 婚前卫生咨询

D. 婚前医学检查　　E. 胎儿保健

9.《母婴保健法》规定可以申请医学技术鉴定的是（ ）

A. 对婚前医学检查结果有异议的　　B. 对遗传病诊断结果有异议的

C. 对产前诊断结果有异议的　　D. 对医学指导意见有异议的

E. 对非省级医学技术鉴定结论有异议的

10. 孕产期保健的内容主要包括（ ）

A. 母婴保健指导　　B. 孕妇、产妇保健　　C. 胎儿保健

D. 新生儿保健　　E. 受孕前的准备

11.《母婴保健法实施办法》规定，孕妇有下列情形之一的，医师应当对其进行产前诊断（ ）

A. 羊水过多或者过少的

B. 胎儿发育异常或者胎儿有可疑畸形的

C. 孕早期接触过可能导致胎儿先天缺陷的物质的

D. 有遗传病家族史或者曾经分娩过先天性严重缺陷婴儿的

E. 初产妇年龄超过 35 周岁的

二、思考题

1. 婴儿保健服务包括哪些内容？

2. 请根据本章所学知识，讲述擅自从事母婴保健技术服务的法律责任。

（唐　艳）

第十二章　疫苗管理法律制度

学习目标

1. 通过本章学习重点把握疫苗的概念与分类，预防接种异常反应的概念，疫苗流通中疫苗的采购和疫苗分发的基本规定。

2. 学会不属于预防接种异常反应的情形，预防接种异常反应的处理，预防接种异常反应的补偿，具有正确的判断能力；学会疫苗流通和预防接种相关知识，具有执行与管理能力；学会疫苗管理法律制度，具有分析违反疫苗管理法律制度所必须承担的法律责任的能力。

情境导入

情境描述　2020 年 8 月，孔某和乔某通过互联网查找、了解了真品疫苗的针剂样式和包装样式。随后，二人购买预灌封注射器，在出租住房内，用生理盐水制造假新冠疫苗。为扩大制假规模，乔某找来殷某等 3 人帮助制造。

殷某等 3 人设计制作了“新冠肺炎灭活疫苗”标签和包装盒。制作完成后，孔某对外称是“从内部渠道拿到的正品新冠疫苗”，并销售给王某等人，以致假疫苗流入社会。11 月 19 日深夜，孔某将剩余的包装盒、半成品等运至偏僻处焚烧、销毁。初步查明，孔某、乔某等人制造并销售假新冠疫苗约 5.8 万支，获利约 1800 万元。2020 年 12 月 22 日公安机关提请检察机关批准逮捕犯罪嫌疑人孔某、乔某等人。

讨论　1. 孔某、乔某等人的行为是否违法？

2. 判断其是否违法的法律依据是什么？

第一节　概　述

一、概念与立法意义

（一）概念

为了加强疫苗管理，保证疫苗质量和供应，规范预防接种，促进疫苗行业发展，保障公众健康，维护公共卫生安全，制定《中华人民共和国疫苗管理法》（以下简称《疫苗管理法》）。2019 年 6 月 29 日第十三届全国人民代表大会常务委员会第十一次会议通过，本法自 2019 年 12 月 1 日起施行。

疫苗是指为预防、控制传染病的发生、流行，用于人体免疫接种的预防性生物制品。

我国对疫苗实行分类管理，疫苗分为两类。第一类疫苗是政府免费向公民提供，公民应当依照政府的规定接种的疫苗，包括国家免疫规划确定的疫苗，省、自治区、直辖市人民政府在执行国家免疫规划时增加的疫苗，以及县级以上人民政府或者其卫生健康主管部门组织的应急接种或者群体性预防接种所使用的疫苗。第二类疫苗是非免疫规划疫苗，是指由居民自愿接种的其他疫苗。

（二）立法意义

作为世界上首部对疫苗管理作出全面系统规定的综合性疫苗法律，其颁布实施为应对突发公共卫生事件、防控新发突发重大传染性疾病、维护人民群众身体健康提供了有力法治保障。疫苗管理法坚持以严谨的标准、严格的监管、严厉的处罚和严肃的问责为立法宗旨。本法对疫苗的研制、生产、流通、接种、监管等作出的规定，具有开创性和首创性，对世界疫苗管理制度具有引领作用。疫苗管理法颁布实施不久，新冠肺炎疫情暴发，全球公共卫生遭遇危机，在应对疫情和危机中，人们进一步加深对疫苗功能和作用的认识，对用疫苗战胜疫情寄予厚望，疫苗管理法立法的价值和意义进一步彰显，相关制度规范在抗疫实践中得到进一步检验并发挥重要作用。

疫苗管理法的立法具有如下重大的价值和意义。

1. 贯彻落实国家关于强化疫苗管理、维护人民群众身体健康决策部署的重大举措。
2. 实施健康中国战略、提高人民群众健康水平提供有力保障。
3. 为应对突发公共卫生事件、防控新发突发重大传染性疾病提供了有力法治保障。
4. 为严格疫苗管理、提升疫苗品质、发挥疫苗在防控疾病中的重要作用提供系统性制度保障。

二、适用范围

在中华人民共和国境内从事疫苗研制、生产、流通和预防接种及其监督管理活动，适用本法。本法未作规定的，适用《中华人民共和国药品管理法》《中华人民共和国传染病防治法》等法律、行政法规的规定。

素质提升

陈薇院士团队成功研制出重组新冠疫苗

中国工程院院士、军事医学研究院研究员陈薇少将和她的团队被国人赞誉为“中国速度！中国科技！中国胆魄！中国担当！”，在全世界科学家快马加鞭研发新冠疫苗的激烈竞跑中，陈薇率领的科研团队经过全力奋战，终于研制出重组新冠疫苗，成为了“中国速度”的领跑者，也是“世界速度”齐头并进团队。陈薇曾经表示：“相信我国科研人员的速度，绝不会亚于美国”。在这项科研中，动物试验证明有效后，陈薇注射了新冠疫苗第一针，她的团队成员也都注射了该疫苗，这就是敢为人先的中国创新精神，这就是尊重科学的中国求实精神，这也是勇于献身的中国牺牲精神，这些精神将激励世人夺取抗疫的最后胜利。为了建立人类命运共同体，就必须抢占尖端科技高地，具有大无畏的奉献精神，与时间和病毒赛跑。陈薇和她的团队展示了中国力量，他们的丰功伟绩将载入中国史册，也将载入世界医学科学殿堂。

第二节　疫苗的流通与接种

国家对疫苗实行最严格的管理制度，坚持安全第一、风险管理、全程管控、科学监管、社会共治。国家坚持疫苗产品的战略性和公益性。国家支持疫苗基础研究和应用研究，促进疫苗研制和创新，将预防、控制重大疾病的疫苗研制、生产和储备纳入国家战略。国家制定疫苗行业发展规划和产业政策，支持疫苗产业发展和结构优化，鼓励疫苗生产规模化、集约化，不断提升疫苗生产工艺和质量水平。

一、疫苗的研制与审批

（一）疫苗的研制与临床试验

国家根据疾病流行情况、人群免疫状况等因素，制定相关研制规划，安排必要资金，支持多联多价等新型疫苗的研制。国家组织疫苗上市许可持有人、科研单位、医疗卫生机构联合攻关，研制疾病预防控制急需的疫苗。国家鼓励疫苗上市许可持有人加大研制创新资金投入，优化生产工艺，提升质量控制水平，推动疫苗技术进步。

疫苗临床试验应当由符合国务院药品监督管理部门和国务院卫生健康主管部门规定条件的三级医疗机构或者省级以上疾病预防控制机构实施或者组织实施。国家鼓励符合条件的医疗机构、疾病预防控制机构等依法开展疫苗临床试验。

疫苗临床试验申办者应当制定临床试验方案，建立临床试验安全监测与评价制度，审慎选择受试者，合理设置受试者群体和年龄组，并根据风险程度采取有效措施，保护受试者合法权益。

开展疫苗临床试验，应当取得受试者的书面知情同意；受试者为无民事行为能力人的，应当取得其监护人的书面知情同意；受试者为限制民事行为能力人的，应当取得本人及其监护人的书面知情同意。

（二）疫苗的审批

1. 疫苗的注册 在中国境内上市的疫苗应当经国务院药品监督管理部门批准，取得药品注册证书；申请疫苗注册，应当提供真实、充分、可靠的数据、资料和样品。对疾病预防、控制急需的疫苗和创新疫苗，国务院药品监督管理部门应当予以优先审评审批。

应对重大突发公共卫生事件急需的疫苗或者国务院卫生健康主管部门认定急需的其他疫苗，经评估获益大于风险的，国务院药品监督管理部门可以附条件批准疫苗注册申请。

出现特别重大突发公共卫生事件或者其他严重威胁公众健康的紧急事件，国务院卫生健康主管部门根据传染病预防、控制需要提出紧急使用疫苗的建议，经国务院药品监督管理部门组织论证同意后可以在一定范围和期限内紧急使用。

国务院药品监督管理部门在批准疫苗注册申请时，对疫苗的生产工艺、质量控制标准和说明书、标签予以核准。国务院药品监督管理部门应当在其网站上及时公布疫苗书标签内容。

2. 疫苗准入制度 国家对疫苗生产实行严格准入制度。从事疫苗生产活动应当经省级以上人民政府药品监督管理部门批准取得药品生产许可证。从事疫苗生产活动，除符合《中华人民共和国药品管理法》规定的从事药品生产活动的条件外，还应当具备下列条件：①具备适度规模和足够的产能储备；②具有保证生物安全的制度和设施、设备；③符合疾病预防控制需要。

疫苗上市许可持有人应当具备疫苗生产能力；超出疫苗生产能力确需委托生产的，应当经国务院药品监督管理部门批准。接受委托生产的，应当遵守本法规定和国家有关规定，保证疫苗质量。

疫苗上市许可持有人的法定代表人、主要负责人应当具有良好的信用记录，生产管理负责人、质量管理负责人、质量受权人等关键岗位人员应当具有相关专业背景和从业经历。

疫苗上市许可持有人应当加强对前款规定人员的培训和考核，及时将其任职和变更情况向省、自治区、直辖市人民政府药品监督管理部门报告。

疫苗应当按照经核准的生产工艺和质量控制标准进行生产和检验，生产全过程应当符合药品生产质量管理规范的要求。疫苗上市许可持有人应当按照规定对疫苗生产全过程和疫苗质量进行审核、检验。

疫苗上市许可持有人应当建立完整的生产质量管理体系，持续加强偏差管理，采用信息化手段如实记录生产、检验过程中形成的所有数据，确保生产全过程持续符合法定要求。

3. 疫苗批签发制度 国家实行疫苗批签发制度。每批疫苗销售前或者进口时，应当经国务院药品监督管理部门指定的批签发机构按照相关技术要求进行审核、检验。符合要求的，发给批签发证明；不符合要求的，发给不予批签发通知书。不予批签发的疫苗不得销售，并应当由省、自治区、直辖市人民政府药品监督管理部门监督销毁；不予批签发的进口疫苗应当由口岸所在地药品监督管理部门监督销毁或者依法进行其他处理。国务院药品监督管理部门、批签发机构应当及时公布上市疫苗批签发结果，供公众查询。

申请疫苗批签发应当按照规定向批签发机构提供生产及检验记录摘要等资料和同批号产品等样品。进口疫苗还应当提供原产地证明、批签发证明；在原产地免于批签发的，应当提供免于批签发证明。预防、控制传染病疫情或者应对突发事件急需的疫苗，经国务院药品监督管理部门批准，免于批签发。

疫苗批签发应当逐批进行资料审核和抽样检验。疫苗批签发检验项目和检验频次应当根据疫苗质量风险评估情况进行动态调整。对疫苗批签发申请资料或者样品的真实性有疑问，或者存在其他需要进一步核实的情况的，批签发机构应当予以核实，必要时应当采取现场抽样检验等方式组织开展现场核实。

批签发机构在批签发过程中发现疫苗存在重大质量风险的，应当及时向国务院药品监督管理部门和省、自治区、直辖市人民政府药品监督管理部门报告。接到报告的部门应当立即对疫苗上市许可持有人进行现场检查，根据检查结果通知批签发机构对疫苗上市许可持有人的相关产品或者所有产品不予批签发或者暂停批签发，并责令疫苗上市许可持有人整改。疫苗上市许可持有人应当立即整改，并及时将整改情况向责令其整改的部门报告。

对生产工艺偏差、质量差异、生产过程中的故障和事故以及采取的措施，疫苗上市许可持有人应当如实记录，并在相应批产品申请批签发的文件中载明可能影响疫苗质量的，疫苗上市许可持有人应当立即采取措施，并向省、自治区、直辖市人民政府药品监督管理部门报告。

二、疫苗的流通

（一）疫苗的采购

国家免疫规划疫苗由国务院卫生健康主管部门会同国务院财政部门等组织集中招标或者统一谈判，形成并公布中标价格或者成交价格，各省、自治区、直辖市实行统一采购。国家免疫规划疫苗以外的其他免疫规划疫苗、非免疫规划疫苗由各省、自治区、直辖市通过省级公共资源交易平台组织采购。

省级疾病预防控制机构应当根据国家免疫规划和本行政区域疾病预防、控制需要，制定本行政区域免疫规划疫苗使用计划，并按照国家有关规定向组织采购疫苗的部门报告，同时报省、自治区、直辖市人民政府卫生健康主管部门备案。

（二）疫苗的分发

1. 疫苗的采购与分发 疫苗上市许可持有人应当按照采购合同约定，向疾病预防控制机构供应疫苗。疾病预防控制机构应当按照规定向接种单位供应疫苗。疾病预防控制机构以外的单位和个人不得向接种单位供应疫苗，接种单位不得接收该疫苗。疫苗上市许可持有人应当按照采购合同约定，向疾病预防控制机构或者疾病预防控制机构指定的接种单位配送疫苗。

2. 疫苗的运输与管理 疫苗上市许可持有人、疾病预防控制机构自行配送疫苗应当具备疫苗冷链储存、运输条件，也可以委托符合条件的疫苗配送单位配送疫苗。疾病预防控制机构配送非免疫规划疫苗，可以收取储存、运输费用，具体办法由国务院财政部门会同国务院价格主管部门制定，收费标准由省、自治区、直辖市人民政府价格主管部门会同财政部门制定。

疾病预防控制机构、接种单位、疫苗上市许可持有人、疫苗配送单位应当遵守疫苗储存、运输管理规范，保证疫苗质量。疫苗在储存、运输全过程中应当处于规定的温度环境，冷链储存、运输应当符合要求，并定时监测、记录温度。疫苗储存、运输管理规范由国务院药品监督管理部门、国务院卫生健康主管部门共同制定。

疫苗上市许可持有人在销售疫苗时，应当提供加盖其印章的批签发证明复印件或者电子文件；销售进口疫苗的，还应当提供加盖其印章的进口药品通关单复印件或者电子文件。疫苗上市许可持有人应当按照规定，建立真实、准确、完整的销售记录，并保存至疫苗有效期满后不少于五年备查。

疾病预防控制机构、接种单位在接收或者购进疫苗时，应当索取加盖印章的批签发证明复印件或者电子文件、进口药品通关单复印件或者电子文件以及本次运输、储存全过程温度监测记录，并保存至疫苗有效期满后不少于五年备查；对不能提供本次运输、储存全过程温度监测记录或者温度控制不符合要求的，不得接收或者购进，并应当立即向县级以上地方人民政府药品监督管理部门、卫生健康主管部门报告。

疾病预防控制机构、接种单位应当建立疫苗定期检查制度，对存在包装无法识别、储存温度不符合要求、超过有效期等问题的疫苗，采取隔离存放、设置警示标志等措施，并按照国务院药品监督管理部门、卫生健康主管部门、生态环境主管部门的规定处置。疾病预防控制机构、接种单位应当如实记录处置情况，处置记录应当保存至疫苗有效期满后不少于五年备查。疾病预防控制机构、接种单位、疫苗配送单位应当按照规定，建立真实、准确、完整的接收、购进、储存、配送、供应记录，并保存至疫苗有效期满后不少于五年备查。

三、预防接种

国务院卫生健康主管部门制定国家免疫规划；国家免疫规划疫苗种类由国务院卫生健康主管部门会同国务院财政部门拟订，报国务院批准后公布。国务院卫生健康主管部门建立国家免疫规划专家咨询委员会，并会同国务院财政部门建立国家免疫规划疫苗种类动态调整机制。

省、自治区、直辖市人民政府在执行国家免疫规划时，可以根据本行政区域疾病预防、控制需要，增加免疫规划疫苗种类，报国务院卫生健康主管部门备案并公布。国务院卫生健康主管部门应当制定、公布预防接种工作规范，强化预防接种规范化管理。国务院卫生健康主管部门应当制定、公布国家免疫规划疫苗的免疫程序和非免疫规划疫苗的使用指导原则。省、自治区、直辖市人民政府卫生健康主管部门应当结合本行政区域实际情况制定接种方案，并报国务院卫生健康主管部门备案。各级疾病预防控制机构应当按照各自职责，开展与预防接种相关的宣传、培训、技术指导、监测、评价、流行病学调查、应急处置等工作。

（一）接种单位应具备的条件

《疫苗管理法》规定，接种单位应当具备以下条件：①取得医疗机构执业许可证；②具有经过县级人民政府卫生健康主管部门组织的预防接种专业培训并考核合格的医师、护士或者乡村医生；③具有符合疫苗储存、运输管理规范的冷藏设施、设备和冷藏保管制度。

（二）疫苗接种单位的管理

县级以上地方人民政府卫生健康主管部门指定符合条件的医疗机构承担责任区域内免疫规划疫苗接种工作。符合条件的医疗机构可以承担非免疫规划疫苗接种工作，并应当报颁发其医疗机构执业许可证的卫生健康主管部门备案。

接种单位应当加强内部管理，开展预防接种工作应当遵守预防接种工作规范、免疫程序、疫苗使用指导原则和接种方案。各级疾病预防控制机构应当加强对接种单位预防接种工作的技术指导和疫苗使用的管理。

（三）实施接种的医疗卫生人员的责任

医疗卫生人员实施接种，应当告知受种者或者其监护人所接种疫苗的品种、作用、禁忌、不良反应以及现场留观等注意事项，询问受种者的健康状况以及是否有接种禁忌等情况，并如实记录告知和询问情况。受种者或者其监护人应当如实提供受种者的健康情况和接种禁忌等情况，有接种禁忌不能接种的，医疗卫生人员应当向受种者或者其监护人提出医学建议，并如实记录提出医学建议情况。

医疗卫生人员在实施接种前，应当按照预防接种工作规范的要求，检查受种者健康状况、核查接种禁忌，查对预防接种证，检查疫苗、注射器的外观、批号、有效期，核对受种者的姓名、年龄和疫苗的品名、规格、剂量、接种部位、接种途径，做到受种者、预防接种证和疫苗信息相一致，确认无误后方可实施接种。

医疗卫生人员应当对符合接种条件的受种者施接种。受众者在现场留观期间出现不良反应的，医疗卫生人员应当按照预防接种工作规范的要求，及时采取救治等措施。

医疗卫生人员应当按照国务院卫生健康主管部门的规定，真实、准确、完整记录疫苗的品种、上市许可持有人、最小包装单位的识别信息、有效期、接种时间、实施接种的医疗卫生人员、受种者等接种信息，确保接种信息可追溯、可查询。接种记录应当保存至疫苗有效期满后不少于5年备查。

（四）儿童预防接种的管理

国家对儿童实行预防接种证制度。在儿童出生后1个月内，其监护人应当到儿童居住地承担预防接种工作的接种单位或者出生医院为其办理预防接种证。接种单位或者出生医院不得拒绝办理。监护人应当妥善保管接种证。

预防接种实行居住地管理，儿童离开原居住地期间，由现居住地承担预防接种工作的接种单位负责对其实施接种。预防接种证的格式由国务院卫生健康主管部门规定。儿童入托、入学时，托幼机构、学校应当查验预防接种证，发现未按照规定接种免疫规划疫苗的，应当向儿童居住地或者托幼机构、学校所在地承担预防接种工作的接种单位报告，并配合接种单位督促其监护人按照规定补种。

接种单位接种免疫规划疫苗不得收取任何费用，接种单位接种非免疫规划疫苗除收取疫苗费用外，还可以收取接种服务费。接种服务费的收费标准由省、自治区、直辖市人民政府价格主管部门会同财政部门制定。

第三节　异常反应的监测与处理

一、异常反应的监测

国家加强预防接种异常反应监测。接种异常反应监测方案由国务院卫生健康主管部门会同国务院药品监督管理部门制定。

（一）预防接种异常反应的概念

预防接种异常反应，是指合格的疫苗在实施规范接种过程中或者实施规范接种后造成受种者机体组织器官、功能损害，相关各方均无过错的药品不良反应。

（二）不属于预防接种异常反应的情形

根据《疫苗管理法》第52条的规定，不属于预防接种异常反应的情形有：①因疫苗本身特性引起的接种后一般反应；②因疫苗质量问题给受种者造成的损害；③因接种单位违反预防接种工作规范、免疫程序、疫苗使用指导原则、接种方案给受种者造成的损害；④受种者在接种时正处于某种疾病的潜伏期或者前驱期，接种后偶合发病；⑤受种者有疫苗说明书规定的接种禁忌，在接种前受种者或者其监护人未如实提供受种者的健康状况和接种禁忌等情况，接种后受种者原有疾病急性复发或者病情加重；⑥

因心理因素发生的个体或者群体的心因性反应。

二、异常反应的处理

（一）预防接种异常反应的处理

接种单位、医疗机构等发现疑似预防接种异常反应的，应当按照规定向疾病预防控制机构报告。疫苗上市许可持有人应当设立专门机构，配备专职人员，主动收集、跟踪分析疑似预防接种异常反应，及时采取风险控制措施，将疑似预防接种异常反应向疾病预防控制机构报告，将质量分析报告提交省、自治区、直辖市人民政府药品监督管理部门。

对疑似预防接种异常反应，疾病预防控制机构应当按照规定及时报告，组织调查、诊断，并将调查、诊断结论告知受种者或其监护人。对调查、诊断结论有异议的，可以根据国务院卫生健康主管部门制定的鉴定办法申请鉴定。

因预防接种导致受种者死亡、严重残疾，或者群体性疑似预防接种异常反应等对社会有重大影响的疑似预防接种异常反应，由设区的市级以上人民政府卫生健康主管部门、药品监督管理部门按照各自职责组织调查、处理。

（二）预防接种异常反应的补偿

国家实行预防接种异常反应补偿制度。实施接种过程中或者实施接种后出现受种者死亡、严重残疾、器官组织损伤等损害，属于预防接种异常反应或者不能排除的，应当给予补偿。补偿范围实行目录管理，并根据实际情况进行动态调整。

接受免疫规划疫苗所需的补偿费用，由省、自治区、直辖市人民政府财政部门在预防接种经费中安排；接种非免疫规划疫苗所需的补偿费用，由相关疫苗上市许可持有人承担。国家鼓励通过商业保险等多种形式对预防接种异常反应受种者予以补偿。

预防接种异常反应补偿应当及时、便民、合理。预防接种异常反应补偿范围、标准、程序由国务院规定，省、自治区、直辖市制定具体实施办法。

第四节　法律责任

一、疾病预防控制机构、接种单位、疫苗上市许可持有人、疫苗配送单位的法律责任

《疫苗管理法》第 85 条规定：“违反疫苗储存、运输管理规范有关冷链储存、运输要求的，由县级以上人民政府药品监督管理部门责令改正，给予警告，对违法储存、运输的疫苗予以销毁，没收违法所得；拒不改正的，对接种单位、疫苗上市许可持有人、疫苗配送单位处二十万元以上一百万元以下的罚款；情节严重的，处违法储存、运输疫苗货值金额十倍以上三十倍以下的罚款，货值金额不足十万元的，按十万元计算，责令停产停业整顿，直至吊销药品相关批准证明文件、药品生产许可证等。

疾病预防控制机构、接种单位有前款规定违法行为的，对主要负责人、直接负责的主管人员和其他直接责任人员依法给予警告直至撤职处分，责令负有责任的医疗卫生人员暂停一年以上十八个月以下执业活动；造成严重后果的，对主要负责人、直接负责的主管人员和其他直接责任人员依法给予开除处分，并可以吊销接种单位的接种资格，由原发证部门吊销负有责任的医疗卫生人员的执业证书。

《疫苗管理法》第 86 条规定，有本法第 85 条规定以外的违反疫苗储存、运输管理规范行为的，由

县级以上人民政府药品监督管理部门责令改正，给予警告，没收违法所得；拒不改正的，处十万元以上三十万元以下的罚款；情节严重的，处违法储存、运输疫苗货值金额三倍以上十倍以下的罚款，货值金额不足十万元的，按十万元计算。

疾病预防控制机构、接种单位有前款规定违法行为的，对主要负责人、直接负责的主管人员和其他直接责任人员依法给予警告直至撤职处分，责令负有责任的医疗卫生人员暂停六个月以上一年以下执业活动；造成严重后果的，对主要负责人、直接负责的主管人员和其他直接责任人员依法给予开除处分，由原发证部门吊销负有责任的医疗卫生人员的执业证书。

《疫苗管理法》第87条规定，疾病预防控制机构、接种单位有下列情形之一的，责令改正，给予警告，没收违法所得；情节严重的，对主要负责人、直接负责的主管人员和其他直接责任人员依法给予警告直至撤职处分，责令负有责任的医疗卫生人员暂停一年以上十八个月以下执业活动；造成严重后果的，对主要负责人、直接负责的主管人员和其他直接责任人员依法给予开除处分，由原发证部门吊销负有责任的医疗卫生人员的执业证书：①未按照规定供应、接收、采购疫苗；②接种疫苗未遵守预防接种工作规范、免疫程序、疫苗使用指导原则、接种方案；③擅自进行群体性预防接种。

《疫苗管理法》第88条规定：“疾病预防控制机构、接种单位有下列情形之一的，由县级以上人民政府卫生健康主管部门责令改正，给予警告；情节严重的，对主要负责人、直接负责的主管人员和其他直接责任人员依法给予警告直至撤职处分，责令负有责任的医疗卫生人员暂停六个月以上一年以下执业活动；造成严重后果的，对主要负责人、直接负责的主管人员和其他直接责任人员依法给予开除处分，由原发证部门吊销负有责任的医疗卫生人员的执业证书：①未按照规定提供追溯信息；②接收或者购进疫苗时未按照规定索取并保存相关证明文件、温度监测记录；③未按照规定建立并保存疫苗接收、购进、储存、配送、供应、接种、处置记录；④未按照规定告知、询问受种者或者其监护人有关情况”。

《疫苗管理法》第89条规定：“疾病预防控制机构、接种单位、医疗机构未按照规定报告疑似预防接种异常反应、疫苗安全事件等，或者未按照规定对疑似预防接种异常反应组织调查、诊断等的，由县级以上人民政府卫生健康主管部门责令改正，给予警告；情节严重的，对接种单位、医疗机构处五万元以上五十万元以下的罚款，对疾病预防控制机构、接种单位、医疗机构的主要负责人、直接负责的主管人员和其他直接责任人员依法给予警告直至撤职处分；造成严重后果的，对主要负责人、直接负责的主管人员和其他直接责任人员依法给予开除处分，由原发证部门吊销负有责任的医疗卫生人员的执业证书”。

《疫苗管理法》第90条规定：“疾病预防控制机构、接种单位违反本法规定收取费用的，由县级以上人民政府卫生健康主管部门监督其将违法收取的费用退还给原缴费的单位或者个人，并由县级以上人民政府市场监督管理部门依法给予处罚”。

二、县级以上地方人民政府的法律责任

《疫苗管理法》第94条规定：“县级以上地方人民政府在疫苗监督管理工作中有下列情形之一的，对直接负责的主管人员和其他直接责任人员依法给予降级或者撤职处分；情节严重的，依法给予开除处分；造成严重后果的，其主要负责人应当引咎辞职：①履行职责不力，造成严重不良影响或者重大损失；②瞒报、谎报、缓报、漏报疫苗安全事件；③干扰、阻碍对疫苗违法行为或者疫苗安全事件的调查；④本行政区域发生特别重大疫苗安全事故，或者连续发生重大疫苗安全事故”。

三、药品监督管理部门、卫生健康主管部门等部门的法律责任

《疫苗管理法》第95条规定：“药品监督管理部门、卫生健康主管部门等部门在疫苗监督管理工作

中有下列情形之一的，对直接负责的主管人员和其他直接责任人员依法给予降级或者撤职处分；情节严重的，依法给予开除处分；造成严重后果的，其主要负责人应当引咎辞职：①未履行监督检查职责，或者发现违法行为不及时查处；②擅自进行群体性预防接种；③瞒报、谎报、缓报、漏报疫苗安全事件；④干扰、阻碍对疫苗违法行为或者疫苗安全事件的调查；⑤泄露举报人的信息；⑥接到疑似预防接种异常反应相关报告，未按照规定组织调查、处理；⑦其他未履行疫苗监督管理职责的行为，造成严重不良影响或者重大损失。"

目标检测

一、选择题

（一）单项选择题

1. 针对疫苗产生的异常反应，国家需要予以补偿的是（　）

A. 不合格的非免疫规划疫苗　B. 合格的免疫规划疫苗　C. 不合格的免疫规划疫苗

D. 合格的非免疫规划疫苗　E. 进口疫苗

2. 疾病预防控制机构、接种单位、疫苗配送单位应当按照规定建立真实、准确、完整的接收、购进、储存、配送、供应记录，并保存至疫苗有效期满后不少于（　）年被查

A. 5　B. 4　C. 3

D. 2　E. 1

3. 接种单位应当具备（　）

A. 不需要取得医疗机构职业许可证

B. 具有符合疫苗储存、运输管理规范的冷藏设施、设备和冷藏保管制度

C. 必须是公立医疗机构

D. 具有经过市级人民政府卫生健康主管部门组织的预防专业接种培训并考核合格的医生，护士或者乡村医生

E. 具有经过省级人民政府卫生健康主管部门组织的预防专业接种培训并考核合格的医生，护士或者乡村医生

4. 接种单位收或者购进疫苗时，应当索取本次运输、储存全过程温度监测记录，并保存至疫苗有效期满后（　）年备查

A. 5　B. 4　C. 3

D. 2　E. 1

5. 疾病预控制机构、接种单位在接收或者购进疫苗时，应当索取前款规定的证明文件，并保存至疫苗有效期满后不少于（　）年备查

A. 5　B. 4　C. 3

D. 2　E. 1

（二）多项选择题

6. 国家实行预防接种异常反应补偿制度，实施接种过程中或者实施接种后出现受种者（　）损害，属于预防接种异常反应或者不能排除的，应当给予补偿

A. 死亡　B. 残疾　C. 严重残疾

D. 荨麻疹　E. 器官组织损伤

7. 在中华人民共和国境内从事（　）活动，适用本法

A. 疫苗研制　　B. 生产　　C. 流通

D. 推广　　E. 预防接种及其监督管理

8. 下列情形中，不属于预防接种异常反应的情况有（　）

A. 受种者有疫苗说明书规定接种禁忌，在接种前受种者或者其监护人未如实提供受种者的健康状况和接种禁忌等情况，接种后受种者原有疾病急性复发或者病情加重

B. 合格的疫苗在实施规范接种过程中或者实施规范接种后造成受种者机体组织器官、功能损害，相关各方均无过错的药品不良反应

C. 因疫苗质量问题给受种者造成的损害

D. 受种者在接种时正处于某种疾病的潜伏期或者前驱期，接种后偶合发病

E. 因心理因素发生的个体或者群体的心因性反应

9. 制定疫苗管理法的目的是（　）

A. 加强疫苗管理　　B. 保证疫苗质量和供应　　C. 规范预防接种

D. 疫苗行业发展　　E. 保障公众健康、维护公共卫生安全

10. 从事疫苗研制、生产、流通和预防接种活动的单位和个人应当遵守（　），保证全过程信息真实、准确、完整、可追溯、依法承担责任，接受社会监督

A. 法律　　B. 法规　　C. 规章

D. 标准　　E. 规范

二、思考题

1. 请简述不属于预防接种异常反应的情形有哪些？

2. 疫苗的分类是什么？

（刘　薇）

第十三章 职业病防治管理法律制度

学习目标

1. 通过本章学习，重点掌握职业病的概念、职业病的预防与控制制度、职业病诊断鉴定制度、职业病患者的法律保障制度、放射诊疗管理制度以及违反职业病防治法的法律责任。

2. 学会职业病诊断鉴定的法律规定，具有分析相关问题的能力；学会职业病防治法律制度的适用，具有正确应用职业病防治法律规范的能力。

情境导入

情境描述 2011 年 10 月，陶某入职某公司从事接触职业病危害的工作。2015 年 5 月底，公司与陶某的劳动关系解除。该公司在与陶某解除劳动合同前，并未安排其进行职业健康检查，2015 年 12 月之后停止了社保费用缴纳。2015 年 12 月，陶某在医院进行健康检查时被建议进行职业病鉴定。自被发现为疑似职业病患者后，陶某曾多次在安徽、浙江、上海等地的医疗机构进行诊断治疗。2017 年 5 月，陶某在其离岗后被诊断为职业病，并被认定为工伤。

讨论 1. 职业病患者的法律保障有什么？

2. 案例中产生职业病危害的用人单位违反了哪些基本义务？

第一节 概 述

职业健康是健康中国建设的重要基础和组成部分。随着我国经济快速发展和健康中国战略的全面实施，职业活动中产生的职业病危害因素多样、复杂，劳动者的职业健康权益保障面临着新的形势和更高的要求。加强职业健康工作、完善职业病防治法律体系，对于避免和减少职业病的发生，保护劳动者的生命安全和身体健康，促进经济社会的发展起到了重要作用。

一、职业病防治的概念

1. 职业病 是指企业、事业单位和个体经济组织等用人单位的劳动者在职业活动中，因接触粉尘、放射性物质和其他有毒、有害因素而引起的疾病。

2. 职业病危害 是指对从事职业活动的劳动者可能导致职业病的各种危害。职业病危害因素包括职业活动中存在的各种有害的化学、物理、生物因素以及在作业过程中产生的其他职业有害因素。

3. 职业病防治法 是指在减少职业病危害、防治职业病的过程中，旨在保护劳动者职业健康权益、促进经济社会发展的活动中所产生的各种社会关系的法律规范的总称。职业病防治法包括所有与职业病防治有关的法律、法规和规章，也包括其他相关法律法规中有关预防、控制和消除职业病危害的规定。

2001 年 10 月 27 日，第九届全国人民代表大会常务委员会第二十四次会议通过了《中华人民共和国职业病防治法》（以下简称《职业病防治法》），自 2002 年 5 月 1 日起施行。2011 年 12 月 31 日第十一届全国人民代表大会常务委员会第二十四次会议、2016 年 7 月 2 日第十二届全国人民代表大会常务委员会第二十一次会议、2017 年 11 月 4 日第十二届全国人民代表大会常务委员会第三十次会议、2018 年 12 月 29 日第十三届全国人民代表大会常务委员会第七次会议进行了四次修正。职业病防治法适用于中华人民共和国领域内的职业病防治活动。

根据 2013 年 12 月 23 日，国家卫生计生委、安全监管总局、人力资源社会保障部、全国总工会 4 部门联合印发的《职业病分类和目录》，目前我国公布的职业病分为职业性尘肺病及其他呼吸系统疾病、职业性皮肤病、职业性眼病、职业性耳鼻喉口腔疾病、职业性化学中毒、物理因素所致职业病、职业性放射性疾病、职业性传染病、职业性肿瘤、其他职业病 10 大类 132 种。

二、职业病防治的方针和原则

职业病防治工作坚持预防为主、防治结合的方针，建立用人单位负责、行政机关监管、行业自律、职工参与和社会监督的机制，实行分类管理、综合治理。

国家鼓励和支持研制、开发、推广、应用有利于职业病防治和保护劳动者健康的新技术、新工艺、新设备、新材料，加强对职业病的机理和发生规律的基础研究，提高职业病防治科学技术水平；积极采用有效的职业病防治技术、工艺、设备、材料；限制使用或者淘汰职业病危害严重的技术、工艺、设备、材料。国家鼓励和支持职业病医疗康复机构的建设。

国家实行职业卫生监督制度。卫生行政部门、劳动保障行政部门依据各自职责，负责职业病防治的监督管理工作。有关部门在各自的职责范围内负责职业病防治的有关监督管理工作。

第二节　职业病的预防与控制

一、职业病的前期预防

1. 用人单位在前期预防中的责任　用人单位应当依照法律、法规要求，严格遵守国家职业卫生标准，落实职业病预防措施，从源头上控制和消除职业病危害。用人单位应当建立、健全职业病防治责任制，加强对职业病防治的管理，提高职业病防治水平，对本单位产生的职业病危害承担责任。用人单位的主要负责人对本单位的职业病防治工作全面负责。

2. 工作场所的职业卫生要求　产生职业病危害的用人单位的设立除应当符合法律、行政法规规定的设立条件外，其工作场所还应当符合下列职业卫生要求：①职业病危害因素的强度或者浓度符合国家职业卫生标准；②有与职业病危害防护相适应的设施；③生产布局合理，符合有害与无害作业分开的原则；④有配套的更衣间、洗浴间、孕妇休息间等卫生设施；⑤设备、工具、用具等设施符合保护劳动者生理、心理健康的要求；⑥法律、行政法规和国务院卫生行政部门关于保护劳动者健康的其他要求。

3. 职业病危害项目申报制度　职业病危害因素分类目录由国务院卫生行政部门制定、调整并公布。用人单位工作场所存在职业病目录所列职业病的危害因素的，应当及时、如实向所在地卫生行政部门申报危害项目，接受监督。

4. 职业病危害预评价制度　新建、扩建、改建建设项目和技术改造、技术引进项目可能产生职业病危害的，建设单位在可行性论证阶段应当进行职业病危害预评价。医疗机构建设项目可能产生放射性职业病危害的，建设单位应当向卫生行政部门提交放射性职业病危害预评价报告。卫生行政部门应当自收到预评价报告之日起三十日内，作出审核决定并书面通知建设单位。未提交预评价报告或者预评价报告未经卫生行政部门审核同意的，不得开工建设。

职业病危害预评价报告应当对建设项目可能产生的职业病危害因素及其对工作场所和劳动者健康的

影响作出评价，确定危害类别和职业病防护措施。

5. 建设项目的职业病防护设施 建设项目的职业病防护设施所需费用应当纳入建设项目工程预算，并与主体工程同时设计，同时施工，同时投入生产和使用。建设项目的职业病防护设施设计应当符合国家职业卫生标准和卫生要求；其中，医疗机构放射性职业病危害严重的建设项目的防护设施设计，应当经卫生行政部门审查同意后，方可施工。

建设项目在竣工验收前，建设单位应当进行职业病危害控制效果评价。医疗机构可能产生放射性职业病危害的建设项目竣工验收时，其放射性职业病防护设施经卫生行政部门验收合格后，方可投入使用；其他建设项目的职业病防护设施应当由建设单位负责依法组织验收，验收合格后，方可投入生产和使用。

二、劳动过程中的防护与管理

1. 职业病防治管理措施 用人单位应当采取下列职业病防治管理措施：①设置或者指定职业卫生管理机构或者组织，配备专职或者兼职的职业卫生管理人员，负责本单位的职业病防治工作；②制定职业病防治计划和实施方案；③建立、健全职业卫生管理制度和操作规程；④建立、健全职业卫生档案和劳动者健康监护档案；⑤建立、健全工作场所职业病危害因素监测及评价制度；⑥建立、健全职业病危害事故应急救援预案。

用人单位应当保障职业病防治所需的资金投入，不得挤占、挪用，并对因资金投入不足导致的后果承担责任。

2. 提供职业病防护设施和用品 ①用人单位必须采用有效的职业病防护设施，并为劳动者提供个人使用的职业病防护用品；②用人单位为劳动者个人提供的职业病防护用品必须符合防治职业病的要求。不符合要求的，不得使用；③用人单位应当优先采用有利于防治职业病和保护劳动者健康的新技术、新工艺、新设备、新材料，逐步替代职业病危害严重的技术、工艺、设备、材料；④对职业病防护设备、应急救援设施和个人使用的职业病防护用品，用人单位应当进行经常性的维护、检修，定期检测其性能和效果，确保其处于正常状态，不得擅自拆除或者停止使用。

3. 职业病危害的告知 ①产生职业病危害的用人单位，应当在醒目位置设置公告栏，公布有关职业病防治的规章制度、操作规程、职业病危害事故应急救援措施和工作场所职业病危害因素检测结果。②对产生严重职业病危害的作业岗位，应当在其醒目位置，设置警示标识和中文警示说明。警示说明应当载明产生职业病危害的种类、后果、预防以及应急救治措施等内容。③对可能发生急性职业损伤的有毒、有害工作场所，用人单位应当设置报警装置，配置现场急救用品、冲洗设备、应急撤离通道和必要的泄险区。对放射工作场所和放射性同位素的运输、贮存，用人单位必须配置防护设备和报警装置，保证接触放射线的工作人员佩戴个人剂量计。

4. 可能产生职业病危害的设备、材料的管理 ①向用人单位提供可能产生职业病危害的设备的，应当提供中文说明书，并在设备的醒目位置设置警示标识和中文警示说明；②向用人单位提供可能产生职业病危害的化学品、放射性同位素和含有放射性物质的材料的，应当提供中文说明书；③国内首次使用或者首次进口与职业病危害有关的化学材料，使用单位或者进口单位按照国家规定经国务院有关部门批准后，应当向国务院卫生行政部门报送该化学材料的毒性鉴定以及经有关部门登记注册或者批准进口的文件等资料。

5. 劳动合同的内容 ①用人单位与劳动者订立劳动合同时，应当将工作过程中可能产生的职业病危害及其后果、职业病防护措施和待遇等如实告知劳动者，并在劳动合同中写明，不得隐瞒或者欺骗；②劳动者在已订立劳动合同期间因工作岗位或者工作内容变更，从事与所订立劳动合同中未告知的存在职业病危害的作业时，用人单位应当依照前述规定，向劳动者履行如实告知的义务，并协商变更原劳动合同相关条款；③用人单位违反上述两项规定的，劳动者有权拒绝从事存在职业病危害的作业，用人单位不得因此解除与劳动者所订立的劳动合同。

6. 职业病危害因素检测、评价 ①用人单位应当实施由专人负责的职业病危害因素日常监测，并确保监测系统处于正常运行状态；②用人单位应当按照国务院卫生行政部门的规定，定期对工作场所进行职业病危害因素检测、评价，检测、评价结果存入用人单位职业卫生档案，定期向所在地卫生行政部门报告并向劳动者公布；③职业病危害因素检测、评价由依法设立的取得国务院卫生行政部门或者设区的市级以上地方人民政府卫生行政部门按照职责分工给予资质认可的职业卫生技术服务机构进行；④发现工作场所职业病危害因素不符合国家职业卫生标准和卫生要求时，用人单位应当立即采取相应治理措施，仍然达不到国家职业卫生标准和卫生要求的，必须停止存在职业病危害因素的作业。职业病危害因素经治理后，符合国家职业卫生标准和卫生要求的，方可重新作业。

7. 职业卫生培训 ①用人单位的主要负责人和职业卫生管理人员应当接受职业卫生培训，遵守职业病防治法律、法规，依法组织本单位的职业病防治工作；②用人单位应当对劳动者进行上岗前的职业卫生培训和在岗期间的定期职业卫生培训，普及职业卫生知识，督促劳动者遵守职业病防治法律、法规、规章和操作规程，指导劳动者正确使用职业病防护设备和个人使用的职业病防护用品；③劳动者应当学习和掌握相关的职业卫生知识，增强职业病防范意识，遵守职业病防治法律、法规、规章和操作规程，正确使用、维护职业病防护设备和个人使用的职业病防护用品，发现职业病危害事故隐患应当及时报告。

8. 职业健康检查 ①对从事接触职业病危害的作业的劳动者，用人单位应当按照国务院卫生行政部门的规定组织上岗前、在岗期间和离岗时的职业健康检查，并将检查结果书面告知劳动者。职业健康检查费用由用人单位承担。②用人单位不得安排未经上岗前职业健康检查的劳动者从事接触职业病危害的作业；不得安排有职业禁忌的劳动者从事其所禁忌的作业；对在职业健康检查中发现有与所从事的职业相关的健康损害的劳动者，应当调离原工作岗位，并妥善安置；对未进行离岗前职业健康检查的劳动者不得解除或者终止与其订立的劳动合同。③职业健康检查应当由取得《医疗机构执业许可证》的医疗卫生机构承担。

9. 职业健康监护档案 ①用人单位应当为劳动者建立职业健康监护档案，并按照规定的期限妥善保存；②职业健康监护档案应当包括劳动者的职业史、职业病危害接触史、职业健康检查结果和职业病诊疗等有关个人健康资料；③劳动者离开用人单位时，有权索取本人职业健康监护档案复印件，用人单位应当如实、无偿提供，并在所提供的复印件上签章。

10. 职业病危害事故 发生或者可能发生急性职业病危害事故时，用人单位应当立即采取应急救援和控制措施，并及时报告所在地卫生行政部门和有关部门。卫生行政部门接到报告后，应当及时会同有关部门组织调查处理；必要时，可以采取临时控制措施。卫生行政部门应当组织做好医疗救治工作。对遭受或者可能遭受急性职业病危害的劳动者，用人单位应当及时组织救治、进行健康检查和医学观察，所需费用由用人单位承担。

11. 劳动者职业卫生保护权利 ①获得职业卫生教育、培训；②获得职业健康检查、职业病诊疗、康复等职业病防治服务；③了解工作场所产生或者可能产生的职业病危害因素、危害后果和应当采取的职业病防护措施；④要求用人单位提供符合防治职业病要求的职业病防护设施和个人使用的职业病防护用品，改善工作条件；⑤对违反职业病防治法律、法规以及危及生命健康的行为提出批评、检举和控告；⑥拒绝违章指挥和强令进行没有职业病防护措施的作业；⑦参与用人单位职业卫生工作的民主管理，对职业病防治工作提出意见和建议。

因劳动者依法行使正当权利而降低其工资、福利等待遇或者解除、终止与其订立的劳动合同的，其行为无效。

用人单位不得安排未成年工从事接触职业病危害的作业；不得安排孕期、哺乳期的女职工从事对本人和胎儿、婴儿有危害的作业。

第三节　职业病诊断与患者法律保障

一、职业病诊断的法律规定

1. 职业病诊断机构　职业病诊断应当由取得《医疗机构执业许可证》的医疗卫生机构承担。承担职业病诊断的医疗卫生机构还应当具备下列条件：①具有与开展职业病诊断相适应的医疗卫生技术人员；②具有与开展职业病诊断相适应的仪器、设备；③具有健全的职业病诊断质量管理制度。

2. 职业病诊断申请　劳动者可以在用人单位所在地、本人户籍所在地或者经常居住地依法承担职业病诊断的医疗卫生机构进行职业病诊断。承担职业病诊断的医疗卫生机构不得拒绝劳动者进行职业病诊断的要求。

3. 职业病诊断依据　职业病诊断，应当综合分析下列因素：①患者的职业史；②职业病危害接触史和工作场所职业病危害因素情况；③临床表现以及辅助检查结果等。没有证据否定职业病危害因素与患者临床表现之间的必然联系的，应当诊断为职业病。

用人单位应当如实提供职业病诊断、鉴定所需的劳动者职业史和职业病危害接触史、工作场所职业病危害因素检测结果等资料；卫生行政部门应当监督检查和督促用人单位提供上述资料；劳动者和有关机构也应当提供与职业病诊断、鉴定有关的资料。

劳动者对用人单位提供的工作场所职业病危害因素检测结果等资料有异议，或者因劳动者的用人单位解散、破产，无用人单位提供上述资料的，诊断、鉴定机构应当提请卫生行政部门进行调查，卫生行政部门应当自接到申请之日起三十日内对存在异议的资料或者工作场所职业病危害因素情况作出判定；有关部门应当配合。

职业病诊断、鉴定机构需要了解工作场所职业病危害因素情况时，可以对工作场所进行现场调查，也可以向卫生行政部门提出，卫生行政部门应当在十日内组织现场调查。用人单位不得拒绝、阻挠。

4. 职业病诊断结论　职业病诊断证明书应当由参与诊断的取得职业病诊断资格的执业医师签署，并经承担职业病诊断的医疗卫生机构审核盖章。

5. 职业病和疑似职业病的报告　用人单位和医疗卫生机构发现职业病患者或者疑似职业病患者时，应当及时向所在地卫生行政部门报告。确诊为职业病的，用人单位还应当向所在地劳动保障行政部门报告。接到报告的部门应当依法作出处理。县级以上地方人民政府卫生行政部门负责本行政区域内的职业病统计报告的管理工作，并按照规定上报。

素质提升

廉洁公正，秉公诊断

职业病诊断作为一项政策性和技术性较强的服务性工作，既要对广大劳动者负责，又要对用人单位负责，维护职业病患者和用人单位的合法利益。当前，职业健康受到了劳动者和社会的广泛关注。职业病诊断有着严格的诊断技术标准和流程，职业病诊断医师应当不断提高诊断质量和服务水平，培养良好的职业精神和专业素养，依法执业、诚实守信、关爱生命、恪守医德。

职业病诊断医师应当具有客观、公正、科学、严谨的工作态度，坚持集体诊断机制，对出具的职业病诊断结论承担责任。由于职业病诊断涉及到职业病待遇和民事赔偿等问题，职业病诊断医师不仅要争取当事人的信任，维护社会和谐稳定。职业病诊断医师还要敢于面对暴力威胁和利益考验，不得利用职务条件索取和收受当事人的宴请、红包礼金及其他影响诊断的不正当利益，不出具虚假证明文件、不超出资质范围开展职业病诊断，自觉抵制各种利益诱惑。

二、职业病诊断鉴定机构与程序

（一）职业病诊断鉴定机构

职业病诊断鉴定委员会由相关专业的专家组成。省、自治区、直辖市人民政府卫生行政部门应当设立相关的专家库，需要对职业病争议作出诊断鉴定时，由当事人或者当事人委托有关卫生行政部门从专家库中以随机抽取的方式确定参加诊断鉴定委员会的专家。

职业病诊断鉴定委员会组成人员应当遵守职业道德，客观、公正地进行诊断鉴定，并承担相应的责任。职业病诊断鉴定委员会组成人员不得私下接触当事人，不得收受当事人的财物或者其他好处，与当事人有利害关系的，应当回避。

人民法院受理有关案件需要进行职业病鉴定时，应当从省、自治区、直辖市人民政府卫生行政部门依法设立的相关的专家库中选取参加鉴定的专家。

（二）职业病诊断鉴定程序

1. 两级鉴定制　当事人对职业病诊断有异议的，可以向作出诊断的医疗卫生机构所在地地方人民政府卫生行政部门申请鉴定。职业病诊断争议由设区的市级以上地方人民政府卫生行政部门根据当事人的申请，组织职业病诊断鉴定委员会进行鉴定。

当事人对设区的市级职业病诊断鉴定委员会的鉴定结论不服的，可以向省、自治区、直辖市人民政府卫生行政部门申请再鉴定。职业病鉴定实行两级鉴定制，省级鉴定为最终鉴定。

2. 组织鉴定、形成鉴定结论　鉴定委员会应当认真审阅鉴定资料，依照有关规定和职业病诊断标准，经充分合议后，根据专业知识独立进行鉴定。在事实清楚的基础上，进行综合分析，作出鉴定结论，并制作职业病诊断鉴定书。鉴定结论应当经鉴定委员会半数以上成员通过。

职业病诊断鉴定委员会应当按照国务院卫生行政部门颁布的职业病诊断标准和职业病诊断、鉴定办法进行职业病诊断鉴定，向当事人出具职业病诊断鉴定书。

3. 职业病诊断、鉴定过程中的争议处理　职业病诊断、鉴定过程中，在确认劳动者职业史、职业病危害接触史时，当事人对劳动关系、工种、工作岗位或者在岗时间有争议的，可以向当地的劳动人事争议仲裁委员会申请仲裁；接到申请的劳动人事争议仲裁委员会应当受理，并在三十日内作出裁决。

当事人在仲裁过程中对自己提出的主张，有责任提供证据。劳动者无法提供由用人单位掌握管理的与仲裁主张有关的证据的，仲裁庭应当要求用人单位在指定期限内提供；用人单位在指定期限内不提供的，应当承担不利后果。

劳动者对仲裁裁决不服的，可以依法向人民法院提起诉讼。用人单位对仲裁裁决不服的，可以在职业病诊断、鉴定程序结束之日起十五日内依法向人民法院提起诉讼；诉讼期间，劳动者的治疗费用按照职业病待遇规定的途径支付。

三、职业病患者的法律保障

1. 职业病患者的待遇　①用人单位应当保障职业病患者依法享受国家规定的职业病待遇。职业病患者变动工作单位，其依法享有的待遇不变。用人单位在发生分立、合并、解散、破产等情形时，应当对从事接触职业病危害的作业的劳动者进行健康检查，并按照国家有关规定妥善安置职业病患者。②用人单位应当按照国家有关规定，安排职业病患者进行治疗、康复和定期检查。医疗卫生机构发现疑似职业病患者时，应当告知劳动者本人并及时通知用人单位。用人单位应当及时安排对疑似职业病患者进行诊断；在疑似职业病患者诊断或者医学观察期间，不得解除或者终止与其订立的劳动合同。③用人单位对不适宜继续从事原工作的职业病患者，应当调离原岗位，并妥善安置。④用人单位对从事接触职业病危害的作业的劳动者，应当给予适当岗位津贴。⑤用人单位应当承担职业病诊断、鉴定的费用和疑似职业病患者在诊断、医学观察期间的费用。

2. 社会保障 职业病患者的诊疗、康复费用，伤残以及丧失劳动能力的职业病患者的社会保障，按照国家有关工伤保险的规定执行。劳动者被诊断患有职业病，但用人单位没有依法参加工伤保险的，其医疗和生活保障由该用人单位承担。

3. 民事赔偿 职业病患者除依法享有工伤保险外，依照有关民事法律，尚有获得赔偿的权利的，有权向用人单位提出赔偿要求。

4. 社会救助 用人单位已经不存在或者无法确认劳动关系的职业病患者，可以向地方人民政府医疗保障、民政部门申请医疗救助和生活等方面的救助。地方各级人民政府应当根据本地区的实际情况，采取其他措施，使前述规定的职业病患者获得医疗救治。

第四节　放射诊疗管理制度

为加强放射诊疗工作的管理，保证医疗质量和医疗安全，保障放射诊疗工作人员、患者和公众的健康权益，依据《中华人民共和国职业病防治法》《放射性同位素与射线装置安全和防护条例》和《医疗机构管理条例》等法律、行政法规的规定，2006 年 1 月 24 日，卫生部发布了《放射诊疗管理规定》，自 2006 年 3 月 1 日起施行，2016 年 1 月 19 日，国家卫生和计划生育委员会予以修订。《放射诊疗管理规定》适用于开展放射诊疗工作的医疗机构。

一、放射诊疗的概念及分类

1. 概念 放射诊疗工作是指使用放射性同位素、射线装置进行临床医学诊断、治疗和健康检查的活动。

放射治疗是指利用电离辐射的生物效应治疗肿瘤等疾病的技术。

核医学是指利用放射性同位素诊断或治疗疾病或进行医学研究的技术。

介入放射学是指在医学影像系统监视引导下，经皮针穿刺或引入导管做抽吸注射、引流或对管腔、血管等做成型、灌注、栓塞等，以诊断与治疗疾病的技术。

2. 分类 放射诊疗工作按照诊疗风险和技术难易程度分为四类管理：①放射治疗；②核医学；③介入放射学；④X 射线影像诊断。

二、放射诊疗执业条件

医疗机构开展放射诊疗工作，应当具备与其开展的放射诊疗工作相适应的条件，经所在地县级以上地方卫生行政部门的放射诊疗技术和医用辐射机构许可。

（一）基本条件

医疗机构开展放射诊疗工作，应当具备以下基本条件：①具有经核准登记的医学影像科诊疗科目；

②具有符合国家相关标准和规定的放射诊疗场所和配套设施；③具有质量控制与安全防护专（兼）职管理人员和管理制度，并配备必要的防护用品和监测仪器；④产生放射性废气、废液、固体废物的，具有确保放射性废气、废液、固体废物达标排放的处理能力或者可行的处理方案；⑤具有放射事件应急处理预案。

（二）人员要求

医疗机构开展不同类别放射诊疗工作，应当分别具有下列人员。

1. 开展放射治疗工作　①中级以上专业技术职务任职资格的放射肿瘤医师；②病理学、医学影像学专业技术人员；③大学本科以上学历或中级以上专业技术职务任职资格的医学物理人员；④放射治疗技师和维修人员。

2. 开展核医学工作　①中级以上专业技术职务任职资格的核医学医师；②病理学、医学影像学专业技术人员；③大学本科以上学历或中级以上专业技术职务任职资格的技术人员或核医学技师。

3. 开展介入放射学工作　①大学本科以上学历或中级以上专业技术职务任职资格的放射影像医师；②放射影像技师；③相关内、外科的专业技术人员。

4. 开展 X 射线影像诊断工作　应当具有专业的放射影像医师。

（三）设备要求

医疗机构开展不同类别放射诊疗工作，应当分别具有下列设备：①开展放射治疗工作的，至少有一台远距离放射治疗装置，并具有模拟定位设备和相应的治疗计划系统等设备；②开展核医学工作的，具有核医学设备及其他相关设备；③开展介入放射学工作的，具有带影像增强器的医用诊断 X 射线机、数字减影装置等设备；④开展 X 射线影像诊断工作的，有医用诊断 X 射线机或 CT 机等设备。

（四）监测装置、防护用品

1. 放射治疗场所应当按照相应标准设置多重安全联锁系统、剂量监测系统、影像监控、对讲装置和固定式剂量监测报警装置；配备放疗剂量仪、剂量扫描装置和个人剂量报警仪。

2. 开展核医学工作的，设有专门的放射性同位素分装、注射、储存场所，放射性废物屏蔽设备和存放场所；配备活度计、放射性表面污染监测仪。

3. 介入放射学与其他 X 射线影像诊断工作场所应当配备工作人员防护用品和受检者个人防护用品。

（五）设置醒目的警示标志

医疗机构应当对下列设备和场所设置醒目的警示标志：①装有放射性同位素和放射性废物的设备、容器，设有电离辐射标志；②放射性同位素和放射性废物储存场所，设有电离辐射警告标志及必要的文字说明；③放射诊疗工作场所的入口处，设有电离辐射警告标志；④放射诊疗工作场所应当按照有关标准的要求分为控制区、监督区，在控制区进出口及其他适当位置，设有电离辐射警告标志和工作指示灯。

三、安全防护与质量保证

1. 管理人员　医疗机构应当配备专（兼）职的管理人员，负责放射诊疗工作的质量保证和安全防护。其主要职责是：①组织制定并落实放射诊疗和放射防护管理制度；②定期组织对放射诊疗工作场所、设备和人员进行放射防护检测、监测和检查；③组织本机构放射诊疗工作人员接受专业技术、放射防护知识及有关规定的培训和健康检查；④制定放射事件应急预案并组织演练；⑤记录本机构发生的放射事件并及时报告卫生行政部门。

2. 放射诊疗设备和检测仪表要求　①新安装、维修或更换重要部件后的设备，应当经省级以上卫生行政部门资质认证的检测机构对其进行检测，合格后方可启用；②定期进行稳定性检测、校正和维护保养，由省级以上卫生行政部门资质认证的检测机构每年至少进行一次状态检测；③按照国家有关规定检验或者校准用于放射防护和质量控制的检测仪表；④放射诊疗设备及其相关设备的技术指标和安全、防护性能，应当符合有关标准与要求。

不合格或国家有关部门规定淘汰的放射诊疗设备不得购置、使用、转让和出租。

3. 放射诊疗场所的安全防护 ①医疗机构应当定期对放射诊疗工作场所、放射性同位素储存场所和防护设施进行放射防护检测，保证辐射水平符合有关规定或者标准；②放射性同位素不得与易燃、易爆、腐蚀性物品同库储存；储存场所应当采取有效的防泄漏等措施，并安装必要的报警装置；③放射性同位素储存场所应当有专人负责，有完善的存入、领取、归还登记和检查的制度，做到交接严格，检查及时，账目清楚，账物相符，记录资料完整。

4. 放射诊疗工作人员安全管理 放射诊疗工作人员应当按照有关规定配戴个人剂量计。医疗机构应当按照有关规定和标准，对放射诊疗工作人员进行上岗前、在岗期间和离岗时的健康检查，定期进行专业及防护知识培训，并分别建立个人剂量、职业健康管理和教育培训档案。

5. 患者和受检者的安全防护 放射诊疗工作人员对患者和受检者进行医疗照射时，应当遵守医疗照射正当化和放射防护最优化的原则，有明确的医疗目的，严格控制受照剂量；对邻近照射野的敏感器官和组织进行屏蔽防护，并事先告知患者和受检者辐射对健康的影响。

6. 放射事件的防范和处置 医疗机构应当制定防范和处置放射事件的应急预案；发生放射事件后应当立即采取有效应急救援和控制措施，防止事件的扩大和蔓延。

医疗机构发生下列放射事件情形之一的，应当及时进行调查处理，如实记录，并按照有关规定及时报告卫生行政部门和有关部门：①诊断放射性药物实际用量偏离处方剂量50%以上的；②放射治疗实际照射剂量偏离处方剂量25%以上的；③人员误照或误用放射性药物的；④放射性同位素丢失、被盗和污染的；⑤设备故障或人为失误引起的其他放射事件。

第五节　法律责任

一、建设单位违反规定的法律责任

建设单位违反《职业病防治法》规定，有下列行为之一的，由卫生行政部门给予警告，责令限期改正；逾期不改正的，处十万元以上五十万元以下的罚款；情节严重的，责令停止产生职业病危害的作业，或者提请有关人民政府按照国务院规定的权限责令停建、关闭：①未按照规定进行职业病危害预评价的；②医疗机构可能产生放射性职业病危害的建设项目未按照规定提交放射性职业病危害预评价报告，或者放射性职业病危害预评价报告未经卫生行政部门审核同意，开工建设的；③建设项目的职业病防护设施未按照规定与主体工程同时设计、同时施工、同时投入生产和使用的；④建设项目的职业病防护设施设计不符合国家职业卫生标准和卫生要求，或者医疗机构放射性职业病危害严重的建设项目的防护设施设计未经卫生行政部门审查同意擅自施工的；⑤未按照规定对职业病防护设施进行职业病危害控制效果评价的；⑥建设项目竣工投入生产和使用前，职业病防护设施未按照规定验收合格的。

二、用人单位违反规定的法律责任

1. 用人单位违反《职业病防治法》规定，有下列行为之一的，由卫生行政部门责令限期改正，给予警告，可以并处五万元以上十万元以下的罚款：①未按照规定及时、如实向卫生行政部门申报产生职业病危害的项目的；②未实施由专人负责的职业病危害因素日常监测，或者监测系统不能正常监测的；③订立或者变更劳动合同时，未告知劳动者职业病危害真实情况的；④未按照规定组织职业健康检查、建立职业健康监护档案或者未将检查结果书面告知劳动者的；⑤未依照职业病防治法规定在劳动者离开用人单位时提供职业健康监护档案复印件的。

2. 用人单位违反《职业病防治法》规定，已经对劳动者生命健康造成严重损害的，由卫生行政部门责令停止产生职业病危害的作业，或者提请有关人民政府按照国务院规定的权限责令关闭，并处十万元以上五十万元以下的罚款。

3. 用人单位违反《职业病防治法》规定，造成重大职业病危害事故或者其他严重后果，构成犯罪的，对直接负责的主管人员和其他直接责任人员，依法追究刑事责任。

三、医疗卫生机构未按照规定报告职业病、疑似职业病的法律责任

医疗卫生机构未按照规定报告职业病、疑似职业病的，由有关主管部门依据职责分工责令限期改正，给予警告，可以并处一万元以下的罚款；弄虚作假的，并处二万元以上五万元以下的罚款；对直接负责的主管人员和其他直接责任人员，可以依法给予降级或者撤职的处分。

四、职业卫生技术服务的机构和职业病诊断机构违反规定的法律责任

从事职业卫生技术服务的机构和承担职业病诊断的医疗卫生机构违反职业病防治法规定，有下列行为之一的，由卫生行政部门责令立即停止违法行为，给予警告，没收违法所得；违法所得五千元以上的，并处违法所得二倍以上五倍以下的罚款；没有违法所得或者违法所得不足五千元的，并处五千元以上二万元以下的罚款；情节严重的，由原认可或者登记机关取消其相应的资格；对直接负责的主管人员和其他直接责任人员，依法给予降级、撤职或者开除的处分；构成犯罪的，依法追究刑事责任：①超出资质认可或者诊疗项目登记范围从事职业卫生技术服务或者职业病诊断的；②不按照《职业病防治法》规定履行法定职责的；③出具虚假证明文件的。

五、职业病诊断鉴定委员会组成人员违反规定的法律责任

职业病诊断鉴定委员会组成人员收受职业病诊断争议当事人的财物或者其他好处的，给予警告，没收收受的财物，可以并处三千元以上五万元以下的罚款，取消其担任职业病诊断鉴定委员会组成人员的资格，并从省、自治区、直辖市人民政府卫生行政部门设立的专家库中予以除名。

六、卫生行政部门违反规定的法律责任

卫生行政部门不按照规定报告职业病和职业病危害事故的，由上一级行政部门责令改正，通报批评，给予警告；虚报、瞒报的，对单位负责人、直接负责的主管人员和其他直接责任人员依法给予降级、撤职或者开除的处分。

七、县级以上地方人民政府未依法履行职责的法律责任

县级以上地方人民政府在职业病防治工作中未依照职业病防治法履行职责，本行政区域出现重大职业病危害事故、造成严重社会影响的，依法对直接负责的主管人员和其他直接责任人员给予记大过直至开除的处分。

县级以上人民政府职业卫生监督管理部门不履行职业病防治法规定的职责，滥用职权、玩忽职守、徇私舞弊，依法对直接负责的主管人员和其他直接责任人员给予记大过或者降级的处分；造成职业病危害事故或者其他严重后果的，依法给予撤职或者开除的处分。

目标检测

一、选择题

（一）单项选择题

1. 对从事接触职业病危害的作业的劳动者，用人单位应当按照国务院卫生行政部门的规定组织（　）的职业健康检查，并将检查结果书面告知劳动者

A. 上岗前、在岗期间和离岗时　　B. 上岗前

C. 在岗期间　　D. 上岗前和离岗时

E. 离岗时

2. 用人单位应当及时安排对疑似职业病患者进行诊断，在疑似职业病患者诊断或者医学观察期间，（　）解除或者终止与其订立的劳动合同

A. 可以　　B. 应当

C. 不得　　D. 视情况

E. 以上都不正确

3. 职业健康检查费用由（　）承担

A. 劳动者　　B. 用人单位

C. 劳动者和用人单位　　D. 劳动者或者用人单位

E. 卫生行政部门

（二）多项选择题

4. 以下关于职业病患者的法律保障，表述正确的是（　）

A. 用人单位应当保障职业病患者依法享受国家规定的职业病待遇

B. 用人单位应当按照国家有关规定，安排职业病患者进行治疗、康复和定期检查

C. 用人单位对不适宜继续从事原工作的职业病患者，可以解除劳动关系

D. 用人单位对从事接触职业病危害的作业的劳动者，应当给予适当岗位津贴

E. 职业病患者的诊疗、康复费用，伤残以及丧失劳动能力的职业病患者的社会保障，按照国家有关工伤保险的规定执行

5. 医疗机构开展放射诊疗工作，应当具备的基本条件包括（　）

A. 具有经核准登记的医学影像科诊疗科目

B. 具有符合国家相关标准和规定的放射诊疗场所和配套设施

C. 具有质量控制与安全防护专（兼）职管理人员和管理制度，并配备必要的防护用品和监测仪器

D. 产生放射性废气、废液、固体废物的，具有确保放射性废气、废液、固体废物达标排放的处理能力或者可行的处理方案

E. 具有放射事件应急处理预案

二、思考题

1. 请根据本章所学知识，讲述用人单位在职业病防治前期预防中的责任。
2. 请根据本章所学知识，讲述劳动者的职业卫生权利。

（张　倩）

第十四章　精神卫生法律制度

学习目标

1. 通过本章学习重点把握精神障碍的概念与分类、精神障碍患者的基本权利、精神卫生障碍的诊断和治疗。

2. 学会精神卫生法律制度的适用及其立法意义，具有分析违反精神卫生法律制度所必须承担的法律责任的能力。

精神卫生是影响社会发展的重大公共卫生问题和社会问题。为了发展精神卫生事业，规范精神卫生服务，完善精神障碍的诊断、治疗和康复，维护精神障碍患者的合法权益，促进社会和谐，国家于2012年10月26日公布了《中华人民共和国精神卫生法》（主席令第62号，以下简称《精神卫生法》），该法自2013年5月1日起施行。2018年4月27日，第十三届全国人民代表大会常务委员会第二次会议对《精神卫生法》进行了修正。

情境导入

情境描述　2020年5月，A地区发生一起刑事案件。5月6日上午，万某与其母亲吵架后，到某商店购买菜刀，于12时30分许窜至A地区一胡同内，持刀砍伤两名受害人，其中一名6岁女童当场死亡，另一名伤者紧急送往医院抢救。经核实，犯罪嫌疑人万某于2012年12月至2018年7月，先后6次到山东省精神卫生医院就医。

讨论　1. 万某伤害他人的行为是否承担法律责任？

2. 精神病患者住院治疗的要求是什么？

第一节　概　述

精神卫生是指开展精神障碍的预防、治疗和康复，促进公民心理健康的各项活动。精神卫生有广义和狭义之分。狭义的精神卫生，是指精神障碍的预防、医疗和康复工作。即对精神障碍患者早期发现、及时治疗、有效康复，最终使其回归社会。广义的精神卫生除了上述内容外，还包括促进全体公民心理健康的内容，通过政府及有关部门、用人单位、学校、新闻媒体等的工作，促进公民了解精神卫生知识，提高社会公众的心理健康水平。

精神障碍是指由各种原因引起的感知、情感和思维等精神活动的紊乱、混乱或者异常，导致患者明显的心理痛苦或者社会适应等功能损害。常见的精神障碍包括：精神分裂症、情感性精神障碍、器质型精神障碍等。导致精神障碍的因素很多，既有遗传因素、个体特征、器质因素，也有社会性环境因素等。

精神障碍根据病情的严重程度，分为一般精神障碍和严重精神障碍。严重精神障碍是指疾病症状严重，导致患者社会适应等功能严重损害、对自身健康状况或者客观现实不能完全认识，或不能处理自身事务的精神障碍。严重精神障碍包括：精神分裂、偏执型精神病、分裂情感障碍、双向情感障碍、癫痫所致精神障碍、精神发育迟滞等6种精神疾病。

现行的国际疾病诊断分类将精神病分为10大类72小类近400种。十大类为器质性精神障碍；使用精神活性物质所致的精神和行为障碍；精神分裂症、精神型障碍和妄想症障碍；心境（情感）障碍；神经症性、应激相关的躯体形式障碍；伴有心理紊乱及躯体因素的行为综合症；成人人格与行为障碍；精神发育迟滞；心理发育障碍；通常起病于童年与少年期的行为和情绪障碍。

一、精神卫生工作的方针和原则

精神卫生工作实行预防为主的方针，坚持预防、治疗和康复相结合的原则。

预防是精神卫生工作中重要的一环，通过积极有效的预防，可以减少精神障碍的发生，促进全民心理健康。精神卫生预防分为三级预防：一级预防指病因预防，通过消除或减少致病因素来防止或减少精神障碍的发生；二级预防的重点是早期发现、早期诊断、早期治疗，并争取疾病缓解后有良好的预后，防止复发；三级预防的重点是做好精神障碍患者的康复训练，最大限度地促进患者社会功能的恢复，减少功能残疾，提高患者的生活质量。

除了预防为主的方针外，对精神障碍患者的及时治疗和有效康复也极为重要。运用一切可采取的措施，尽量纠正精神障碍患者的病态表现，使之最大限度的恢复适应社会生活的精神功能。因此，精神障碍患者的康复应当坚持功能训练、全面康复、回归社会的基本原则。

二、精神卫生工作管理机制

精神卫生工作实行政府组织领导、部门各负其责、家庭和单位尽力尽责、全社会共同参与的综合管理机制。

（一）政府组织领导

县级以上人民政府领导精神卫生工作，将其纳入国民经济和社会发展规划，建设和完善精神障碍的预防、治疗和康复服务体系，建立健全精神卫生工作协调机制和工作责任制，对有关部门承担的精神卫生工作进行考核、监督。乡镇人民政府和街道办事处根据本地区的实际情况，组织开展预防精神障碍发生、促进精神障碍患者康复等工作。

（二）国务院卫生行政部门主管

国务院卫生行政部门主管全国的精神卫生工作。县级以上地方人民政府卫生行政部门主管本行政区域的精神卫生工作。县级以上人民政府司法、行政、民政、公安、教育、医疗保障等部门在各自职责范围内负责有关的精神卫生工作。

1. 卫生部门 负责制定精神卫生工作的规划、规范、技术标准。

2. 司法行政部门 与卫生部门共同制定和完善精神疾病司法鉴定规范性文件。

3. 民政部门 负责城市、农村贫困精神疾病患者医疗救助和生活救助有关工作。

4. 公安部门 会同有关部门制定严重危害公共安全或他人人身安全的精神疾病患者的监督管理政策，依法做好对严重危害公共安全或者他人人身安全的精神疾病患者的强制收治工作。

5. 教育部门 负责精神卫生人才培养有关工作；及时实施素质教育，将学生心理健康教育、预防学生心理和行为问题工作纳入学校日常工作计划。

6. 人力资源与社会保障部门 促进职工中精神疾病患者平等就业，防止针对精神疾病患者的就业歧视，维护其合法的劳动权益。

（三）全社会共同参与

中国残疾人联合会及其地方组织依照法律、法规或者接受政府委托，动员社会力量开展精神卫生工作。村民委员会、居民委员会依照规定开展精神卫生工作，并对所在地人民政府开展的精神卫生工作予以协助。国家鼓励和支持工会、共产主义青年团、妇女联合会、红十字会、科学技术协会等团体依法开展精神卫生工作。

三、精神障碍患者权益保护

精神障碍患者与其他公民的法律地位平等，依法享有法律赋予公民的各种权利，但是由于社会偏见的普遍存在，使得精神障碍患者及其家庭成员在入学、就业、就医等方面存在一定的阻碍，所以必须加强对他们的基本权利的保障。

（一）尊重、理解、关爱精神障碍患者

全社会应当尊重、理解、关爱精神障碍患者。任何组织或者个人不得歧视、侮辱、虐待精神障碍患者。不得非法限制精神障碍患者的人身自由。新闻报道和文学艺术作品不得含有歧视、侮辱精神障碍患者的内容。

（二）保障精神障碍患者受教育、就业的权利

精神障碍患者的教育、劳动、医疗以及从国家和社会获得物质帮助等方面的合法权益受法律保护。县级以上地方人民政府以及相关部门应采取有效措施，保障患有精神障碍的适龄儿童、少年接受义务教育，扶持有劳动能力的精神障碍患者从事力所能及的劳动，为康复的人员提供就业机会，国家对安排精神障碍患者就业的用人单位依法给予税收优惠政策，并在生产经营技术、资金、物资、场地等方面给予扶持。

（三）保护精神障碍患者的隐私

有关单位和个人应当对精神障碍患者的姓名、肖像、住址、工作单位、病例资料以及其他可能推断出其身份的信息予以保密；但是，依法履行职责需要公开的除外。

（四）禁止对精神障碍患者实施家庭暴力或遗弃

良好的家庭关系和氛围有利于精神障碍患者的康复，家庭成员之间应当相互关爱，创造良好、和睦的家庭环境。发现家庭成员可能患有精神障碍的，应当帮助其及时就诊，照顾其生活，做好看管监护，特别是精神障碍患者的监护人应当履行监护职责，维护精神障碍患者的合法权益，禁止对精神障碍患者实施家庭暴力，禁止遗弃精神障碍患者。

（五）生活保障

村民委员会、居民委员会应当为生活困难的精神障碍患者提供帮助，并向所在地乡镇人民政府或者街道办事处以及县级人民政府有关部门反映患者及其家庭的情况和要求，帮助其解决实际困难，为患者融入社会创造条件。

对符合城乡最低生活保障条件的严重精神障碍患者，民政部门应当会同有关部门及时将其纳入最低生活保障。

素质提升

晴暖病房——重症精神科医护人员为患者过生日

“人间自有真情在，宜将寸心报春晖”，生日对于每个人来说都有特殊的意义，它代表生命与希望。尤其对于精神科患者来说，不能时常与家人团聚在一起。四川省绵阳市第三人民医院重症精神一科的医护人员看在眼里、记在心里。

8月16日是患者冯先生的生日，重症医科护士长薛莲、陈姝医生等医护人员带着蛋糕和鲜花，与其他病友一起，为冯先生送上真挚的生日祝福。

薛莲表示，生日代表着生命与希望，给患者过生日可以树立患者对生活的信心。为患者举办生日会是重症精神一科长期坚持的爱心服务，科室医务人员用真心服务患者，为他们营造一个温馨、安全又舒适的就医环境，帮助他们重树信心，拥抱生活，早日回归社会。

第二节　精神障碍的诊断和预防

精神障碍的诊断治疗应当遵循维护患者合法权益，尊重患者人格尊严的原则，保障患者在现有条件下获得良好精神卫生服务。精神障碍分类诊断标准和治疗规范由国务院卫生行政部门组织制定。

开展精神障碍诊断治疗活动应当具备下列条件，并依照医疗机构的管理规定办理有关手续：①有与从事的精神障碍诊断治疗相适应的精神科执业医师、护士；②有满足开展精神障碍诊断治疗需要的设施和设备；③有完善的精神障碍诊断治疗管理制度和质量监督制度。从事精神障碍诊断、治疗的专科医疗机构还应当配备从事心理治疗的人员。

一、精神障碍诊断治疗原则

精神障碍的诊断应当以精神健康状况为依据。除法律另有规定外，不得违背本人意志进行确定其是否患有精神障碍的医学检查。

（一）精神障碍的诊断

1. 精神障碍患者送诊的主体和条件

（1）一般情况下的送诊　除个人自行到医疗机构进行精神障碍诊断外，疑似精神障碍患者的近亲属可以将其送往医疗机构进行精神障碍诊断。对查找不到近亲属的流浪乞讨疑似精神障碍患者，由当地民政等有关部门按照职责分工，帮助送往医疗机构进行精神障碍诊断。

（2）紧急情况下的送诊　疑似精神障碍患者发生伤害自身、危害他人安全的行为，或者有伤害自身、危害他人安全的危险的，其近亲属、所在单位、当地公安机关应当立即采取措施予以制止，并将其送往医疗机构进行精神障碍诊断。

（3）医疗机构的接诊义务　医疗机构接到送诊的疑似精神障碍患者，不得拒绝为其作出诊断。

2. 精神障碍诊断的主体和程序　精神障碍的诊断应当由精神科执业医师作出。医疗机构接到送诊的疑似精神障碍患者，应当将其留院，立即指派精神科执业医师进行诊断，并及时出具诊断结论。

（二）精神障碍的住院治疗

精神障碍的住院治疗实行自愿原则。诊断结论、病情评估表明，就诊者为严重精神障碍患者并有以下情况之一的，应当对其实施住院治疗：①已经发生伤害自身的行为，或者有伤害自身的危险的；②已经发生危害他人安全的行为，或者有危害他人安全的危险的。

精神障碍患者已经发生了伤害自身的行为，或有伤害自身的危险情形时，经其监护人同意，医疗机构应当对患者实施住院治疗；监护人不同意的，医疗机构不得对患者实施住院治疗。监护人应当对在家居住的患者做好看护管理。

（三）精神障碍患者的再次诊断和鉴定

1. 再次诊断　精神障碍患者已经发生了伤害自身的行为，或有伤害自身的危险情形时，患者或其监护人对需要住院治疗的诊断结论有异议，不同意对患者实施住院治疗的，可以要求再次诊断和鉴定。依照要求再次诊断的，应当自收到诊断结论之日起三日内向原医疗机构或者据其他具有合法资质的医疗机构提出。承担再次诊断的医疗机构应当在接到再次诊断要求后指派二名初次诊断医师以外的精神科执业医师进行再次诊断，并及时出具再次诊断结论。承担再次诊断的执业医师应当到收治患者的医疗机构面见、询问患者，该医疗机构应当予以配合。

2. 精神障碍医学鉴定 精神障碍医学鉴定，是指经司法行政部门审核、登记，取得精神障碍鉴定执业资质的司法鉴定机构，运用科学技术或专门知识对精神障碍进行鉴别、判断并做出鉴定结论的活动。

患者或监护人对再次诊断结论有异议的，可以自主委托依法取得执业资质的鉴定机构进行精神障碍医学鉴定；医疗机构应当公示经公告的鉴定机构名单和联系方式。接受委托的鉴定机构应当指定本机构具有该鉴定事项执业资格的 2 名以上鉴定人共同进行鉴定，并及时出具鉴定报告。

（1）鉴定人面见询问患者 鉴定人应当到收治精神障碍患者的医疗机构面见、询问患者，医疗机构应当予以配合。鉴定人本人或其近亲属与鉴定事项有利害关系，或可能影响其独立、客观、公正进行鉴定的，应当回避。

（2）鉴定的实施 鉴定机构、鉴定人应自觉遵守有关法律、法规的规定，尊重科学，恪守职业道德，按照精神障碍鉴定的实施程序、技术方法或操作规范，依法独立进行鉴定，出具客观、公正的鉴定报告。鉴定人应当对鉴定过程实行实时记录并签名。记录的内容应当真实、客观、准确、完整，记录的文本或影像资料应妥善保存。

（3）再次诊断结论和鉴定报告 再次诊断结论或者鉴定报告表明，不能确定就诊者为严重精神障碍患者，或者患者不需要住院治疗的，医疗机构不得对其实施住院治疗。再诊断结论或者鉴定报告表明精神障碍患者已经发生了危害他人安全的行为，或有危害他人安全的危险情形时，其监护人应当同意对患者实施住院治疗。监护人阻碍实施住院治疗或者患者擅自脱离住院治疗的，可以由公安机关协助医疗机构采取措施对患者实施住院治疗。在相关机构出具再次诊断结论、鉴定报告前，收治精神障碍患者的医疗机构应当按照诊疗规范的要求对患者实施住院治疗。

（4）精神障碍患者住院手续 诊断结论表明需要住院治疗的精神障碍患者，本人没有能力办理住院手续的，由其监护人办理住院手续；患者属于查找不到监护人的流浪乞讨人员的，由送诊的有关部门办理住院手续。精神障碍患者已经发生了危害他人安全的行为，或者危害他人安全的危险情形时，其监护人不办理住院手续的，由患者所在单位、村民委员会或者居民委员会办理住院手续，并由医疗机构在患者病例中予以记录。

二、保护性医疗措施的实施

精神障碍患者在医疗机构内发生或者将要发生伤害自身、危害他人安全、扰乱医疗秩序的行为，医疗机构及其医务人员在没有其他可替代措施的情况下，可以实施约束、隔离等保护性医疗措施。实施保护性医疗措施应当遵循诊断标准和治疗规范，并在实施后告知患者的监护人。禁止利用约束、隔离等保护性医疗措施惩罚精神障碍患者。

三、精神障碍心理治疗活动的开展

心理治疗，是指借助心理学的、非药物的技术和方法改变患者的心理状态来达到治疗精神障碍患者的目的。临床上心理治疗最常见的对象是精神症等轻度精神障碍患者，同时也包括需要配合药物治疗进行心理治疗的严重精神障碍患者。

心理治疗活动应当在医疗机构内开展，专门从事心理治疗的人员不得从事精神障碍的诊断，不得为精神障碍患者开具处方或者提供外科治疗。心理治疗的技术规范由国务院卫生行政部门制定。

监狱、强制隔离戒毒所等场所应当采取措施，保证患有精神障碍的服役人员，强制隔离戒毒人员等获得治疗。

第三节　法律责任

一、医疗机构及其工作人员的法律责任

《精神卫生法》第74条规定：医疗机构及其工作人员有下列行为之一的，由县级以上人民政府卫生行政部门责令改正，给予警告；情节严重的，对直接负责的主管人员和其他直接责任人员依法给予或者责令给予降低岗位等级或者撤职、开除的处分，并可以责令有关医务人员暂停一个月以上六个月以下执业活动：①拒绝对送诊的疑似精神障碍患者作出诊断的；②对依照本法第30条第二款规定实施住院治疗的患者未及时进行检查评估或者未根据评估结果做出处理的。

《精神卫生法》第75条规定：医疗机构及其工作人员有下列行为之一的，由县级以上人民政府卫生行政部门责令改正，对直接负责的主管人员和其他直接责任人员依法给予或者责令给予降低岗位等级或者撤职的处分；对有关医务人员、暂停六个月以上一年以下执业活动；情节严重的，给予或者责令给予开除的处分，并吊销有关医务人员的执业证书：①违反本法规定实施约束、隔离等保护性医疗措施的；②违反本法规定，强迫精神障碍患者劳动的；③违反本法规定对精神障碍患者实施外科手术或者实验性临床医疗的；④违反本法规定，侵害精神障碍患者的通信和会见探访者等权利的；⑤违反精神障碍诊断标准，将非精神障碍患者诊断为精神障碍患者的。

二、心理咨询、心理治疗人员的法律责任

《精神卫生法》第76条规定：心理咨询、心理治疗人员有下列情形之一的，由县级以上人民政府卫生行政部门、工商行政管理部门依据各自职责责令改正，给予警告，并处五千元以上一万元以下罚款，有违法所得的，没收违法所得；造成严重后果的，责令暂停六个月以上一年以下执业活动，直至吊销执业证书或者营业执照：①心理咨询人员从事心理治疗或者精神障碍的诊断、治疗的；②从事心理治疗的人员在医疗机构以外开展心理治疗活动的；③专门从事心理治疗的人员从事精神障碍的诊断的；④专门从事心理治疗的人员，为精神障碍患者开具处方或者提供外科治疗的。

心理咨询人员、专门从事心理治疗的人员在心理咨询、心理治疗活动中造成他人人身、财产或者其他损害的，依法承担民事责任。

三、其他社会成员的法律责任

《精神卫生法》第78条规定：任何人违反本法规定，有下列情形之一，给精神障碍患者或者其他公民造成人身、财产或者其他损害的，依法承担赔偿责任：①将非精神障碍患者故意作为精神障碍患者送入医疗机构治疗的；②精神障碍患者的监护人遗弃患者，或者有不履行监护职责的其他情形的；③侮辱歧视、虐待精神障碍患者，侵害患者的人格尊严、人身安全的；④非法限制精神障碍患者人身自由的；⑤其他侵害精神障碍患者合法权益的情形。

目标检测

一、选择题

（一）单项选择题

1. 下列不属于精神障碍的是（　）

A. 精神分裂症　B. 双向情感障碍　C. 偏执型精神病
D. 反社会人格违常者　E. 器质性精神障碍

2. 下列不属于严重精神障碍的是（　）

A. 精神分裂症　B. 癔症性精神障碍　C. 分裂情感障碍
D. 偏执型精神病　E. 双向情感障碍

3. 精神病患者的病例资料保存期限不得少于（　）

A. 二十年　B. 二十五年　C. 三十年
D. 三十五年　E. 四十年

4. 精神卫生工作的方针和原则分别是（　）

A. 预防为主，坚持预防、治疗和康复相结合
B. 预防为主，坚持预防、治疗
C. 治疗为主，坚持预防、治疗和康复相结合
D. 康复为主，坚持预防、治疗
E. 治疗为主，坚持预防、治疗

5. 医疗机构对精神障碍患者实施下列治疗措施，应当向患者或者其监护人告知医疗风险、替代医疗方案等情况，并取得患者的书面同意；无法取得患者意见的，应当取得其监护人的书面同意，并经本医疗机构伦理委员会批准（　）

A. 正常服用药物　B. 正常康复治疗　C. 正常医疗检测
D. 导致人体器官丧失功能的外科手术　E. 正常医疗检查

（二）多项选择题

6. 适用《中华人民共和国精神卫生法》的活动包括（　）

A. 在中华人民共和国境内开展维护和增进公民心理健康的活动
B. 在中华人民共和国境内开展预防精神障碍的活动
C. 在中华人民共和国境内开展治疗精神障碍的活动
D. 在中华人民共和国境内开展促进精神障碍患者康复的活动
E. 在中华人民共和国境外开展治疗精神障碍的活动

7. 违反《中华人民共和国精神卫生法》规定，有下列情形之一，给精神障碍患者或者其他公民造成人身、财产或者其他损害的，依法承担赔偿责任（　）

A. 将非精神障碍患者故意作为精神障碍患者送入医疗机构治疗的
B. 精神障碍患者的监护人遗弃患者，或者有不履行监护职责的其他情形的
C. 歧视、侮辱、虐待精神障碍患者，侵害患者的人格尊严、人身安全的
D. 非法限制精神障碍患者人身自由的
E. 尊重精神障碍患者隐私的

8. 心理咨询人员不得从事（ ）

A. 心理咨询　B. 心理治疗　C. 精神障碍的诊断

D. 精神障碍的治疗　E. 为精神障碍患者开具处方

9. 保护性医疗措施，必须做到（ ）

A. 操作符合规范　B. 在医疗机构内实施　C. 医务人员操作

D. 监护人知情　E. 患者知情

10. 医疗机构对精神障碍患者实施与精神障碍治疗有关的实验性临床医疗时，应当（ ）

A. 告知医疗风险　B. 获得患者书面同意　C. 监护人的书面同意

D. 取得本医疗机构负责人批准　E. 获得本医疗机构伦理委员会批准

二、思考题

1. 精神障碍住院治疗的规定是什么？

2. 精神障碍患者权益保护的内容是什么？

（刘　薇）

第十五章　医学科学新技术中的法律问题

学习目标

1. 通过本章学习，重点把握人类辅助生殖技术、人体器官移植、基因工程、安乐死的概念、立法发展以及现行法律规定。

2. 学会人类辅助生殖技术、人体器官移植、基因工程、安乐死的法律适用，具有分析医学新技术发展中的法律问题的能力。

随着医学新技术在临床的广泛应用，也产生了许多新的社会问题和法律问题。医疗机构和医务人员开展医疗技术临床应用，应当遵守《医疗技术临床应用管理办法》，加强医疗技术临床应用管理，促进医学科学发展和医疗技术进步，保障医疗质量和患者安全，维护人民群众健康权益。医疗技术临床应用应当遵循科学、安全、规范、有效、经济、符合伦理的原则。安全性、有效性不确切的医疗技术，医疗机构不得开展临床应用。

情境导入

情境描述　2016 年，某科技大学原副教授贺某为通过人类胚胎基因编辑技术获得商业利益，遂与广东省某医疗机构张某、深圳市某医疗机构覃某，在违反国家有关规定、违背医学伦理道德以及风险不可控的情况下，以编辑人类胚胎 CCR5 基因生育免疫艾滋病婴儿为名，通过伪造伦理审查材料、冒名顶替、隐瞒真相的方式，将安全性、有效性未经严格验证的人类胚胎基因编辑技术用于辅助生殖医疗，造成经基因编辑过的胚胎通过辅助生殖技术移植入人体内，致使 2 人怀孕，并先后生下 3 名基因编辑婴儿。

讨论　1. 人类辅助生殖技术的实施有哪些要求？

2. 本案违反了医学科学新技术应用中的哪些法律规定？

第一节　人工生殖技术

一、人类辅助生殖技术概述

1. 概念　人类辅助生殖技术是指运用医学技术和方法对配子、合子、胚胎进行人工操作，以达到受孕目的的技术，分为人工授精和体外受精－胚胎移植技术及其各种衍生技术。

人工授精是指用人工方式将精液注入女性体内以取代性交途径使其妊娠的一种方法。根据精液来源不同，分为丈夫精液人工授精和供精人工授精。

体外受精－胚胎移植技术及其各种衍生技术是指从女性体内取出卵子，在器皿内培养后，加入经技术处理的精子，待卵子受精后，继续培养，到形成早早期胚胎时，再转移到子宫内着床，发育成胎儿直至分娩的技术。

2. 人类辅助生殖技术的立法　为保证人类辅助生殖技术安全、有效和健康发展，规范人类辅助生殖技术的应用和管理，保障人民健康，2001 年 2 月 20 日，卫生部发布了《人类辅助生殖技术管理办法》，自 2001 年 8 月 1 日起施行，适用于开展人类辅助生殖技术的各类医疗机构。为了规范人类精子库管理，保证人类辅助生殖技术安全、有效应用和健康发展，保障人民健康，2001 年 2 月 20 日，卫生部发布了《人类精子库管理办法》，自 2001 年 8 月 1 日起施行。2003 年 6 月 27 日，卫生部公布了重新修订的《人类辅助生殖技术规范》《人类精子库基本标准和技术规范》《人类辅助生殖技术和人类精子库伦理原则》，自 2003 年 10 月 1 日起执行。

人类辅助生殖技术的应用应当在医疗机构中进行，以医疗为目的，并符合国家计划生育政策、伦理原则和有关法律规定。禁止以任何形式买卖配子、合子、胚胎。医疗机构和医务人员不得实施任何形式的代孕技术。辅助生殖技术工作人员禁止以生殖为目的对人类配子、合子和胚胎进行基因操作。

二、人类辅助生殖技术的审批

国务院卫生行政部门根据区域卫生规划、医疗需求和技术条件等实际情况，制订人类辅助生殖技术应用规划。

1. 申请开展人类辅助生殖技术医疗机构的条件　①具有与开展技术相适应的卫生专业技术人员和其他专业技术人员；②具有与开展技术相适应的技术和设备；③设有医学伦理委员会；④符合国务院卫生行政部门制定的《人类辅助生殖技术规范》的要求。

2. 开展人类辅助生殖技术的申请　申请开展人类辅助生殖技术的医疗机构应当向所在地省、自治区、直辖市人民政府卫生行政部门提交文件。

3. 开展人类辅助生殖技术的审批　①申请开展丈夫精液人工授精技术的医疗机构，由省、自治区、直辖市人民政府卫生行政部门审查批准。省、自治区、直辖市人民政府卫生行政部门收到规定的材料后，可以组织有关专家进行论证，并在收到专家论证报告后 30 个工作日内进行审核，审核同意的，发给批准证书；审核不同意的，书面通知申请单位。②对申请开展供精人工授精和体外受精 – 胚胎移植技术及其衍生技术的医疗机构，由省、自治区、直辖市人民政府卫生行政部门提出初审意见，国务院卫生行政部门审批。

国务院卫生行政部门收到省、自治区、直辖市人民政府卫生行政部门的初审意见和材料后，聘请有关专家进行论证，并在收到专家论证报告后 45 个工作日内进行审核，审核同意的，发给批准证书；审核不同意的，书面通知申请单位。

4. 办理变更登记　批准开展人类辅助生殖技术的医疗机构应当按照《医疗机构管理条例》的有关规定，持省、自治区、直辖市人民政府卫生行政部门或者国务院卫生行政部门的批准证书到核发其医疗机构执业许可证的卫生行政部门办理变更登记手续。

5. 人类辅助生殖技术批准证书的校验　人类辅助生殖技术批准证书每 2 年校验一次，校验由原审批机关办理。校验合格的，可以继续开展人类辅助生殖技术；校验不合格的，收回其批准证书。

三、人类辅助生殖技术的实施

1. 实施规则　①人类辅助生殖技术必须在经过批准并进行登记的医疗机构中实施。未经卫生行政部门批准，任何单位和个人不得实施人类辅助生殖技术。②实施人类辅助生殖技术应当符合国务院卫生行政部门制定的《人类辅助生殖技术规范》的规定。③实施人类辅助生殖技术应当遵循知情同意原则，并签署知情同意书。涉及伦理问题的，应当提交医学伦理委员会讨论。④实施供精人工授精和体外受精 – 胚胎移植技术及其各种衍生技术的医疗机构应当与国务院卫生行政部门批准的人类精子库签订供精协议。严禁私自采精。⑤医疗机构在实施人类辅助生殖技术时应当索取精子检验合格证明。⑥实施人类辅助生殖技术的医疗机构应当为当事人保密，不得泄漏有关信息。⑦实施人类辅助生殖技术的医疗机构不得进行性别选择。法律法规另有规定的除外。⑧实施人类辅助生殖技术的医疗机构应当建立健全技术档案管理制度。供精人工授精医疗行为方面的医疗技术档案和法律文书应当永久保存。⑨实施人类辅助生殖技术的医疗机构应当对实施人类辅助生殖技术的人员进行医学业务和伦理学知识的培训。

2. 技术质量监测和定期评估 国务院卫生行政部门指定卫生技术评估机构对开展人类辅助生殖技术的医疗机构进行技术质量监测和定期评估。技术评估的主要内容为人类辅助生殖技术的安全性、有效性、经济性和社会影响。监测结果和技术评估报告报医疗机构所在地的省、自治区、直辖市人民政府卫生行政部门和国务院卫生行政部门备案。

四、人类精子库管理

（一）概述

人类精子库是指以治疗不育症以及预防遗传病等为目的，利用超低温冷冻技术，采集、检测、保存和提供精子的机构。

人类精子库必须设置在医疗机构内。精子的采集和提供应当遵守当事人自愿和符合社会伦理原则。任何单位和个人不得以营利为目的进行精子的采集与提供活动。

（二）人类精子库的设置

国务院卫生行政部门根据我国卫生资源、对供精的需求、精子的来源、技术条件等实际情况，制订人类精子库设置规划。设置人类精子库应当经国务院卫生行政部门批准。

1. 设置人类精子库的医疗机构的条件 ①具有医疗机构执业许可证；②设有医学伦理委员会；③具有与采集、检测、保存和提供精子相适应的卫生专业技术人员；④具有与采集、检测、保存和提供精子相适应的技术和仪器设备；⑤具有对供精者进行筛查的技术能力；⑥应当符合国务院卫生行政部门制定的《人类精子库基本标准》。

2. 设置申请 设置人类精子库的医疗机构应当向所在地省、自治区、直辖市人民政府卫生行政部门提交下列资料：①设置人类精子库可行性报告；②医疗机构基本情况；③拟设置人类精子库的建筑设计平面图；④拟设置人类精子库将开展的技术业务范围、技术设备条件、技术人员配备情况和组织结构；⑤人类精子库的规章制度、技术操作手册等；⑥省级以上卫生行政部门规定的其他材料。

3. 设置审批 省、自治区、直辖市人民政府卫生行政部门收到规定的申请材料后，提出初步意见，报国务院卫生行政部门审批。

国务院卫生行政部门收到省、自治区、直辖市人民政府卫生行政部门的初步意见和材料后，聘请有关专家进行论证，并在收到专家论证报告后 45 个工作日内进行审核，审核同意的，发给人类精子库批准证书；审核不同意的，书面通知申请单位。

4. 变更登记 批准设置人类精子库的医疗机构应当按照《医疗机构管理条例》的有关规定，持国务院卫生行政部门的批准证书到核发其医疗机构执业许可证的卫生行政部门办理变更登记手续。

人类精子库批准证书每 2 年校验 1 次。校验合格的，可以继续开展人类精子库工作；校验不合格的，收回人类精子库批准证书。

（三）精子采集与提供

精子的采集与提供应当在经过批准的人类精子库中进行。未经批准，任何单位和个人不得从事精子的采集与提供活动。精子的采集与提供应当严格遵守国务院卫生行政部门制定的《人类精子库技术规范》和各项技术操作规程。

1. 供精者 供精者应当是年龄在22~45周岁之间的健康男性。人类精子库应当对供精者进行健康检查和严格筛选，不得采集有下列情况之一的人员的精液：①有遗传病家族史或者患遗传性疾病；②精神病患者；③传染病患者或者病源携带者；④长期接触放射线和有害物质者；⑤精液检查不合格者；⑥其他严重器质性疾病患者。供精者只能在一个人类精子库中供精。

2. 知情同意 人类精子库工作人员应当向供精者说明精子的用途、保存方式以及可能带来的社会伦理等问题。人类精子库应当和供精者签署知情同意书。

3. 精子的提供 精子库采集精子后，应当进行检验和筛查。精子冷冻6个月后，经过复检合格，方可向经卫生行政部门批准开展人类辅助生殖技术的医疗机构提供，并向医疗机构提交检验结果。未经检验或检验不合格的，不得向医疗机构提供。严禁精子库向医疗机构提供新鲜精子。严禁精子库向未经批准开展人类辅助生殖技术的医疗机构提供精子。一个供精者的精子最多只能提供给5名妇女受孕。

4. 供精者档案和保密 人类精子库应当建立供精者档案，对供精者的详细资料和精子使用情况进行计算机管理并永久保存。人类精子库应当为供精者和受精者保密，未经供精者和受精者同意不得泄漏有关信息。

五、法律责任

1. 违反规定擅自开展人类辅助生殖技术、设置人类精子库的法律责任 未经批准擅自开展人类辅助生殖技术的非医疗机构和未经批准擅自设置人类精子库，采集、提供精子的非医疗机构，按照《医疗机构管理条例》第43条规定处罚；对有上述违法行为的医疗机构，按照《医疗机构管理条例》第46条和《医疗机构管理条例实施细则》第80条的规定处罚。

2. 开展人类辅助生殖技术的医疗机构违反规定的法律责任 有下列行为之一的，由省、自治区、直辖市人民政府卫生行政部门给予警告、3万元以下罚款，并给予有关责任人行政处分；构成犯罪的，依法追究刑事责任：①买卖配子、合子、胚胎的；②实施代孕技术的；③使用不具有《人类精子库批准证书》机构提供的精子的；④擅自进行性别选择的；⑤实施人类辅助生殖技术档案不健全的；⑥经指定技术评估机构检查技术质量不合格的；⑦其他违反人类辅助生殖技术管理办法规定的行为。

3. 设置人类精子库的医疗机构违反规定的法律责任 有下列行为之一的，省、自治区、直辖市人民政府卫生行政部门给予警告、1万元以下罚款，并给予有关责任人员行政处分；构成犯罪的，依法追究刑事责任：①采集精液前，未按规定对供精者进行健康检查的；②向医疗机构提供未经检验的精子的；③向不具有人类辅助生殖技术批准证书的机构提供精子的；④供精者档案不健全的；⑤经评估机构检查质量不合格的；⑥其他违反人类精子库管理办法规定的行为。

第二节 器官移植

一、人体器官移植概述

1. 人体器官移植概念 人体器官移植是指摘取人体器官捐献人具有特定功能的心脏、肺脏、肝脏、肾脏或者胰腺等器官的全部或者部分，将其植入接受人身体以代替其病损器官的过程。

2. 我国人体器官移植的立法 为了规范人体器官移植，保证医疗质量，保障人体健康，维护公民的合法权益，2007年3月31日，国务院公布了《人体器官移植条例》，自2007年5月1日起施行。在中华人民共和国境内从事人体器官移植，适用《人体器官移植条例》；从事人体细胞和角膜、骨髓等人体组织移植，不适用《人体器官移植条例》。

为积极推进人体器官捐献与移植工作，进一步规范人体器官获取，完善人体器官获取与分配体系，推动人体器官捐献与移植事业健康、可持续发展，2019 年 1 月 17 日，国家卫生健康委发布了《人体捐献器官获取与分配管理规定》，适用于公民逝世后捐献器官的获取与分配。

二、人体器官的捐献

1. 器官捐献的原则 人体器官捐献应当遵循自愿、无偿的原则。公民享有捐献或者不捐献其人体器官的权利；任何组织或者个人不得强迫、欺骗或者利诱他人捐献人体器官。任何组织或者个人不得以任何形式买卖人体器官，不得从事与买卖人体器官有关的活动。

2. 捐献人 捐献人体器官的公民应当具有完全民事行为能力。任何组织或者个人不得摘取未满 18 周岁公民的活体器官用于移植。

公民捐献其人体器官应当有书面形式的捐献意愿，对已经表示捐献其人体器官的意愿，有权予以撤销。公民生前表示不同意捐献其人体器官的，任何组织或者个人不得捐献、摘取该公民的人体器官；公民生前未表示不同意捐献其人体器官的，该公民死亡后，其配偶、成年子女、父母可以以书面形式共同表示同意捐献该公民人体器官的意愿。

3. 活体器官的接受人 限于活体器官捐献人的配偶、直系血亲或者三代以内旁系血亲，或者有证据证明与活体器官捐献人存在因帮扶等形成亲情关系的人员。

三、人体器官的移植

（一）移植机构

1. 基本条件 医疗机构从事人体器官移植，应当依照《医疗机构管理条例》的规定，向所在地省、自治区、直辖市人民政府卫生主管部门申请办理人体器官移植诊疗科目登记，并应当具备下列条件：①有与从事人体器官移植相适应的执业医师和其他医务人员；②有满足人体器官移植所需要的设备、设施；③有由医学、法学、伦理学等方面专家组成的人体器官移植技术临床应用与伦理委员会，该委员会中从事人体器官移植的医学专家不超过委员人数的 1/4；④有完善的人体器官移植质量监控等管理制度。

2. 人体器官移植诊疗科目登记 省、自治区、直辖市人民政府卫生主管部门进行人体器官移植诊疗科目登记，除依据医疗机构从事器官移植的条件外，还应当考虑本行政区域人体器官移植的医疗需求和合法的人体器官来源情况。省、自治区、直辖市人民政府卫生主管部门应当及时公布已经办理人体器官移植诊疗科目登记的医疗机构名单。

已经办理人体器官移植诊疗科目登记的医疗机构不再具备规定条件的，应当停止从事人体器官移植，并向原登记部门报告。原登记部门应当自收到报告之日起 2 日内注销该医疗机构的人体器官移植诊疗科目登记，并予以公布。

3. 器官移植临床应用能力评估 省级以上人民政府卫生主管部门应当定期组织专家根据人体器官移植手术成功率、植入的人体器官和术后患者的长期存活率，对医疗机构的人体器官移植临床应用能力进行评估，并及时公布评估结果；对评估不合格的，由原登记部门撤销人体器官移植诊疗科目登记。

从事人体器官移植的医疗机构应当定期将实施人体器官移植的情况向所在地省、自治区、直辖市人民政府卫生主管部门报告。

（二）移植原则

医疗机构及其医务人员从事人体器官移植，应当遵守伦理原则和人体器官移植技术管理规范。

从事人体器官移植的医务人员应当对人体器官捐献人、接受人和申请人体器官移植手术的患者的个人资料保密。

（三）医学检查、风险评估

实施人体器官移植手术的医疗机构及其医务人员应当对人体器官捐献人进行医学检查，对接受人因人体器官移植感染疾病的风险进行评估，并采取措施，降低风险。

（四）器官移植的伦理审查

在摘取活体器官前或者尸体器官捐献人死亡前，负责人体器官移植的执业医师应当向所在医疗机构的人体器官移植技术临床应用与伦理委员会提出摘取人体器官审查申请。

人体器官移植技术临床应用与伦理委员会收到摘取人体器官审查申请后，应当对下列事项进行审查，并出具同意或者不同意的书面意见：①活体器官捐献人和接受人按要求提供的材料是否真实、合法，其关系是否符合法定条件；②活体器官捐献人的捐献意愿是否真实；③有无买卖人体器官的情形；④器官的配型和接受人的适应证是否符合人体器官移植技术管理规范；⑤活体器官捐献人的身体和心理状况是否适宜捐献器官；⑥对评估摘取器官可能对活体器官捐献人健康产生的影响，确认不会因捐献活体器官而损害捐献者正常的生理功能的评估是否全面、科学；⑦捐献是否符合医学和伦理学原则。医疗机构应当存留完整的伦理委员会会议记录备查。

《人体器官移植条例》规定，经 2/3 以上委员同意，人体器官移植技术临床应用与伦理委员会方可出具同意摘取人体器官的书面意见。而根据 2009 年《卫生部关于规范活体器官移植的若干规定》，伦理委员会在全体委员一致同意并签名确认后，伦理委员会方可出具同意摘取活体器官的书面意见。

人体器官移植技术临床应用与伦理委员会不同意摘取人体器官的，医疗机构不得做出摘取人体器官的决定，医务人员不得摘取人体器官。

（五）人体器官的摘取

1. 活体器官的摘取　从事人体器官移植的医疗机构及其医务人员摘取活体器官前，应当履行下列义务：①向活体器官捐献人说明器官摘取手术的风险、术后注意事项、可能发生的并发症及其预防措施等，并与活体器官捐献人签署知情同意书；②查验活体器官捐献人同意捐献其器官的书面意愿、活体器官捐献人与接受人存在人体器官移植条例规定关系的证明材料；③确认除摘取器官产生的直接后果外不会损害活体器官捐献人其他正常的生理功能。

从事人体器官移植的医疗机构应当保存活体器官捐献人的医学资料，并进行随访。

2. 尸体器官的摘取　应当在依法判定尸体器官捐献人死亡后进行。从事人体器官移植的医务人员不得参与捐献人的死亡判定。从事人体器官移植的医疗机构及其医务人员应当尊重死者的尊严；对摘取器官完毕的尸体，应当进行符合伦理原则的医学处理，除用于移植的器官以外，应当恢复尸体原貌。

（六）移植费用

从事人体器官移植的医疗机构实施人体器官移植手术，除向接受人收取下列费用外，不得收取或者变相收取所移植人体器官的费用：①摘取和植入人体器官的手术费；②保存和运送人体器官的费用；③摘取、植入人体器官所发生的药费、检验费、医用耗材费。

（七）捐献器官的分配

国家通过建立人体器官移植工作体系，开展人体器官捐献的宣传、推动工作，确定人体器官移植预约者名单，组织协调人体器官的使用。

根据《人体捐献器官获取与分配管理规定》，捐献器官的分配应当符合医疗需要，遵循公平、公正和公开的原则。捐献器官必须通过器官分配系统进行分配，保证捐献器官可溯源。任何机构、组织和个人不得在器官分配系统外擅自分配捐献器官，不得干扰、阻碍器官分配。移植医院应当将本院等待者的相关信息全部录入器官分配系统，建立等待名单并按照要求及时更新。

申请人体器官移植手术患者的排序，应当符合医疗需要，遵循公平、公正和公开的原则。

素质提升

让生命因爱延续

我国的人口基数较大，患者数量众多。“身体发肤，受之父母，不敢毁伤，孝之始也”，由于传统观念和认知局限的影响，造成了自愿捐献器官的数量极为有限，供体严重短缺。

2017 年 4 月，一位热爱篮球运动的 16 岁少年，在突发疾病去世后，他的父母捐献了他的心脏、肺、肝、肾和角膜，帮助了七个人重获新生。其中的五名受捐者自愿组成了一支以他的名字命名的球队，他们作为“一个人”走进赛场与职业篮球运动员进行了友谊赛，实现了这位捐献者的梦想，并致敬为器官捐献事业作出奉献的人们。

2019 年 5 月 21 日，浏阳市高田村 88 名村民签署了器官捐献志愿报名登记表，其中不仅仅有青年人，还有八旬老人。人体器官捐献报名数量的增加，反映出人们对死亡和器官捐献意义的认识转变，这种大爱无私、舍己为人的精神，彰显出一个社会文明程度的提升，让生命以一种特殊的方式延续。

四、法律责任

（一）违法摘取器官的法律责任

有下列情形之一，构成犯罪的，依法追究刑事责任：①未经公民本人同意摘取其活体器官的；②公民生前表示不同意捐献其人体器官而摘取其尸体器官的；③摘取未满 18 周岁公民的活体器官的。

未经本人同意摘取其器官，或者摘取不满 18 周岁的人的器官，或者强迫、欺骗他人捐献器官的，依照刑法故意伤害罪、故意杀人罪的规定定罪处罚。违背本人生前意愿摘取其尸体器官，或者本人生前未表示同意，违反国家规定，违背其近亲属意愿摘取其尸体器官的，依照刑法盗窃、侮辱、故意毁坏尸体、尸骨、骨灰罪的规定定罪处罚。

（二）买卖人体器官或者从事与买卖人体器官有关活动的法律责任

买卖人体器官或者从事与买卖人体器官有关活动的，由设区的市级以上地方人民政府卫生主管部门依照职责分工没收违法所得，并处交易额 8 倍以上 10 倍以下的罚款；医疗机构参与上述活动的，还应当对负有责任的主管人员和其他直接责任人员依法给予处分，并由原登记部门撤销该医疗机构人体器官移植诊疗科目登记，该医疗机构 3 年内不得再申请人体器官移植诊疗科目登记；医务人员参与上述活动的，由原发证部门吊销其执业证书。

国家工作人员参与买卖人体器官或者从事与买卖人体器官有关活动的，由有关国家机关依据职权依法给予撤职、开除的处分。

（三）医疗机构及其医务人员违反规定的法律责任

1. 医疗机构未办理人体器官移植诊疗科目登记，擅自从事人体器官移植的，依照《医疗机构管理条例》的规定予以处罚。

2. 实施人体器官移植手术的医疗机构及其医务人员违反规定，未对人体器官捐献人进行医学检查或者未采取措施，导致接受人因人体器官移植手术感染疾病的，依照《医疗事故处理条例》的规定予以处罚。

3. 从事人体器官移植的医务人员违反规定，泄露人体器官捐献人、接受人或者申请人体器官移植手术患者个人资料的，依照《医师法》或者国家有关护士管理的规定予以处罚。

4. 医务人员有下列情形之一的，依法给予处分；情节严重的，由县级以上地方人民政府卫生主管部门依照职责分工暂停其 6 个月以上 1 年以下执业活动；情节特别严重的，由原发证部门吊销其执业证书：①未经人体器官移植技术临床应用与伦理委员会审查同意摘取人体器官的；②摘取活体器官前未依照《人体器官移植条例》的规定履行说明、查验、确认义务的；③对摘取器官完毕的尸体未进行符合伦理原则的医学处理，恢复尸体原貌的。

5. 医疗机构有下列情形之一的，对负有责任的主管人员和其他直接责任人员依法给予处分；情节严重的，由原登记部门撤销该医疗机构人体器官移植诊疗科目登记，该医疗机构 3 年内不得再申请人体器官移植诊疗科目登记：①不再具备《人体器官移植条例》规定条件，仍从事人体器官移植的；②未经人体器官移植技术临床应用与伦理委员会审查同意，做出摘取人体器官的决定，或者胁迫医务人员违反规定摘取人体器官的；③摘取活体器官前未依照规定履行说明、查验、确认义务的，对摘取器官完毕的尸体未进行符合伦理原则的医学处理，恢复尸体原貌的。

6. 医疗机构未定期将实施人体器官移植的情况向所在地省、自治区、直辖市人民政府卫生主管部门报告的，由所在地省、自治区、直辖市人民政府卫生主管部门责令限期改正；逾期不改正的，对负有责任的主管人员和其他直接责任人员依法给予处分。

7. 从事人体器官移植的医务人员参与尸体器官捐献人的死亡判定的，由县级以上地方人民政府卫生主管部门依照职责分工暂停其 6 个月以上 1 年以下执业活动；情节严重的，由原发证部门吊销其执业证书。

（四）国家机关工作人员违反规定的法律责任

国家机关工作人员在人体器官移植监督管理工作中滥用职权、玩忽职守、徇私舞弊，构成犯罪的，依法追究刑事责任；尚不构成犯罪的，依法给予处分。

第三节　基因工程

一、我国基因和基因工程立法

为了促进我国生物技术的研究与开发，加强基因工程工作的安全管理，保障公众和基因工程工作人员的健康，防止环境污染，维护生态平衡，1993 年 12 月 24 日，国家科学技术委员会发布了《基因工程安全管理办法》，适用于在中华人民共和国境内进行的一切基因工程工作，包括实验研究、中间试验、工业化生产以及遗传工程体释放和遗传工程产品使用等。从国外进口遗传工程体，在中国境内进行基因工程工作的，应当遵守该办法。

1993 年，卫生部制定了《人的体细胞治疗及基因治疗临床研究质控要点》。体细胞治疗是指应用人的自体、异体或异种（非人体）的体细胞，经体外操作后回输（或植入）人体的治疗方法。将人的细胞经体外操作再回到人体的方式，称为 ex vivo。这种体外操作包括细胞在体外的传代、扩增、筛选、药物或其他改变细胞生物学行为的处理。上述细胞可用于治疗，也可应用于诊断或预防的目的。基因治疗是指改变人活细胞遗传物质的一种医学治疗方法。

1998 年 6 月，科学技术部和卫生部颁布了《人类遗传资源管理暂行办法》，就管理机构、申报与审批、知识产权、奖励与处罚等方面进行了规定。

2003 年 12 月，为了使我国生物医学领域人胚胎干细胞研究符合生命伦理规范，保证国际公认的生命伦理准则和我国的相关规定得到尊重和遵守，促进人胚胎干细胞研究的健康发展，卫生部与科技部发布了《人胚胎干细胞研究伦理指导原则》，规定了用于研究的人胚胎干细胞的获得方式、研究行为规范，并禁止进行生殖性克隆人的任何研究。人胚胎干细胞包括人胚胎来源的干细胞、生殖细胞起源的干细胞和通过核移植所获得的干细胞。进行人胚胎干细胞研究，必须遵守以下行为规范：①利用体外受精、体细胞核移植、单性复制技术或遗传修饰获得的囊胚，其体外培养期限自受精或核移植开始不得超过 14 天；②不得将获得的已用于研究的人囊胚植入人或任何其他动物的生殖系统；③不得将人的生殖细胞与其他物种的生殖细胞结合。

为了有效保护和合理利用我国人类遗传资源，维护公众健康、国家安全和社会公共利益，2019 年 5 月 28 日，国务院公布了《人类遗传资源管理条例》，自 2019 年 7 月 1 日起施行。

2021 年 4 月 15 日起施行的《生物安全法》，从法律层面促进了生物技术的健康发展，加强了对生物技术研究、开发与应用活动的安全管理，加强对我国人类遗传资源和生物资源采集、保藏、利用、对外提供等活动的管理和监督。此外，在《环境保护法》《专利法》《民法典》等法律中，也涉及一些关于生物技术和基因的法律规定。根据《民法典》第 1009 条规定，从事与人体基因、人体胚胎等有关的医学和科研活动，应当遵守法律、行政法规和国家有关规定，不得危害人体健康，不得违背伦理道德，不得损害公共利益。

二、基因工程安全法律制度

（一）概念

1. 基因 系控制生物性状的遗传物质的功能和结构单位，是具有遗传信息的 DNA 片段。

2. 基因工程 包括利用载体系统的重组体 DNA 技术，以及利用物理或者化学方法把异源 DNA 直接导入有机体的技术。但不包括下列遗传操作：①细胞融合技术，原生质体融合技术；②传统杂交繁殖技术；③诱变技术，体外受精技术，细胞培养或者胚胎培养技术。DNA 系脱氧核糖核酸的英文名词缩写，是贮存生物遗传信息的遗传物质。

（二）安全等级和安全性评价

1. 安全等级 按照潜在危险程度，将基因工程工作分为四个安全等级：①安全等级Ⅰ，该类基因工程工作对人类健康和生态环境尚不存在危险；②安全等级Ⅱ，该类基因工程工作对人类健康和生态环境具有低度危险；③安全等级Ⅲ，该类基因工程工作对人类健康和生态环境具有中度危险；④安全等级Ⅳ，该类基因工程工作对人类健康和生态环境具有高度危险。

2. 安全性评价 ①从事基因工程工作的单位，应当进行安全性评价，评估潜在危险，确定安全等级，制定安全控制方法和措施。②从事基因工程实验研究，应当对 DNA 供体、载体、宿主及遗传工程体进行安全性评价。③安全性评价重点是目的基因、载体、宿主和遗传工程体的致病性、致癌性、抗药性、转移性和生态环境效应，以及确定生物控制和物理控制等级。④从事基因工程中间试验或者工业化生产，应当根据所用遗传工程体的安全性评价，对培养、发酵、分离和纯化工艺过程的设备和设施的物理屏障进行安全性鉴定，确定中间试验或者工业化生产的安全等级。⑤从事遗传工程体释放，应当对遗传工程体安全性、释放目的、释放地区的生态环境、释放方式、监测方法和控制措施进行评价，确定释放工作的安全等级。⑥遗传工程产品的使用，应当经过生物学安全检验，进行安全性评价，确定遗传工程产品对公众健康和生态环境可能产生的影响。

（三）申报和审批

1. 申报 从事基因工程工作的单位，应当依据遗传工程产品适用性质和安全等级，分类分级进行申报，经审批同意后方能进行。

2. 审批　凡符合下列各项条件的基因工程工作，应当予以批准，并签发证明文件：①不存在对申报的基因工程工作安全性评价的可靠性产生怀疑的事实；②保证所申报的基因工程工作按照安全等级的要求，采取与现有科学技术水平相适应的安全控制措施，判断不会对公众健康和生态环境造成严重危害；③项目负责人和工作人员具备从事基因工程工作所必需的专业知识和安全操作知识，能承担基因工程安全管理办法规定的义务；④符合国家有关法律、法规规定。

（四）安全控制措施

1. 从事基因工程工作的单位，应当根据安全等级，确定安全控制方法，制定安全操作规则；应当根据安全等级，制定相应治理废弃物的安全措施。排放之前应当采取措施使残留遗传工程体灭活，以防止扩散和污染环境；应当制定预防事故的应急措施，并将其列入安全操作规则。

2. 遗传工程体应当贮存在特定设备内。贮放场所的物理控制应当与安全等级相适应。安全等级Ⅳ的遗传工程体贮放场所，应当指定专人管理。从事基因工程工作的单位应当编制遗传工程体的贮存目录清单，以备核查。

3. 转移或者运输的遗传工程体应当放置在与其安全等级相适应的容器内，严格遵守国家有关运输或者邮寄生物材料的规定。

4. 从事基因工程工作的单位和个人必须认真做好安全监督记录。安全监督记录保存期不得少于10年，以备核查。

5. 因基因工程工作发生损害公众健康或者环境污染事故的单位，必须及时采取措施，控制损害的扩大，并向有关主管部门报告。

（五）法律责任

有下列情况之一的，由有关主管部门视情节轻重分别给予警告、责令停止工作、停止资助经费、没收非法所得的处罚：①未经审批，擅自进行基因工程工作的；②使用不符合规定的装置、仪器、试验室等设施的；③违反基因工程工作安全操作规则的；④违反其它规定的。

违反规定，造成下列情况之一的，负有责任的单位必须立即停止损害行为，并负责治理污染、赔偿有关损失；情节严重，构成犯罪的，依法追究直接责任人员的刑事责任：①严重污染环境的；②损害或者影响公众健康的；③严重破坏生态资源、影响生态平衡的。

三、人类遗传资源管理

（一）概述

1. 概念　人类遗传资源包括人类遗传资源材料和人类遗传资源信息。人类遗传资源材料是指含有人体基因组、基因等遗传物质的器官、组织、细胞等遗传材料。人类遗传资源信息是指利用人类遗传资源材料产生的数据等信息资料。

2. 申报登记制度　国家加强对我国人类遗传资源的保护，开展人类遗传资源调查，对重要遗传家系和特定地区人类遗传资源实行申报登记制度。

3. 基本要求　采集、保藏、利用、对外提供我国人类遗传资源，①不得危害我国公众健康、国家安全和社会公共利益；②应当符合伦理原则，并按照国家有关规定进行伦理审查；③应当尊重人类遗传资源提供者的隐私权，取得其事先知情同意，并保护其合法权益；④应当遵守国务院科学技术行政部门制定的技术规范。

禁止买卖人类遗传资源。为科学研究依法提供或者使用人类遗传资源并支付或者收取合理成本费用，不视为买卖。

（二）采集和保藏

1. 采集 采集我国重要遗传家系、特定地区人类遗传资源或者采集国务院科学技术行政部门规定种类、数量的人类遗传资源的，应当符合下列条件，并经国务院科学技术行政部门批准：①具有法人资格；②采集目的明确、合法；③采集方案合理；④通过伦理审查；⑤具有负责人类遗传资源管理的部门和管理制度；⑥具有与采集活动相适应的场所、设施、设备和人员。

采集我国人类遗传资源，应当事先告知人类遗传资源提供者采集目的、采集用途、对健康可能产生的影响、个人隐私保护措施及其享有的自愿参与和随时无条件退出的权利，征得人类遗传资源提供者书面同意。

2. 保藏 保藏我国人类遗传资源、为科学研究提供基础平台的，应当符合规定条件，并经国务院科学技术行政部门批准。保藏单位应当对所保藏的人类遗传资源加强管理和监测，采取安全措施，制定应急预案，确保保藏、使用安全。保藏单位应当完整记录人类遗传资源保藏情况，妥善保存人类遗传资源的来源信息和使用信息，确保人类遗传资源的合法使用。保藏单位应当就本单位保藏人类遗传资源情况向国务院科学技术行政部门提交年度报告。

（三）利用和对外提供

1. 利用 ①利用我国人类遗传资源开展生物技术研究开发活动或者开展临床试验的，应当遵守有关生物技术研究、临床应用管理法律、行政法规和国家有关规定。②利用我国人类遗传资源开展国际合作科学研究的，应当符合规定的条件，并由合作双方共同提出申请，经国务院科学技术行政部门批准。③利用我国人类遗传资源开展国际合作科学研究，应当保证中方单位及其研究人员在合作期间全过程、实质性地参与研究，研究过程中的所有记录以及数据信息等完全向中方单位开放并向中方单位提供备份。④利用我国人类遗传资源开展国际合作科学研究，产生的成果申请专利的，应当由合作双方共同提出申请，专利权归合作双方共有。研究产生的其他科技成果，其使用权、转让权和利益分享办法由合作双方通过合作协议约定；协议没有约定的，合作双方都有使用的权利，但向第三方转让须经合作双方同意，所获利益按合作双方贡献大小分享。⑤利用我国人类遗传资源开展国际合作科学研究，合作双方应当在国际合作活动结束后6个月内共同向国务院科学技术行政部门提交合作研究情况报告。

2. 对外提供 ①将人类遗传资源信息向外国组织、个人及其设立或者实际控制的机构提供或者开放使用，不得危害我国公众健康、国家安全和社会公共利益；可能影响我国公众健康、国家安全和社会公共利益的，应当通过国务院科学技术行政部门组织的安全审查。②将人类遗传资源信息向外国组织、个人及其设立或者实际控制的机构提供或者开放使用的，应当向国务院科学技术行政部门备案并提交信息备份。

目标检测

一、选择题

（一）单项选择题

1. 人体器官捐献应当遵循的原则是（ ）

A. 义务、有偿　　B. 自愿、无偿　　C. 强制、无偿
D. 自愿、有偿　　E. 义务、无偿

2. 卫生部发布的《人类辅助生殖技术管理办法》，自（ ）起施行

A. 2001 年 2 月 20 日　　B. 2001 年 5 月 20 日　　C. 2003 年 2 月 20 日

D. 2001 年 8 月 1 日　　E. 2003 年 8 月 1 日

3. 按照潜在危险程度，将基因工程工作分为（ ）个安全等级

A. 二　　B. 三　　C. 四

D. 五　　E. 六

（二）多项选择题

4. 活体器官的接受人限于（ ）

A. 活体器官捐献人的配偶

B. 直系血亲

C. 三代以内旁系血亲

D. 有证据证明与活体器官捐献人存在因帮扶等形成亲情关系的人员

E. 完全行为能力人

5. 下列关于人类辅助生殖技术的应用，表述正确的有（ ）

A. 人类辅助生殖技术的应用应当在医疗机构中进行，以医疗为目的

B. 禁止以任何形式买卖配子、合子、胚胎

C. 医疗机构和医务人员不得实施任何形式的代孕技术

D. 辅助生殖技术工作人员禁止以生殖为目的对人类配子、合子和胚胎进行基因操作

E. 人类辅助生殖技术的应用应当符合国家计划生育政策、伦理原则和有关法律规定

二、简答题

请根据本章所学知识，讲述医疗机构从事人体器官移植应当具备的条件。

（张 倩）

第十六章　常见违法案例分析

案例 1　某公司未取得《医疗机构执业许可证》开展诊疗活动案

【违法事实】

2020 年 11 月 26 日，某区卫生健康局接到群众投诉举报，称“某公司无证开展试管婴儿技术服务”。针对举报内容，执法人员对某公司进行调查核实，在一栋别墅内发现投诉人举报的开展试管婴儿技术服务实验室，实验室内摆放有超声检查仪、显微镜、生物安全柜、保存胚胎的液氮罐、治疗床等器械及相关药品，现场有刚做完胚胎移植患者一名，等待胚胎移植患者数名，实验室工作人员数名。经查实，某公司未取得《医疗机构执业许可证》，自 2020 年 3 月至 2020 年 11 月 26 日在某栋别墅楼内擅自开展人类辅助生殖技术活动，违法所得人民币 15. 5 万元。

【案例分析】

1. 请结合所学知识对案例进行分析。
2. 假设你是执法人员，请结合实际情况给出处理意见。

案例 2　杨某非医师行医及承包医疗机构中医科案

【违法事实】

2020 年 7 月，某市卫生健康委执法人员对某卫生服务站进行监督检查时，发现未取得任何医学资质的杨某，于 2020 年 4 月 1 日至 2020 年 7 月 9 日期间承包某社区卫生服务站中医科，并以某社区卫生服务站名义对外开展中医科诊疗活动，查看《门诊登记簿》发现杨某于 2020 年 6 月 10 日至 7 月 9 日期间为付某等 13 名患者开展针灸、拔罐、正骨、刮痧、中医推拿等诊疗活动。经进一步调查，杨某未因非法行医受到过卫生行政部门的处罚，未列入非法行医黑名单。杨某非法行医的时间不足 3 个月。杨某非法行医使用的药品、医疗器械为外敷用药、一次性使用无菌针灸针、拔罐用具，拔罐用具其已退掉、外敷用药已用完、一次性使用无菌针灸针 20 支，其收取诊疗费用共计 4050 元。

【案例分析】

1. 请结合所学知识对案例进行分析。
2. 假设你是执法人员，请结合实际情况给出处理意见。

案例 3　医师金某伪造医学文书参与医院骗保案

【违法事实】

2013 年 1 月至 2017 年 11 月期间，某民营医院通过伪造病历等违法手段，骗取国家医疗保险基金 1400 余万元。该医院有关责任人员被依法追究刑事责任后，该区卫生健康局对尚未构成犯罪的医护人员伪造病历等违法行为依法调查，经核实，2017 年 2 月 28 日至 10 月 16 日期间，该医院住院部外科医师金某明知医院采取空挂患者、延长住院天数、伪造住院病历和虚增用药数量等手段骗取医保基金，仍在虚假住院病历上签字，协助医院骗保。

【案例分析】

1. 请结合所学知识对案例进行分析。

2. 假设你是执法部门，请结合实际情况给出处理意见。

案例 4　刘某某违反技术操作规范致人死亡案

【违法事实】

2021 年 5 月 21 日，某医院医师刘某某未按门诊就诊流程接诊患者梁某某，并在门诊手术室为该患者行宫内节育器取出术，术前未与患方签署知情同意书，未完善相关术前准备，术后未按规定书写门诊病历和手术记录。刘某某为患者梁某某实施的手术造成患者子宫穿孔、小肠穿孔，最终导致患者急性弥漫性腹膜炎感染性休克、多器官功能不全直至衰竭，患者于 2021 年 8 月 21 日死亡。2021 年 12 月 15 日，经某省医学会鉴定，本病例属于一级甲等医疗事故，医方负主要责任。

【案例分析】

1. 请结合所学知识对案例进行分析。
2. 假设你是执法部门，请结合实际情况给出处理意见。

案例 5　某门诊部未按规定报告传染病疫情引起传染病传播案

【违法事实】

2018 年 12 月 17 日至 19 日，某职业教育中心 14 名学生在某门诊部被临床诊断为疑似流行性感冒，该门诊部医生李某某于 2018 年 12 月 20 日 8 时 37 分通过疫情电话上报到该辖区网络直报单位某社区卫生服务中心，同时填报传染病报告卡。到疫情结束，本起疫情共报告病例 30 例。该起流感样病例暴发疫情按某市突发公共卫生事件分级分类标准，已达到突发公共卫生事件（Ⅳ级）报告标准。某门诊部未按规定及时报告流感样病例疫情，导致暴发疫情和Ⅳ级突发公共卫生事件。

【案例分析】

1. 请结合所学知识对案例进行分析。
2. 假设你是执法部门，请结合实际情况给出处理意见。

案例 6　某血透中心安排乙肝及梅毒双重感染患者与单纯乙肝感染患者混用同一台血液透析机案

【违法事实】

2019 年 9 月 3 日，某市卫生健康局执法人员在某血液透析中心检查，发现该中心设置有血液透析 A、B 等 2 个治疗室。执法人员抽查血透患者黄某某病历，显示其同时感染乙肝和梅毒，抽查该患者血液透析治疗记录单，发现在 2018 年 4 月 2 日至 2018 年 4 月 13 日期间黄某某均在 B 区 11 号透析机上进行血液透析。执法人员抽查血透患者伍某某病历，显示其为单纯乙肝感染患者，抽查该患者 2018 年 4 月 2 日至 2018 年 4 月 13 日期间血液透析治疗记录单六张，治疗单显示该时间段内伍某某均在 B 区 11 号透析机上进行血液透析。经查实，2018 年 4 月 2 日至 2018 年 4 月 13 日，某血透中心安排乙肝及梅毒双重感染患者黄某某与单纯乙肝感染患者伍某某混用同一台血液透析机进行血液透析治疗。

【案例分析】

1. 请结合所学知识对案例进行分析。
2. 假设你是执法部门，请结合实际情况给出处理意见。

案例 7　某诊所未按照《突发公共卫生事件应急条例》的规定及时采取控制措施案

【违法事实】

2020 年 1 月，在某市突发公共卫生事件二级应急响应期间，某诊所收到卫生健康行政部门下发的疫情期间如何做好院感防控工作的通知，但是并未予以重视及落实，未采取预检分诊、基础信息登记、流行病学史问询等相关防护措施，工作人员接诊发热患者后未将发热患者留观复测体温或引导至发热门诊就诊而让其自行离开，也未将接诊发热患者的情况上报相关部门。

【案例分析】

1. 请结合所学知识对案例进行分析。
2. 假设你是执法部门，请结合实际情况给出处理意见。

案例8 某公司非法采集血液案

【违法事实】

2020年11月10日，某市卫生健康委接到群众举报，称某公司无资质采血。执法人员依法开展调查后发现，2017年5月8日，某公司与某市中心人民医院签订科研合作协议，在某市中心人民医院兴建专业实验室和人体干细胞保存库，医院负责技术管理、质量控制，并提供场地支持，公司负责运营。2020年6月至10月，某公司采集员在A县人民医院手术室采集脐带血3例，共收费44940元。经查实，该公司是在未取得《血站执业许可证》的情况下，擅自设置脐带血造血干细胞保存库，开展脐带血采集业务。

【案例分析】

1. 请结合所学知识对案例进行分析。
2. 假设你是执法部门，请结合实际情况给出处理意见。

案例9 某医院使用未取得母婴保健技术许可人员从事母婴保健技术服务案

【违法事实】

2017年7月20日，某市卫生健康委员会在对某医院进行监督检查，发现医院《妊娠十四周以上终止妊娠手术登记本》上记录有该医院邓某某为患者罗某、江某某施行了中孕引产术。执法人员调取患者罗某、江某某的归档病历资料，两位患者的中孕引产术的施术者均为邓某某。后经查实，该医院妇产科医师邓某某的《母婴保健技术考核合格证书》仅许可早期终止妊娠术、上取环术，未许可中期终止妊娠术。该医院使用未取得中期终止妊娠术类《母婴保健技术考核合格证书》的人员邓某某为患者罗某、江某某施行中孕引产术，违法所得共计12727.68元。

【案例分析】

1. 请结合所学知识对案例进行分析。
2. 假设你是执法部门，请结合实际情况给出处理意见。

案例10 某医院施行选择性别的人工终止妊娠案

【违法事实】

2016年7月5日，Y区执法人员在对互联网医疗信息进行搜索时，发现“某男某女帮”网络论坛上有孕妇交流，在M医院引产可以使用假证明等相关信息。经查实，周某经S医院同学伍某介绍，由S医院尹某为其实施B超检查，尹某暗示其“结果不理想”。周某找制假人员伪造1份“计生证明”，提交给M医院欲行引产手术，被M医院妇产科医师刘某发现，刘某通过了解得知周某怀的是女孩。周某找到M医院为自己服务的客服经理肖某想办法，肖某知道医院默许做假证引产的事，提供“格式正确”的“计生证明”模板给周某，周某再次找人伪造“计生证明”交M医院存档，且肖某还说服刘某为周某实施引产手术。M医院在明知周某做了胎儿性别鉴定的情况下，仍为周某实施中期终止妊娠手术。周某住院费用共计7950.33元。

【案例分析】

1. 请结合所学知识对案例进行分析。

2. 假设你是执法部门，请结合实际情况给出处理意见。

案例 11　周某某未遵守预防接种工作规范案

【违法事实】

2021 年 4 月 30 日，某区卫生健康委员会接到投诉人实名举报，某社区卫生服务中心周某某为其注射“假的”九价 HPV 疫苗。经调查，周某某用“二价”人乳头瘤病毒 HPV 疫苗冒充“九价”人乳头瘤病毒 HPV 疫苗为胡某某注射。

【案例分析】

1. 请结合所学知识对案例进行分析。

2. 假设你是执法部门，请结合实际情况给出处理意见。

案例 12　某厂使用国家明令禁止使用的可能产生职业病危害的材料案

【违法事实】

2021 年 11 月 24 日，根据某省卫生计生综合监督局下发的督办函要求，某市卫生健康委员会对某厂进行调查发现，在该厂生产区标记为 64 号仓库内发现有三个桶装有不明液体，桶身均无明显标识，当即委托该市疾病预防控制中心进行采样检测。执法人员现场拍照取证，对现场负责安全生产的负责人李某进行询问调查，承认三个桶里装的都是甲醇，都是用于烟花亮珠造粒生产工艺流程的。后根据该市疾病预防控制中心的检测报告，桶内的不明液体确为甲醇。后经查实，某厂使用国家明令禁止使用的可能产生职业病危害的材料甲醇用于烟花亮珠制造。

【案例分析】

1. 请结合所学知识对案例进行分析。

2. 假设你是执法部门，请结合实际情况给出处理意见。

案例 13　某医院不符合条件擅自开展精神障碍诊疗活动案

【违法事实】

2018 年 7 月 11 日，某区卫生计生委接到“某医院无精神卫生科资质，假借其他医院名义，欺骗消费者”的群众网络举报。7 月 12 日，执法人员邀请精神卫生临床专家一同前往该医院进行调查。现场发现医院的门诊记录和电脑记录中有“强迫症伴抑郁焦虑”等字样的登记。在该医院拒不配合调查，不提供相关诊疗文书和资料的情况下，执法人员对门诊记录登记的患者及相关医务人员逐一进行调查取证。患者提供了在该医院接受精神障碍诊疗的门诊病历、诊断证明书、检查报告单、缴费收据等资料。经后续调查，该医院无与从事的精神障碍诊断、治疗相适应的精神科执业医师，不符合条件擅自开展精神卫生诊疗活动，违法收入 260828. 41 元。

【案例分析】

1. 请结合所学知识对案例进行分析。

2. 假设你是执法部门，请结合实际情况给出处理意见。

案例 14　某公司未取得医疗机构执业许可证擅自开展干细胞治疗案

【违法事实】

2019 年底，某市卫生健康委收到外省协查函，称某公司涉嫌违规开展干细胞治疗。经调查发现，某公司以生物科创为名擅自建设生物实验室，从血液、脂肪组织提取干细胞，经提纯后用于人体，即未取得医疗机构执业许可证开展干细胞培养、制备、贮存和临床使用的诊疗活动，违法所得共计103000元。

【案例分析】

1. 请结合所学知识对案例进行分析。
2. 假设你是执法部门，请结合实际情况给出处理意见。

案例15　某公司将未通过技术评估的医疗新技术应用于临床案

【违法事实】

2021年5月12日，某市卫生健康委员会根据国家卫生健康委“双随机一公开”任务，对某公司进行监督抽查时发现，该公司负一楼设置有“肿瘤内生场治疗室”3间，配备射频肿瘤热疗仪2台（型号为N-9001、N-9000各1台），射频肿瘤热疗仪操作人员黄某、彭某两人为彭某某、林某某等19名患者实施了肿瘤热疗技术。经查实，某公司将未通过技术评估的肿瘤热疗技术（限制类技术）应用于临床，擅自开展肿瘤热疗术43人次，违法所得共计34400元。

【案例分析】

1. 请结合所学知识对案例进行分析。
2. 假设你是执法部门，请结合实际情况给出处理意见。

（孙智慕）

参考文献

[1] 屈海宏，张倩．护理伦理与法律法规［M］．北京：中国医药科技出版社，2022.
[2] 苏碧芳，陈兰云．卫生法律法规［M］.2 版．北京：人民卫生出版社，2020.
[3] 吕慕．卫生法律法规［M］.2 版．北京：科学出版社，2022.
[4] 吴崇其．卫生法学［M］．北京：法律出版社，2005.
[5] 肖卫华．卫生法学教程［M］．哈尔滨：黑龙江人民出版社，2006.
[6] 陈云良．卫生法学［M］．北京：高等教育出版社，2019.
[7] 杨淑娟．卫生法学概论［M］.4 版．北京：人民卫生出版社，2018.
[8] 汪建荣．卫生法［M］.5 版．北京：人民卫生出版社，2018.
[9] 解志勇．卫生法学通论［M］．北京：中国政法大学出版社，2019.
[10] 张波．卫生法规［M］．北京：人民卫生出版社，2018.
[11] 张文显．法理学［M］.5 版．北京：高等教育出版社，2018.
[12] 张建伟．中华人民共和国医疗法律法规全书［M］．北京：法律出版社，2022.
[13] 杨世民．药事管理与法规［M］.3 版．北京：高等教育出版社，2021.
[14] 刘红宁．药事管理学［M］.2 版．北京：中国中医药出版社，2021.
[15] 李志强．卫生法律法规［M］.2 版．北京：科学出版社，2021.
[16] 王峰．卫生法律法规［M］.2 版．北京：人民卫生出版社，2008.
[17] 刘建文．卫生法［M］．成都：西南交通大学出版社，2020.
[18] 李宇阳．卫生法学案例与实训教程［M］．杭州：浙江大学出版社，2017.
[19] 刘建文．卫生法律法规导读［M］．成都：西南交通大学出版社，2020.